中国近现代稀见史料丛刊【第一辑】

张剑 徐雁平 彭国忠 主编

邓华熙日记

邓华熙 著

马莎 整理

凤凰出版社

图书在版编目（CIP）数据

邓华熙日记 / 马莎整理. -- 南京 : 凤凰出版社,
2014.3（2022.10重印）
（中国近现代稀见史料丛刊. 第1辑）
ISBN 978-7-5506-0513-8

Ⅰ. ①邓… Ⅱ. ①马… Ⅲ. ①邓华熙（1826～1916）
—日记 Ⅳ. ①K827=52

中国版本图书馆CIP数据核字(2014)第032871号

书　　名	邓华熙日记
整 理 者	马　莎
责任编辑	汪允普
出版发行	凤凰出版社(原江苏古籍出版社) 发行部电话025-83223462
出版社地址	江苏省南京市中央路165号,邮编:210009
照　　排	南京凯建文化发展有限公司
印　　刷	江苏凤凰数码印务有限公司 江苏省南京市栖霞区尧新大道399号,邮编:210038
开　　本	880毫米×1230毫米　1/32
印　　张	8.75
字　　数	227千字
版　　次	2014年3月第1版
印　　次	2022年10月第3次印刷
标准书号	ISBN 978-7-5506-0513-8
定　　价	78.00元

(本书凡印装错误可向承印厂调换,电话:025-57718474)

袁行霈先生题辞

「音实难知，知实难逢，逢其知音，千载其一乎！」（《文心雕龙·知音》）今读新编稀见史料丛刊，真有治学知音之感矣。

傅璇琮谨书

二〇一二年

傅璇琮先生题辞

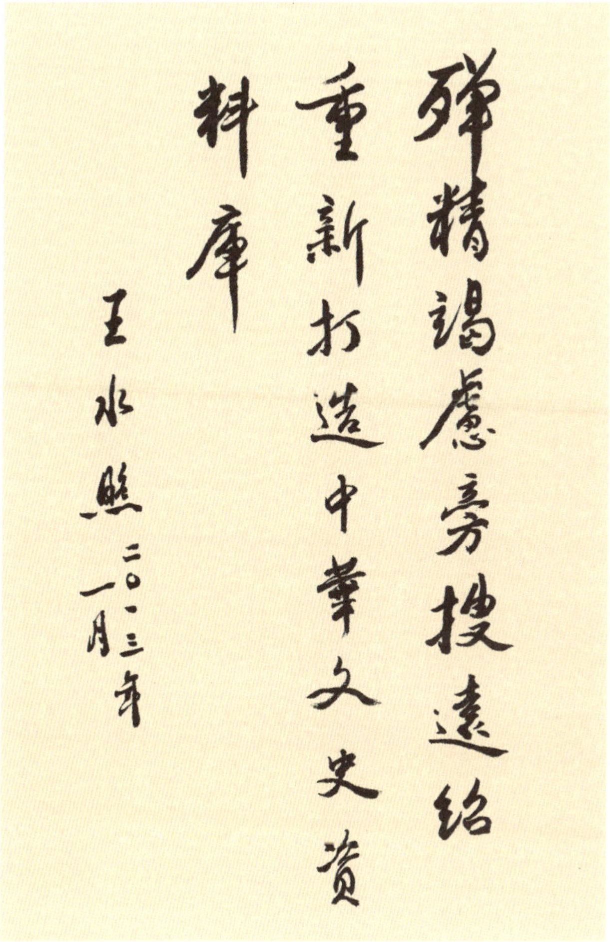
殚精竭虑旁搜远绍
重新打造中华文史资
料库
王水照 二〇一三年一月

王水照先生题辞

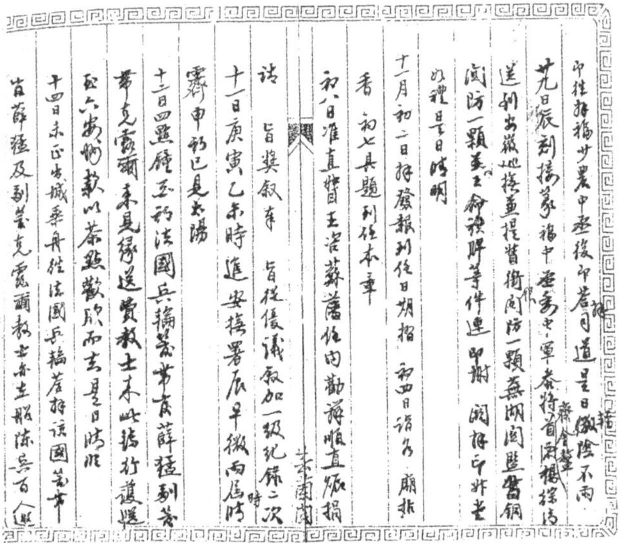

印往拜福廿農中丞後印君可道 是日微陰不雨
廿九日辰刻接篆福中丞委中軍參將首府楊琛詩
送到安徽巡撫兼提督銜關防一顆蕪湖關監督銅
關防一顆并王命旗牌等件連印謝 闕拜印非堂
如禮 是日晴明
十一月初二日拜發報到任日期摺 初四日詣各廟拈
香 初七具題到任本章
初八日准直督王咨蘇藩任內勸辦順直賑捐
誥 旨獎敘奉 旨從優議敘加一級紀錄二次
十一日庚寅乙未時進安接署辰早微雨巳時
霽申刻已見太陽
十二日四點鐘至到法國兵輪管帶官薛碰刻若
帶克靄爾來見緣送貴教士來此請行護照
致六安州教以茶點歡欣而去 是日晴明
十四日未正出城乘舟往法國兵輪答拜該國管帶
官薛碰及副管克靄爾教士奈吉服陳兵百人迎

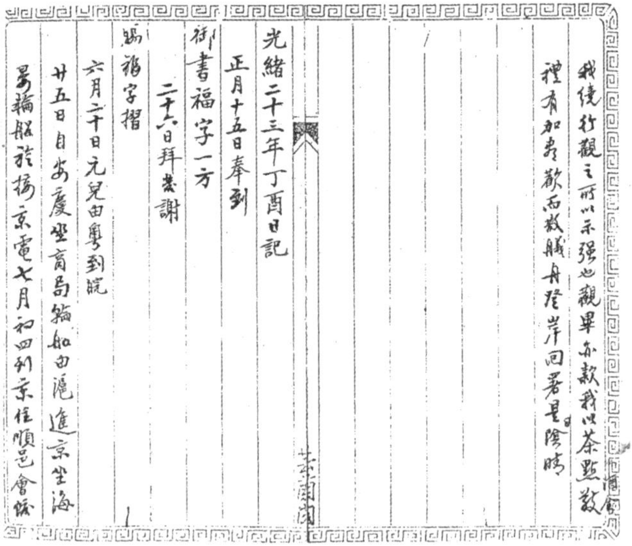

我健行觀之所以示強也觀畢分款我以茶點款
禮有加走歡而散賊舟登岸回署 是陰晴
光緒二十三年丁酉日記
正月十五日奉到
御書福字一方
二十六日拜摺謝
賜福字摺
六月二十日元兒由粵到皖
廿五日自安慶坐商局輪船由滬進京坐海
晏輪船於拐京電七月初四到京住順邑會館

书影一

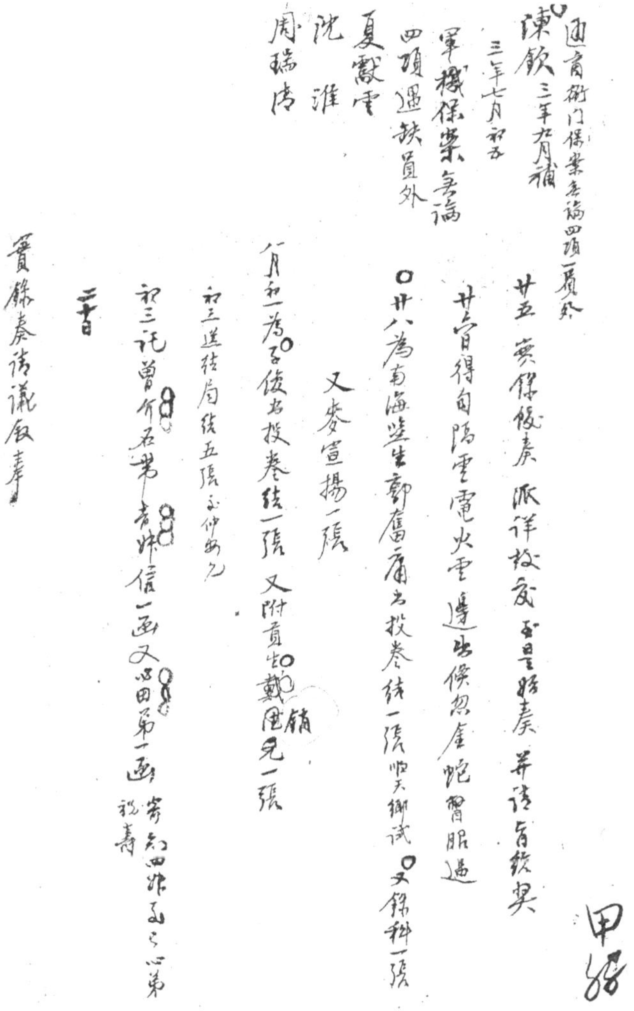

书影二

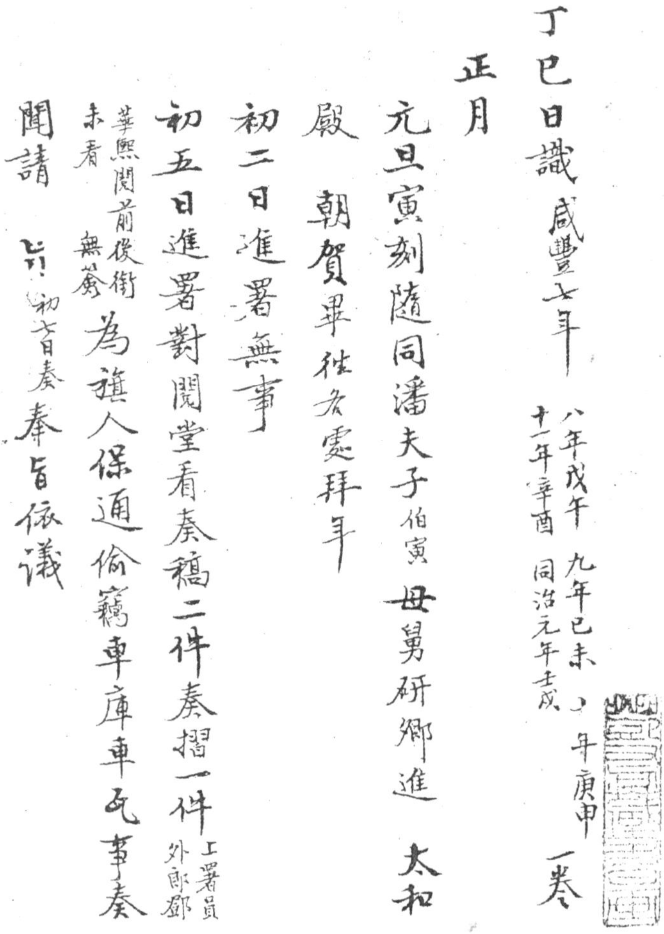
丁巳日識 咸豐七年 八年戊午 九年己未 十年庚申 十一年辛酉 同治元年壬戌 一卷

正月

元旦寅刻隨同潘夫子伯寅 母舅研卿進 太和

殿 朝賀畢往各處拜年

初二日進署無事

初五日進署對閱堂看奏稿二件奏摺一件工署員外郎鄒華熙閱前後街未看無務為旗人保通偷竊車庫車瓦事奏

聞請 旨初六日奏 奉旨依議

书影三

《中国近现代稀见史料丛刊》总序

在世界所有的文明中，中华文明也许可说是“唯一从古代存留至今的文明”（罗素《中国问题》）。她绵延不绝、永葆生机的秘诀何在？袁行霈先生做过很好的总结：“和平、和谐、包容、开明、革新、开放，就是回顾中华文明史所得到的主要启示。凡是大体上处于这种状况的时候，文明就繁荣发展，而当与之背离的时候，文明就会减慢发展的速度甚至停滞不前。”（《中华文明的历史启示》，《北京大学学报》2007 年第 1 期）

但我们也要清醒看到，数千年的中华文明带给我们的并不全是积极遗产，其长时段积累而成的生活方式与价值观具有强大的稳定性，使她在应对挑战时所做的必要革新与转变，相比他者往往显得迟缓和沉重。即使是面对佛教这种柔性的文化进入，也是历经数百年之久才使之彻底完成中国化，成为中华文明的一部分；更不用说遭逢“数千年来未有之变局”、“数千年未有之强敌”（李鸿章《筹议海防折》），“数千年未有之巨劫奇变”（陈寅恪《王观堂先生挽词序》）的中国近现代。晚清至今虽历一百六十余年，但是，足以应对当今世界全方位挑战的新型中华文明还没能最终形成，变动和融合仍在进行。1998 年 6 月 17 日，美国三位前总统（布什、卡特、福特）和二十四位前国务卿、前财政部长、前国防部长、前国家安全顾问致信国会称：“中国注定要在 21 世纪中成为一个伟大的经济和政治强国。”（徐中约著《中国近代史》上册第六版英文版序，香港中文大学 2002 年版）即便如此，我们也不能盲目乐观，认为中华文明已经转型成功，相反，中华文明今天面对的挑战更为复杂和严峻。新型的中华文明到底会怎样呈现，又怎样具体表现或作用于政治、经济、文化等层面，人们还在不断探索。这个问题，我们这一代恐怕无法给出答案。但我们坚信，在历史上曾经灿烂辉煌的中华文明必将凤凰浴火，涅槃重生。这既是数千年已经存在的中华文明发展史告诉我们的经验事实，也是所有为中国文化所化之人应有的信念和责任。

不过，对于近现代这一涉及当代中国合法性的重要历史阶段，我们了解得还过于粗线条。她所遗存下来的史料范围广阔，内容复杂，且有数量庞大且富有价值的稀见史料未被发掘和利用，这不仅会影响到我们对这段历史的全面了解和规律性认识，也会影响到今天中国新型文明和现代化建设对它的科学借鉴。有一则印度谚语如是说："骑在树枝上锯树枝的时候，千万不要锯自己骑着的那一根。"那么，就让我们用自己的专业知识与能力，为承载和养育我们的中华文明做一点有益的事情——这是我们编纂这套《中国近现代稀见史料丛刊》的初衷。

书名中的"近现代"，主要指1840—1949年这一时段，但上限并非以一标志性的事件一刀切割，可以适当向前延展，然与所指较为宽泛的包含整个清朝的"近代中国"、"晚期中华帝国"又有所区分。将近现代连为一体，并有意淡化起始的界限，是想表达一种历史的整体观。我们观看社会发展变革的波澜，当然要回看波澜如何生，风从何处来；也要看波澜如何扩散，或为涟漪，或为浪涛。个人的生活记录，与大历史相比，更多地显现出生活的连续。变局中的个体，经历的可能是渐变。《丛刊》期望通过整合多种稀见史料，以个体陈述的方式，从生活、文化、风习、人情等多个层面，重现具有连续性的近现代中国社会。

书名中的"稀见"，只是相对而言。因为随着时代与科技的进步，越来越多的珍本秘籍经影印或数字化方式处理后，真身虽仍"稀见"，化身却成为"可见"。但是，高昂的定价、难辨的字迹、未经标点的文本，仍使其处于专业研究的小众阅读状态。况且尚有大量未被影印或数字化的文献，或流传较少，或未被整合，也造成阅读和利用的不便。因此，《丛刊》侧重选择未被纳入电子数据库的文献，尤欢迎整理那些辨识困难、断句费力、裒合不易或是其他具有难度和挑战性的文献，也欢迎整理那些确有价值但被人们习见思维与眼光所遮蔽的文献，在我们看来，这些文献都可属于“稀见”。

书名中的“史料”，不局限于严格意义上的历史学范畴，举凡日记、书信、奏牍、笔记、诗文集、诗话、词话乃至序跋汇编等，只要是某方面能够反映时代政治、经济、文化特色以及人物生平、思想、性情的文献，都在考虑之列。我们的目的，是想以切实的工作，促进处于秘藏、边缘、零散等状态的史料转化为新型的文献，通过一辑、二辑、三辑……这样的累积性整理，自然地呈现出一种规模与气象，与其他已经整理出版的文献相互关联，形成一个丰茂的文献群，从而揭示在宏大的中国近现代叙事背后，还有很多未被打量过的局部、日常与细节；在主流周边或更远处，还有富于变化的细小溪流；甚至在主流中，还有漩涡，在边缘，还有静止之水。近现代中国是大变革、大痛苦的时代，身处变局中的个体接物处事的伸屈、所思所想的起落，藉纸墨得以留存，这是一个时代的个人记录。此中有文学、文化、生活；也时有动乱、战争、革命。我们整理史料，是提供一种俯首细看的方式，或者一种贴近近现代社会和文化的文本。当然，对这些个人印记明显的史料，也要客观地看待其价值，需要与其他史料联系和比照阅读，减少因个人视角、立场或叙述体裁带来的偏差。

知识皆有其价值和魅力，知识分子也应具有价值关怀和理想追求。清人舒位诗云“名士十年无赖贼”（《金谷园故址》），我们警惕袖手空谈，傲慢指点江山；鲁迅先生诗云“我以我血荐轩辕”（《自题小像》），我们愿意埋头苦干，逐步趋近理想。我们没有奢望这套《丛刊》产生宏大的效果，只是盼望所做的一切，能融合于前贤时彦所做的贡献之中，共同为中华文明的成功转型，适当“缩短和减轻分娩的痛苦”

（马克思《资本论》第一卷第一版序言）。

《丛刊》的编纂，得到了诸多前辈、时贤和出版社的大力扶植。袁行霈先生、傅璇琮先生、王水照先生题辞勖勉，周勋初先生来信鼓励，凤凰出版社姜小青总编辑赋予信任，刘跃进先生还慷慨同意将其列入“中华文学史史料学会”重大规划项目，学界其他友好也多有不同形式的帮助……这些，都增添了我们做好这套《丛刊》的信心。必须一提的是，《丛刊》原拟主编四人（张剑、张晖、徐雁平、彭国忠），每位主编负责一辑，周而复始，滚动发展，原计划由张晖负责第四辑，但他尚未正式投入工作即于2013年3月15日赍志而殁，令人抱恨终天，我们将以兢兢业业的工作表达对他的怀念。

《丛刊》的基本整理方式为简体横排和标点（鼓励必要的校释），以期更广泛地传播知识、更好地服务社会。希望我们的工作，得到更多朋友的理解和支持。

2013年4月15日

目　录

卷二

卷三

卷四

卷七

卷八

卷九

卷十

前　言

一

邓华熙(1826—1916)，字小赤，又作小石，广东顺德龙山人。咸丰元年(1851)辛亥科举人，遵例报捐员外郎，签分刑部，咸丰六年(1857)底到部，同治六年(1868)底奏补刑部山西司郎中，此后历任江南道监察御史、大理府知府、云南府知府、湖北布政使、江苏布政使、安徽巡抚、山西巡抚、贵州巡抚等职。光绪二十八年(1903)底因病致仕，光绪三十四年(1908)加太子少保衔。宣统三年(1911)，与梁鼎芬主持广东咨议局，宣布广东独立。民国五年(1916)病逝，谥"和简"，故称邓和简公。

邓华熙生平颇有著述，其日记原稿藏中山大学图书馆，并收入国家清史编纂委员会影印文献丛刊《清代稿抄本》第一辑第 2 册，另有《邓和简公书牍存稿》、《邓和简公墨宝》及邓林等《邓氏纳楹书屋存稿》收为同辑 32 至 34 册。日记手稿十卷，现存八卷，时间跨度分别为:卷一由咸丰七年(1857)正月至同治十一年(1872)，卷二由同治十二年(1873)至光绪元年(1875)，卷三由光绪元年(1875)至光绪五年(1879)，卷四由光绪六年(1880)至光绪十二年(1886)，卷五、卷六缺，卷七由光绪二十年(1894)至光绪二十四年(1898)，卷八由光绪二十四年(1898)至光绪二十六年(1900)，卷九由光绪二十六年(1900)至光绪三十四年(1908)(目录记为至光绪三十二年)，卷十由宣统元年

(1909)至民国五年(1916)。其中,卷七至卷九题名《日知录》,卷十题《日省录》。

二

由日记起止时间可以看出,邓华熙从正式入仕至临终前始终笔耕不辍,为后人保留了极为珍贵而详明的史料。其中最具学术价值的,当属邓华熙以其浮沉政坛半个世纪亲历之种种,对清末民国时局变迁所做的观察与实录。他曾主持对于晚近变革有较大影响的实务活动,如在安徽巡抚任上积极推行维新变法诏令、推广《时务报》、筹办求是学堂与安徽武备学堂、以德国操法改革军队教习、创办铸币厂、设立安徽商务总局、通过购买《农学报》及刊印《齐民要术》等大力传播农业技术知识等等,被康有为推为全国督抚之典范。[①]在清末地方自治与立宪运动中,邓华熙也扮演了重要角色,在宣统元年(1909)广东咨议局筹办处诸议绅中居首席,参与草拟章程与选举报告等,又出任顺德自治研究社社长。宣统三年(1911)武昌起义之后,广东自治研究社于文澜书院召开商讨广东前途会议,邓华熙出任名誉社长及会议主席,与副主席梁鼎芬主持会议并最终决定广东自治。此类邓华熙对清末民国政局的重要贡献早已为史学界所关注,而日记中关于事态前后种种细节及心态的记载,无疑将会是辅助相关研究进一步深入的有力参证。[②]同时,身为匡政多年的封疆大吏,邓华熙终

① 1898年6月,康有为代江南道监察御史李盛铎草拟《请明赏罚以行实政折》,称赞当时在全国督抚中能行新政者:"陈(宝箴)、张(之洞)、鹿(传霖)为最,廖(寿丰)、邓(华熙)次之。"见郑国良《戊戌变法运动在安徽》所引《翁文恭公日记》,《安徽史学》1991年第2期。

② 周仕敏《邓华熙与中国近代化》一文即以日记手稿为据研究相关史实,见《文艺评论》2012年第4期。

身不失粤人崇实尚朴之本色，对于所经诸种政务如刑狱、赈灾、剿匪、科举及各种与洋人交涉事件都有翔实而客观的记录，包括多次蒙慈禧、光绪召见期间的对问应答之语也都备述无遗，自有不少值得探究之处。

除了清末民初关乎政局的重要历史事件之外，邓华熙本人的交游情况与生平事迹也能在日记中找到较为可信的依据。[①]他与家人、友人、同僚的通信往来，以及官场上的公务、应酬、交谊、馈赠等，在日记中无不靡备。其中涉及不少对晚近政坛有所影响的人物，堪为考辨史实及人物关系之资。而其仕宦经历，举凡应试、磨勘、引见、补阙、升迁、覃恩加级、就任时地等等也都在日记中有详尽记载。如有论者以为邓华熙乃于咸丰十年(1860)，因英法联军进逼北京事，条陈抗敌方略而受恭亲王奕䜣赏识，提拔为刑部郎中。[②]又，以邓华熙在“辛亥(1911)重逢乡举，赐太子太保衔”。[③]但据日记可知，邓华熙实于咸丰十一年(1861)三月为候补员外郎，同治元年(1862)点派实录馆校对，次年奏派详校官，同治五年(1867)因实录全书告成始奉谕著免补员外郎，同治六年(1868)底实补刑部山西司郎中。而因辛亥年乡举重逢属于恩科，需先行一年奏请加恩，其加太子太保衔则应为光绪三十四年(1908)。[④]

此外，邓华熙的务实精神也表现在对于日常生活极为周细的记录上，举凡租赁房屋、雇佣舟车仆妇、亲友钱物往来乃至汇款利息等

---

① 周仕敏《邓华熙邓本逵父子生平交游考辨五则》一文以日记手稿为据订正相关事件，见《岭南文史》2012年第2期。

② 见方晓珍《邓华熙的皖江变法及其对中国近代化的影响》，《安庆师范学院学报》(社科版)，2008年1月第27卷第1期。

③ 见方晓珍《邓华熙的皖江变法及其对中国近代化的影响》一文转引汪军《晚清安徽巡抚邓华熙史略》，时代文艺出版社2001年版，第102页。

④ 见《邓和简公日记》咸丰十一年(1861)三月、同治十二年五月廿一日(1873年6月15日)报丁忧呈底稿及光绪三十四年(1908)日记。

等日用支出，以及银钱借贷与催还等私人财务事项都逐一作录，堪为清末经济研究之据。他在宦游途中对于行舟、行车时地和所历山川风物的详注，又可备研究清末交通者采撷。另如天文、气象、药方、曲谱、花谱等方面的记列，也都有可裨学界取用之处。

三

邓华熙日记时限跨越清末咸、同、光三朝直迄民国，除对史实时政的研究价值之外，也是一份难能可贵的晚近人物生活写照。邓华熙是典型的传统士大夫，有着忧国忧民、兼济天下的情怀和清廉直节的操守。他的日记中保留了大量诗文，往往是“为时而著”、“为事而作”的，在文学研究价值之外更可与其生平事迹相互检照，发明心迹。如同治十二年（1873）八月，邓华熙丁母忧乘舟返乡，感于沿途厘捐失度，指出：“以细民之血本，供若辈之贪饕。厘捐一日不停，则商贾一日受累。兵燹之后，元气何由而复乎？惟冀封疆大吏不惮艰难，力图别款，尽止厘捐，则民力纾而康阜有素矣。”[①]数日后即有诗讽咏云：“待人寸地不留余，去舸来舟道曲纡。不信细民能府海，横江竟敢绝流渔。”[②]次月又在日记中强调：“本省厘捐，尤为骚扰……急宜禁革者也。”[③]至光绪二年（1876）十一月，知江西巡抚刘秉璋奏因水灾停抽米厘数月，邓华熙趁势上疏，以“谷米抽厘，有妨民食”故，恳乞：“饬下各省督抚妥议章程，凡谷米之属，有关民食者，一概免其抽厘。俾贩运转移，畅行无阻，则民食充而民心愈固矣。”[④]其事经户部议奏落

---

① 见《邓和简公日记》同治十二年八月十一日（1873 年 10 月 2 日）。

② 见《日记》同治十二年八月十六日（1873 年 10 月 7 日）诗《网》。

③ 见《日记》同治十二年九月十三日（1873 年 11 月 2 日）。

④ 见《日记》光绪二年十一月十五日（1876 年 12 月 30 日），《奏免谷米抽厘疏》。

实，至次年四月止，各省谷米一律普免厘捐。光绪三年(1877)二月，邓华熙再次上疏，缕陈厘务杜弊之具体方法近千言。同年十二月，他又特地上奏疏恳饬免抽广西到广东米厘，并敏锐地指出广西谷米因抽厘之故渐少东来，导致“广东米粮有不得不藉资于外洋者”，倘若“任令大利之趋于外洋，窃恐粤省之银日耗、民日穷而势日弱，此则广东之隐忧也。”[①]其前后奏稿、户部覆奏及谕旨，邓华熙尽皆录于日记之中，其拳拳以国计民生为己任之心，可见一斑。

正因此粹然儒者之心，邓华熙才能直面清末诸般时弊乱象，于甲午战败之后呼吁变革、召唤风雷。郑官应倡导维新的力著《盛世危言》，正是由邓华熙于光绪二十一年(1895)三月推介给光绪帝的。光绪命总署印刷二千部颁送诸臣，使得此著以“天子嘉叹，海内传诵”[②]之誉，引领思想界一时风潮所向。而邓华熙本身在安徽巡抚任上勤营维新及晚年尽力勖襄广东自治立宪诸事，也表明其思想上的开明通变及其以国富民强为初旨的立场，是贯穿始终的。孙中山先生在《孙文学说——行易知难·自序》中尝云：“卒赖全国人心之倾向，仁人志士之赞襄，乃得推覆专制，创建共和。”[③]邓华熙无疑应归入有功于共和之列。然而，也正因其浸溉乎儒者之心，邓华熙面对易代之际种种不得不为之事，也表现出了强烈的矛盾心态和典型的遗民情怀。宣统三年九月初四(1911 年 10 月 25 日)主持商讨广东自治会议之后，邓华熙因“闻武昌失守”而“影响及于粤垣”，恐“粤疆土匪极多，事难预料”，即于初七日举家移居香港。[④]十月十五日(1911 年 12 月 5

① 见《日记》光绪三年十二月初六日(1878 年 1 月 8 日)，《奏免由广西来东米厘疏》

② 见汪熙《论郑官应》一文引《罗浮偫鹤山人诗草》宣统己酉(1909)上海著易堂本卷一第 1 页，《历史研究》1982 年第 1 期。

③ 孙中山著，张小莉、申学锋评注《建国方略》，华夏出版社 2002 年版，第 1 页。

④ 见《日记》宣统三年九月初五(1911 年 10 月 26 日)。

日），邓华熙写下《怀古》一律云："生今怀古思悠悠，昔人过处未全尤。羽坑降卒遍青策，秦始埋儒二世休。散财四海翘归马，铸铁咸阳胜买牛。老来无汗供驱使，肥遁难忘豢养优。"次月初八（1911 年 12 月 27 日）又赋《偶成》一首云："阅年将九十，玲珑若水晶。感时多恶梦，异趣鲜交情。契我惟花木，论人舍败成。存心休颇侧，天道最平平。"表达了对于清廷覆亡的痛惜与怀思，也流露了将从此抱道怀贞、向隅潜翳的思想。事实上，这不仅是邓华熙一人的选择。广州光复期间，有一批当地名绅都纷纷避地港澳，并以老病无能为由推辞龙济光都督归穗参政之聘，在以邓华熙为首联名发出的《旅港省绅复龙督函》中表明将"销声匿迹，作异邦逋客"。为此，《民生日报》有社论质疑其函"颇有郁郁不平之慨"，"邓（华熙）等何深恶于辛亥九月也"。[1]及民国四年十月初九日（1915 年 11 月 15 日），邓华熙仍有《偶成》诗云："舜禅年逢洚水留，虞宾在位祝千秋。秀夫死守孤臣分，赵肉推诚块一留。凤鸟应随新运至，长蛇荐食隐怀忧。伦常万古何能废，中外尤□嫌地球。"

尽管如此，邓华熙并未真正放下对广东政局的密切关怀。1913、1914 两年，邓华熙在港联名诸绅上书广东军政府民政长李开侁反对广东开赌，并倡议在研究社内开设"拒赌会"，1916 年又致信广东巡按使张鸣岐请求严禁牌馆，可见其以民生为任的责任感并未因世易时移而消折。耐人寻味的是，在辛亥之后的日记纪年中，邓华熙使用了新旧并列的特殊方式：如在宣统四年（1912）日记卷首记云："中国民国元年壬子、宣统三年十二月二十七日（1912 年 2 月 14 日），皇帝降旨退位。"次卷卷首记为："宣统五年（1913）旧历癸丑年日记，即民国二年二月。"又次卷作："民国三年，即宣统六年（1914）甲寅年旧历

---

① 参见（日）宫内肇《龙济光政权时期的广东地方精英》，《中山大学学报》（社科版）2011 年第 4 期。其函及《民生日报》评论载《民生日报》1913 年 9 月 11 日。

元旦即新历一月廿六日。”可以说是微妙地表达了他对于民国的事实认可，也是新旧交替、思潮激荡之际典型人物心态的一个真实剪影。此外，日记后半部分中里程、时间单位兼用英里、点钟，也体现了关于西医技术、铁路运输等对生活的影响，无疑是时代悄然变迁的宝贵印记。

总之，《邓华熙日记》所提供的个人叙述视角既可与综观、宏观的历史记载互相释证、补正，又为后人全面展现了一个典型历史人物真正的心路历程，藉此而身历其境，当能获得迥异于雾里看花的深切体验和细微感悟。而对于这一典型个案言行、用意和精神的精准把握，或许会给学者以有益启示，从而由新的学术视角去探索更加错综复杂的历史事实。

《邓华熙日记》手稿以行草书写，异体较多，兼卷七起多以每四页合一大页影印，字迹过小，给辨认带来了不少困难。幸赖中山大学古文献研究所陈永正先生、史洪权先生大力襄助，排疑解难，在此深表感激。

古籍点校原本极考功力，整理者自知才学谫陋，勉强为之，想必多有讹舛之处，敬祈博雅君子进而教之。

凡　例

此次整理以国家清史编纂委员会影印文献丛刊《清代稿抄本》所收中山大学图书馆藏日记手稿为底本进行辨认及校点。正文体例大要如次：

一、据《丛刊》统一要求，原稿包括人名、地名等尽量改用简化字；日记题名为《邓华熙日记》；

二、原稿确系误字者，以圆括号“（ ）”括出误字，后继以方括号“[ ]”括出改字，明显的形近误字径改；原稿脱字者，亦用方括号“[ ]”括出补字；原稿衍字者，用“【 】”括出；

三、原稿空缺或过于模糊导致脱字无法补出者，以“□”代替约略可计字数者，以“……”代替无法计数者；

四、原稿天头地脚文字皆移入正文相应位置；

五、原稿夹注原为双行小字，现以小五字体单行排印，正文标点与夹注标点各自独立；

六、原稿所记人名字号多用同音或音近之字，凡此均仍其旧；

七、为方便读者使用，在每一原年、月、日后均以圆括号括注公元纪年；仅有年月者，因月份无法明确对应，则仅括注年份。

卷一

咸丰七年丁巳(1857)日识八年戊午(1858)、九年己未(1859)、十年庚申(1860)、十一年辛酉(1861)、同治元年壬戌(1862)。一卷。

正月

元旦(1857年1月26日),寅刻,随同潘夫子伯寅、母舅研卿进太和殿。朝贺毕,往各处拜年。

初二日(1月27日),进署。无事。

初五日(1月30日),进署。对阅,堂看奏稿二件、奏折一件。上署员外郎邓华熙阅,前后衔未看,无签。为旗人保通偷窃车库车瓦事奏闻请旨,初七日奏。奉旨依议。

初九日(2月3日),进署。无事。

十二日(2月6日),进署。当月满官双鼎收案三件。

一件苏蔡氏送伊子达山忤逆由。

一件民人生永田大造言阻挠大铁钱由。

一件偷窃民庙神像袍由。

画稿三件。署正月初六。一件东城移送保清喊告汪大将伊坟平毁由。汪大赦,免议。

南城移送袁二告伊亲家赖兴将伊女打跑由。找回,免议。

私造铁钱,房产入官由。

十三日(2月7日),未正,交月将案件回堂,出署,文昌馆公谶同司。

十五日(2月9日),广州会馆公谳陕西抚军曾卓如世丈望颜。

十七日(2月11日),公饯吴柳堂比部随员奉天,集松筠庵。

十八日(2月12日),派出祈谷坛陪祀官。寅初三刻进坛,随同行礼,递职名毕。皇上于是日巳刻还园。

十九日(2月13日),进署。无事。

廿一日(2月15日),进署。是日辰时开印。各官拜印毕,在署公谳,萨老三印麟作主。画吉祥稿二件,催饭银等由。

二十二日(2月16日),寅刻,进圆明园送砚卿舅引见,奉朱批,着发往南河委用。

廿四日(2月18日),进署。

廿五日(2月19日)。

廿六日(2月20日),进署。署右堂孟大人保到任。吴柳堂奉差往东陵。

廿八日(2月22日),进署。画稿四件。

二月

初一日(2月24日),进署。画稿二件。

初三日(2月26日),进署。蒙萨印君麟、钮君福原、陈同年兰彬回堂请帮办稿件。奉堂圈出,画行二件。

初六日(3月1日),奉堂派出社稷坛陪祀官。是日丑初,进天安门坛门恭候皇上。寅正一刻,上祭毕。散班。

初七日(3月2日),进署。是日有粤差到京,由广西来。

初九日(3月4日),寄十四号家报。内写初四,皮写初五。

十一日(3月6日),进署。画稿十件。

十七日(3月12日),进署。画稿三件。是往探蔡炯堂翁,于十六日抵都,取印结二纸。

廿三日(3月18日),进署。画稿二件。

廿五日(3月20日),派出朝日坛陪祀官。

三月

初一日(3 月 26 日),午刻,往圆明园送蔡炯堂引见。

初二日(3 月 27 日),申刻,回寓。

初五(3 月 30 日),进署。

初六日(3 月 31 日),为邓吕[氏、邓]梅氏请旌。梁檀浦呈请予出结二纸。小钱十千。

初九日(4 月 3 日),进署。画稿一件。

十一日(4 月 5 日),派出先农坛陪祀官。寅初一刻,进坛门恭候皇上。寅正三刻,上祭毕,具服殿更衣,耤田亲耕后散班。

十九(4 月 13 日),进署。覆看奏本一件,为饥民王丫头纠众二十一人抢夺粮米,首犯拟徒事。奉旨依议。

廿九日(4 月 23 日),总理刑部事务桂中堂良上任。

四月

初一(4 月 24 日),申刻,赵大司寇光家饯饮。壁间有张诗(灵)[舲]少天官赠司寇句云:“司马兵家司寇略,右丞诗句右军书。”

初三日(4 月 26 日),进署。将衔帖带进,用印式夥,以备南旋关津所用。

敖君册贤别字□□托带寿屏八帧,送广州府西官廨三凤堂坐省家人何炳收,寄调署石城县新调澄海敖老父台官印收。又李竹泉兄名淇付带靴四双、信一封交李父台澍堂收。又区盍簪同年送来告假印结一张。

初四日(4 月 27 日),到印结局晚饭。

初六日(4 月 29 日),寄十五号安报。

初八日(5 月 1 日),申刻,区盍簪同年饯饮。

初九日(5 月 2 日),杨黼香翁托带一函。

十一日(5 月 4 日),潘杏卿托带照一衔,梁檀浦托带仙荃册叶三件、条幅一、扇一把。聂亦峰诰轴一小箱、信一函。张又衔太史大枏托交伊令岳王臬司增谦靴二双、信一函。一号衣箱内粮道王信、李澍堂信、潘杏卿照、自己及各人照。

上年十二月初□□住□□□日，共当四个月零四日。

十三日(5月6日)，进署。上堂告假毕，回寓。蔡炯堂信一函、皮二件，又一小包。周子嘉信一函，区(替)[盍簪]信一函上海、二函小联一省城。

十五日(5月8日)，自二舅宅米市胡同登车启行。始约王蔼堂明府同行，后因蔼堂有事，不能即日登程，予乃两车独行。是日至黄村住宿。太平车廿八千、轿车十六千。

十六日(5月9日)，馆固安县，晚住孔家马头。

十七日(5月10日)，馆鄚州，晚住任丘。

十八日(5月11日)，馆商家林，晚住富庄驿。

十九(5月12日)，馆漫河，晚住刘智庙。

二十日(5月13日)，馆黄河涯，晚住平原廿里铺。

廿一日(5月14日)，馆禹城桥，晚住晏城。

廿二日(5月15日)，馆杜家庙，晚住张夏。

午渡齐河，有大清桥跨济水，明嘉靖间羽士张建。水流湍激，澎湃有声。人立其上，觉石桥微动。

廿三(5月16日)，馆店台，晚住太安州。王蔼堂明府赶至。

是日申刻，与王又桥往瞻岱庙。规模壮大，有始皇没字碑、杜工部真迹碑，其余碑碣林立，不可胜纪。惜到时已晚，不能登山畅游耳。

廿四日(5月17日)，馆崔家庄。晚住阳流店。

廿五日(5月18日)，馆翟家庄，晚住鳌阳。

廿六日(5月19日)，馆功家城，晚住垛庄。

廿七日(5月20日)，馆青驼寺，晚住伴城。

廿八(5月21日)，馆沂州府，晚住李家庄。

廿九(5月22日)，馆郯城十里铺，晚住红花铺。

五月

初一日(5月23日)，馆峒峿，晚住顺河集。

初二日(5月24日),饘仰化,晚住中兴集。

初三日(5月25日),饘于沟,申刻到王家营,在蒋三义行卸车。

初四日(5月26日),着家人过清江,雇无锡快船一张,送至苏州,钱七千五百。旗灯在内,煤火在内。食饭每顿三十五文。申刻下船。

初五日(5月27日),午刻,往梁宝生观察小叙,即登船。

镇日疲劳倦未醒,仆夫促起为包程。富庄驿路吟残月,刘智祠堂见莫星。六载去来经四度,浮生惆怅役虚名。秋曹清吏归何有,一箧图书两马轻。忆途中一首。

途中食樱桃

谷雨时过廿四天,榆钱落尽见荷钱。麦风几日迎人面,吹出明珠火齐圆。

艳容的的与谁怜,青鸟衔来欲赠人。浓似胭脂甜似蜜,芳名幸挂美人唇。

朱实尝新出禁中,水晶盘赐满堆红。大官饱食缘钟爱,小字如花称姣童。

出都补作

四月麦风飏,闲曹别帝乡。离家五百日,行路八千长。世事伤棋局,身名愧锁缰。北堂鱼菽少,南国虎狼狂。箭似归心急,车缘觅店忙。尘高马蹄疾,日低人影长。村孤无客舍,树密即农庄。倦宿知何处,披襟纳月凉。

初六(5月28日)早,自清江启行,申刻泊宝应县城外。是日行一百二十里。

见月

一湾新月镜中蛾,照遍红楼傍水多。怅望江南无限恨,秦淮歌舞变干戈。

记梦

一叶扁舟驾木兰,螺阳东望路漫漫。连宵偏做还家梦,慈母妻奴聚一团。

感赋　咸丰七年丁巳(1857)五月

天堑长城势壮哉，顿令钟鼓歇池台。六朝金粉成尘迹，当道豺狼出草莱。酒色登徒谈将略指何帅，旌旗队里炫文才指翁帅。秦淮月夜三军醉，畴听飞鸿遍野哀。

斯时予已卜二帅之必偾事，今观之，是不幸而言中也。同治五年(1866)五月抄，自记。

晚泊

草绿江南岸，群莺绕树啼。怜予舟晚泊，愁对夕阳西。

高邮道中

蒲节高垂路，江深夏亦寒。缊袍当昼著，布被怯宵单。茂草翻萧瑟，长河望渺漫。笛声开草阁，袖薄倚阑干。

过露筋祠

几树垂杨袅绿丝，高邮岸对露筋祠。夕阳犹见蚊飞起，似报奇贞与客知。

旌坊如翼峙河旁，万古贞魂倚绿杨。嫂自无闻姑不朽，野庐门外月如霜。

初七(5月29日)，卯刻行船，东北顺风。是日行一百八十里，晚泊邵伯驿。

初八日(5月30日)，抵风。辰[刻]过扬州捐厘局，午刻至百家庄泊。微雨。

百家庄

数椽茅屋两重檐，小小茶亭又酒帘。百步烟村行尽处，小姑门外斗婵娟。

南国衣裳冠古今，我来直北换衣襟。恐人笑是南蛮客，不敢沿街噪土音。

渡江

长江极目海门遥，浪静风恬两橹摇。水自长流山自绿，不知今世是何朝。

孤舟东去水漫漫，铁板铜琶唱已阑。遥望浮空青一点，难将画本写焦山。

瞻岱庙

寅位生人始，青阳帝震东。岩岩瞻象貌，点点附龟蒙。古柏参天秀，秦碑拔地丰。灵祥钟至圣，斧凿谢神工。偶尔停骖暇，欣然策杖从。道人迎外户，向我指中峰。此石兹山脑，如天绝地通。仁皇重望秩，虞狩此登封。落日烟全暗，攀云胜未穷。不观天下小，终与井蛙同。

初九(5 月 31 日)早，行船，午刻渡江，东北顺风，顷刻行八十里。晚泊小河，有关。是日行一百八十里。

初十(6 月 1 日)早，行船，未刻泊常州城外。往晤阳湖明府冯景千同年，又往晤恽伯方比部。

十一日(6 月 2 日)，十二点钟行船，酉刻至无锡泊。

十二日(6 月 3 日)，辰早，雇小船与王蔼堂、王又桥同游惠泉，试茶毕，还。十点钟开船，晚泊苏州。

十三日(6 月 4 日)，申刻，卸船。搬进芝麻衖伍俪荃公馆暂住。

十四日(6 月 5 日)，长洲明府顾竹城同年请进署晚饭。是日寄上海家集宾兄信一函。

十六日(6 月 7 日)，龙薰琴农部请饮李宝林家。

十九(6 月 10 日)，与李芝邻明府游刘园。

廿九日(6 月 20 日)，置舟往虎丘，购宜兴泥器皿。晚在聚景园小饮，回寓。

闰月

初二日(6 月 23 日)，晚请龙薰琴农部，同请陈秋澄、高星南、袁寿卿在韵香家小酌。四鼓登舟。此船系无锡快，言明到上海钱四千文。

初三日(6 月 24 日)，启行。是日西北顺风，大雨，行一百一十里，晚泊。

初四日(6 月 25 日),行船,抵风。晚泊,离上海五里。

初五(6 月 26 日)早,到上海,即搬到洋泾浜北头家集宾二兄恒昌隆住。

初六(6 月 27 日)。

十三(7 月 4 日),由怡和行火船往香港,每人搭船银廿五两。另厨房每人一员。

十八日(7 月 9 日),亥刻到香港,以夜不能上岸。

十九(7 月 10 日)早,上香港上环伍家怡利住一日夜。

二十日(7 月 11 日),由花旗火船上澳门,到时已酉刻,值大雨如注,在昌记行住。

廿二(7 月 13 日),由澳门坐轿上石岐,申刻到,住祐昌当。

廿六日(7 月 17 日),由排涌香山渡回乡。家焕纶、慧亭同舟。

廿七日(7 月 18 日),巳刻到舍。

六月

丁巳六月廿四日(1857 年 8 月 13 日),邀左甫田、李丹崖两孝廉,赖雪舟内翰,黄海缘茂才,温五郎内部,家慧亭印使,家妹青瑶谯集云林山馆。越日,海缘以一律见示,爰步原韵二首:

喜逢旧雨话离情,别久言长蜡屡更。清闷阁开延目赏,温柔室雅具心评。予名海缘藏娇所为"温柔室"。绮筵且喜环珂集,绣幕曾聆珮玉声。我为奔驰升斗养,几年辜负旧鸥盟。

五载芸窗惜旧情,流光如水序频更。伯苗自怅风尘老,鲁直行高月旦评。萱草共须娱爱日,园林容易又秋声。明年鹗奋冲天翼,琼岛同游践昔盟。

附原韵:

高会团栾话别情,哦诗中酒到三更。洛尘净借荷风浣,乡味重教茗月评。愧我未消鸿鹄志,随君空负鹧鸪声。秋花尚似含春思,后日西曹记共盟。

六月廿四(8 月 13 日),接砚公自京来信。

七月

初四(8月23日)早,雇单舱船往大良。八点钟启行,三点钟到大良。是日热甚。因船小,另雇一紫洞艇住宿。

初五(8月24日),午刻,往拜李邑侯润,并拜罗椒翁、龙兰翁、黄爱翁、罗石翁各位,俱见。

初六(8月25日),辰刻,李邑侯请早饭。饭毕二点半即启舟,行至黄连。酉刻泊。是夕大雷雨。

舟中夜雨

孤篷一夜雨连绵,苇岸枫林泊客船。电火瞥从窗罅入,雷声遥似地中穿。影沉四望渔无火,漏转时闻鸟一喧。万虑具空心即佛,准提聊诵小乘禅。

初七(8月26日)早,行舟。雨晴,至勒楼买鱼早饭。午刻抵乡。

八月

初八(9月25日),午刻,往龙江。昌纶欲初九凌晨付日渡往省。大风雨,渡船不开行。遂雇肩舆往佛山,至水籐,风雨愈甚,遂转回不去。

初九(9月26日)早,由家乘肩舆往佛山。至水籐摆渡,风雨大作,片刻天晴。两点钟至佛山,至裕隆稍坐,即雇两棹船往省。至省已薄暮,不能进城。在浆栏街文和一宿。

初十日(9月27日)早,即至东横街李舅氏家。是日拜客,晤许星台筠庵、李春生。

十一日(9月28日),因东横李宅无厨开爨,搬往吴信甫住。是日拜王观察增谦、蔡观察振武、虎门清军袁铭东、督巡庞孙敬斋,具晤。

十二日(9月29日),王观察馈红白烧炙四色,许星台水部送馔一席。

十三日(9月30日),欲由排涌渡回家,无渡,转付甘滩渡。连夜大风雨,顺风,二更抵甘滩下泊。

十四(10月1日),风仍大,无小船,不能入狮江口。至十点钟,着仆人上两滩公局通知寄下行李，即雇轿回家。至半途，家轿又来，遂舍彼就此。一点钟抵家。

十一月

十六(12 月 31 日)早，往叶丹山家道喜。闻英夷于十四(12 月 29 日)午刻入城。

十二月

十四(1858 年 1 月 28 日)，葵熙弟、蓉熙堂弟同日完娶。十六日，予请款酌酒。

咸丰八年戊午(1858)日识

正月

元旦(1858 年 2 月 14 日)，家行庆贺礼毕，各祠谒祖后，在云林山馆聚饮。

二月

廿七日(4 月 10 日)，在善祖祠前恭祀江神，祖道事也。

三月

初一日(4 月 14 日)，伯裳、仲尧弟奉家慈及家中大小由本乡渡往佛镇，随仆妇一人、婢二、家丁一。黄霭臣为照管。

初三(4 月 16 日)早，到禅，同眷寓宏源炮竹店。是日午刻在禅雇河头船一只，价银四十四员，船户陈阿日。

初四日(4 月 17 日)，四叔父与予由大谷渡往禅，芸熙弟随去，盛仆随行。

初四日(4 月 17 日)，予与黎荫棠姑丈雇小棹艇，晨往省城，寓邹子斌家。子斌他适。午后，往见江晓帆方伯。时署中丞，为发护照。明日，方伯将护照交来，并回拜。

初六日(4 月 19 日)，予带仆人周盛十点钟用小棹艇回禅，三点到。是日见王观察静山，并接本邑明府李润函。

初七日(4 月 20 日),新雇仆人梁保由省来禅。

初八日(4 月 21 日),申刻,奉家慈登舟,妻孥、婢仆随。

初九日(4 月 22 日)晨早,予偕两弟及黄霭翁登舟,四叔、芸弟在船早饭。饭后,四叔、芸弟由大谷渡回乡。予舟午刻启行,顺风顺水,天晴日朗。至酉刻泊,西南雷雨,戌刻雨止见月。夜半转北风。

初十日(4 月 23 日),九点钟行船,北风。酉刻,泊黄塘。

十一(4 月 24 日)早,行船,十点过芦包。午后转南风,晚泊大燕口。是日约行九十里。

十二(4 月 25 日)晨早,行船。午刻过白庙。未刻入清远峡,至飞来寺,随家慈登堂参佛。内人、妾、婢随香资半员,茶童百文。晚泊探塘。是日约行一百里。

十三(4 月 26 日)早,行船。十二点,北风,大雨,不能行,泊三丫塘。约行五十里。

十四(4 月 27 日)早,行船。北风,晴。晚泊钓鱼台。上有古驿亭,是浈阳峡里。约行九十里。

十五(4 月 28 日),北风,行船,晚泊望夫冈汛。约行一百里。

十六(4 月 29 日),东南微风。泊沙口。约行八十里。

十七(4 月 30 日),东南风。昼日行船,赶至三更,泊韶府河西尾。是日行百四十里。

十八(5 月 1 日),九点钟,差帖请关。是时韶府陈公应聘署南韶道,有信托交陈秩卿介猷三兄。托维新新衣店寄第一号家报。晚泊龟头滩。

十九(5 月 2 日)早,行船,北风,大雨。申刻晴。泊磨面滩上。

二十(5 月 3 日)早,行船,北风。晚[泊]东乡水口长唎滩上。

廿一(5 月 4 日),九点钟行船。午刻到浈昌,即到余大兴船行,写渔船三张、泷船一张。渔船每十员半包单船二,泷船七员半包单一。

廿二(5 月 5 日),五点钟晚饭后,渔船过载。吴妾在大船,偏坐床上，因轻重不均，跟斗翻下，扑肿手腕，亦一险也。

廿三(5月6日)早，行船，晚泊梅泷面。至三更后，大雨如注，水陡涨丈余，舟缆几挠。幸船户知觉尚早，即多加缆，渐渐移舟至水静处，得无恙。

廿四(5月7日)，弹水未行。

廿五(5月8日)，移舟至老屋场泊，不过一里许。是日水退五六尺。

廿六(5月9日)，九点行船，至滁泷下泊。是日水退三尺余。

廿七(5月10日)早，行船，一点已过韩泷，水仍涨，惊险万状。一更时至坪石。

廿八(5月11日)，十点单船过载。或晴或雨，行廿五里，泊清水江。

梅泷阻涨和黄早舟姻丈韵

洄湍激水乱山稠，万顷狂澜一叶舟。波浪不接书画舫，稳维柱石定中流。

过韩泷谒文公庙

天门九虎叫无闻，谏草千言枉力陈。万里蓝关怨蹇足，十年烟瘴老吟身。西淮碑毁犹传诵，南海鱼顽亦化尘。遗爱岭南师百世，巍巍古庙镇泷渍。

廿九(5月12日)早，行船，午刻泊清水江。大雨，水涨，不能行。

四月

初一(5月13日)，阻涨未行。

初二(5月14日)，十一点行船，涨仍未退，约行十五里泊。

江行见萤火

半在山涯半树颠，既高还下影纤纤。棹开波面星千点，灯暗窗前雨一帘。游夜不须劳秉烛，偷光犹记满囊缣。莫教小草长同腐，留取光明照大千。

初三(5月15日)，午刻到宜章，住怡昌店。

初四(5 月 16 日)早，发夫度岭，申刻至中站，住良田永茂店。

初五(5 月 17 日)，三点至郴州，住陈家广兴店。寄二号家报。

初六(5 月 18 日)，雇中麻阳船二个，每钱廿八千。午刻登舟，行六十里泊。

山花

数朵山花傍画舷，淡妆尤觉影翩翩。莫言野态无情绪，偏解迎人笑脸妍。

初七(5 月 19 日)早，行船，申刻泊永兴，雨。约行百里。

初八(5 月 20 日)早，行船，晚泊耒阳。约行百四十里。连日雨。

初九(5 月 21 日)早，行船，晚泊卢堡。约行百七十里。

初十(5 月 22 日)早，行船，申刻过衡阳廿五里泊。

湘水行

两岸柳新碧，四月花褪红。风景清和浴佛节，故园已见荔枝秾。我奉版舆向京国，浮家八口乘薰风。有情湘水送行棹，百里经过日未中。十湾九曲帆随转，石控山回路又通。明珠玉佩茫无迹，青山绿树犹如昔。苍梧断梦杳难寻，汭汭东流胡有极。惆怅英皇万古情，恨随江水去还生。竹染斑深常著泪，瑟弹怨极不成声。斟取浊醪酹渔父，为我湘灵传片语。彼怀琼琋欲贻谁，我有瑜环思赠汝。良期若果指潜渊，当如范蠡移家船。感恩愿效衔环鸟，悦志行歌树背萱。

船灯

依样葫芦两画成，立身高处早知名。栉风沐雨何辞瘁，不灭丹心耿耿明。

船旗

布帆高处认分明，莫笑头衔画饼成。纪绩太常他日事，且将文旆树先声。

湘江喜晴

渔笛水声中，行云遏半空。青山开霁色，绿树识真容。画舫收油幕，渔缯晾短篷。衡山知我到，迎面出三峰。

渔父

湘江月白见渔父，自卷长竿对灯语。垂纶意本在得鱼，不学羊裘钓虚誉。

得鱼换酒乐陶然，无鱼怎易杖头钱。安令知遇如严老，盗虚声者老林泉。

十一日(5月23日)夜，行船。

十二(5月24日)，午刻到湘潭。因水涨，泊对河小港，即上十六总荣吉茶庄大昌荣号觅船。

十三(5月25日)，再上大昌荣，唤叶茂林船行同往看船，看得襄艑子一张。予写舱面价钱七十千，许其搭纸二百条压载。

十四(5月26日)，因麻阳船与襄艑子讲过档钱未清，是日未过载。

十五(5月27日)，午刻过载。

十六(5月28日)，因船未上纸，仍泊。

十七(5月29日)，未行。付第三号家报。

十九(5月31日)早，行船，三点至观音港。因北风太大，稍歇。晚离长沙四五里泊。日行八十余里。

二十(6月1日)早，至长沙，见骆吁门中丞。是日未行。

廿一(6月2日)早，行船，晚泊清江市。日行四十里。

廿二(6月3日)早，行船，东南顺风，晚泊云田。约行百四十里。

廿三(6月4日)早，行船，东南顺风。辰巳交至磊石，已行六十里。午刻忽转西北风，即泊黄茅港。

廿四(6月5日)早，仍西北风，未行。

廿五(6月6日)，无风，早行船。午刻，西北风渐至，泊杉木港鹿角管。申刻风渐大，遂至狂风，遥望湖心船有危险者。是日救生船已出矣。

廿六(6月7日)早，狂风未息。晚，风息。

廿七(6月8日)早，东北风微，行船。未刻至君山泊，离岳州城四五里。

洞庭阻风，诗以纪之

洞庭之水何弥漫，西连青草东君山。江豚吹浪浪澎湃，回樯欲泊殊艰难。我舟早舣黄茅港，连舻巨索交相扳。须臾东北大风作，排山倒海银涛翻。岳阳城头浪花立，彭蠡江干夕照残。大舳小艑遭飘荡，破篷断柁翻狂澜。问谁能救众生苦，幸有菩萨临华坛。慈航出没虚空里，宝筏隐现浮云间。救生船系本地方官及富户所设。戢思人溺如己溺，易地则同禹稷颜。退飞鹢首喜无恙，脱兹鱼腹再生还。险定思险情不异，并舟聚语心相关。鸣金掮鼓答神贶，淞鲈秬黍欢宵餐。萧萧风雨夜漫漫，鸣鼍乱吼更已阑。挑灯不寐独愁坐，儿童蒙被徒雄鼾。河鱼胡为有腹疾，使我不耐江风寒。焉得南薰吹澧兰，涟漪万顷阴霾删，朝暾金彩悬蒲帆。长风直送汉阳去，鹤楼吹笛凭雕栏。

廿八(6 月 9 日)早，行船，辰刻至岳州。午刻至新堤镇，酉刻泊嘉鱼县。约行二百里。

廿九(6 月 10 日)早，行船，辰刻至下田寺，酉刻泊金口。约行一百八十里。

五月

初一(6 月 11 日)辰早，抵汉口，泊武昌上。

初二、三(6 月 12、13 日)，船户等驳船关票，未行。初二午刻，予因登岸，感受暑湿，发热两日方愈。

初四(6 月 14 日)早，在汉口行船。申刻泊老鸦嘴，约行七十余里。

初五(6 月 15 日)，船户过驳，且因端节，未行。

初六(6 月 16 日)早，行船，午至汉川界。此处三叉水，左上新河，右上老河。因防老河水浅，走新河。晚泊刘家口，约行百余里。

初七(6 月 17 日)早，行船，东南风。午刻转西北风。风颇大，难行，泊三堤湖。少顷，申刻风静，再行四五里泊。日约行七八十里。

晚泊

凉月淡如烟，柔丝坠江水。渔舟系柳荫，饭熟呼儿女。

初八(6月18日)早，行船，抵风，泊卢家口。日行八九十里。

初九(6月19日)早，行船，西南抵风，天气甚热。晚泊天门县。约行七八十里。自汉口至此二百六十里。

初十(6月20日)早，行船，东南风。自汉口至(礬)[樊]城皆东北风，乃合，且一路转湾太多，东南风更无济也。未刻至禹清河。申刻至七宝图。晚泊南河口，约行七八十里。

十一(6月21日)早，行船，午刻至浑柳河。东南大风，天欲雨。再行三四十里泊。约行七十里。

十二(6月22日)早，行船，未刻至龚家口，一路水流甚紧。晚泊烂河口，约行八九十里。

十三(6月23日)早，行船，东南风。未刻至狮子口，申刻至安陆府界。晚泊龚家集。是日行一百廿里。以下河滩多朱顶鹤。

十四(6月24日)早，行船，东南风。午刻至丰乐河，转西北风，颇大。抵风，水不能行船，即泊。约行七十里。

十五(6月25日)，风雨，未行。

十六(6月26日)早，行船，东南风。午刻至流水沟。晚泊木瓜园，宜城属。是日约行百廿里。

十七(6月27日)，辰刻行船，午刻大雨稍歇。七点钟泊小河，约行四五十里。

十八(6月28日)，九点钟行船。小河水浅，恰有雨水，长数寸，不用开驳。六点半钟泊六门滩，离樊城约五十里。

十九(6月29日)早，至红山头，离樊城十里。水浅，大船不能行。饭后登岸，至公义店，说明车价，即回船。

二十(6月30日)，早饭后，雇小驳船三个上公义店。此店主及经纪人等均不好，多端百出，入此店鲜有不上当者。

廿一(7月1日)，车轿未齐。

廿二(7月2日),饭后开车。两[点]钟至叶家店。太夫人以骡轿摇抛太甚,少歇。晚住吕堰。太夫人换坐大车。

廿三(7月3日),馆新店,住新野。

廿四(7月4日),住瓦店。

廿五(7月5日),尖澧河,住北新店。

廿六(7月6日),尖赵河,住裕州。

廿七(7月7日),尖独树,住旧。

廿八(7月8日),尖汝河,住襄城。

廿九(7月9日),尖颍阳。水大担搁,过河已四点钟。再行十余里,住小地方,不知名。

六月

初一(7月11日),住小赵。

初二(7月12日),尖尉氏县,晚到朱仙镇。予与太夫人车及内人、吴妾已到,后二车未来,缘骡马疲乏,不能赶道也。后初三早始到。

初三(7月13日),因人马疲乏,住朱仙一日。

廿二(8月1日),午刻至黄村,先着家人进城,商酌上务各件。此时期近乡试,会馆不能卸车,租顺城门大街斌升店半月。

廿三(8月2日),上务事未妥,仍住黄村店。

廿四(8月3日),家人雇轿车四辆出城,饭后即着各人进城,留黄霭翁及家人梁保在黄村,明日押行李车进城。

廿五(8月4日),行李车进城。因天晚,不能上务。

廿六(8月5日),行李车早上务,午刻卸车。寄第一号家报。

【六月】廿八(8月7日),进署销假。扣至十一年正月廿四(1861年3月5日),学习三年期满。

廿九(8月8日),看得烂面胡同房子一所,租钱五十千。

七月

初一(8月9日),裱糊房子。

初二(8 月 10 日)，两弟进城内试寓。

初三(8 月 11 日)，饭后，搬住烂面胡同房子。

初七(8 月 15 日)，午初，肇京生，吴妾亦平安。服黄霭翁方数剂，四五日复元矣。

十一(8 月 19 日)，两弟考到。廿一(8 月 29 日)，录科。廿九(9 月 7 日)，接第二号家报。黄海缘带来。

十六(8 月 24 日)，进署，当月。

八月

初二(9 月 8 日)，进署，当月。

初六(9 月 12 日)，肇京择日为髯。午集同年小酌。寅刻，派社稷坛陪祀官。

初八(9 月 14 日)早，进城送场。是科首题“吾未见刚者”，次题“敬其所尊”，三题“曰敢问夫子之不动心”至“勿暴其气”。

诗题“赋得‘万竿烟雨绿相招’。得“丞”字。是元人萨(天)[都]剌送马中丞诗。马伯常。”

二场经题“君子以制数度，议德行”、“曰圣，时风若”、“蒙伐有苑”、“秋蒐于红”、“礼在瞽宗，书在上庠”。

十七(9 月 23 日)秋分，派月夕坛陪祀官。酉初，上祭毕，进城。

廿九日(10 月 5 日)辛未，安座宅堂香火。

九月

初五(10 月 11 日)，午集松筠庵，同司公谦，晚回寓，接第四号五月廿二(7 月 2 日)寄来、第五号七月廿四(9 月 1 日)寄来家报。

初七(10 月 13 日)，寄第二号安报。

初九(10 月 15 日)，北闱揭晓，伯裳弟荐卷。

十五(10 月 21 日)，晋园听旨。为赵二定愤盗杀事，为从者赵二两子。主稿吴柳堂引律为拟流，不知例有专条，发近边充军。奉旨后始行查出。柳堂自行检举，请奏更正。

十八(10 月 24 日)，接砚公来信。是晚，张溥斋到寓，交汇百金还砚公。

十月

廿八(11 月 13 日),接第六、七号平安报。知擀叔添第四女。八月二十丑时。

十一月

初二(12 月 6 日),寄第三号安报。

十八日(12 月 22 日),冬至,派天坛陪祀官。

十二月

十三(1859 年 1 月 6 日),接第八号安报。四叔在围馆付的。十月廿二寄。

廿一(1 月 24 日),寄第四号安报。并寄雪舟一函、李澍堂一函。

咸丰九年己未(1859)日识

正月

廿一日(1859 年 2 月 23 日),进署,开印,取印结十五张。即日为黄早舟出考医生印结一张。

廿六(2 月 28 日),进城,观音寺街关帝庙试寓,赁钱一百三十千。

廿八(3 月 2 日),取昌记银十五两。

廿九(3 月 3 日),接砚公清江来信,收到郑省吾䃎使一百带项。

二月

初一(3 月 5 日),出城,寄清江信。

初二(3 月 6 日),进署,呈请送考毕进城。

初十(3 月 14 日),取昌记银十五两。

十二(3 月 16 日),出城。

十三(3 月 17 日),进城。在望景上住。

二十(3 月 24 日),取昌记银五两。

廿三(3月27日)，寄第五号家报。

廿七(3月31日)，取昌记银一百元。

廿八(4月1日)，寄浦信，并还银九十两与砚翁，交江荣舫交镖号带。

三月

初五(4月7日)，借寄渔银十两。

十四(4月16日)，借寄渔银十五两。

十七(4月19日)，接第九号家来信。寅日(2月9日)书，始欲交亮甫带，后亮甫不果入京，正月廿一(2月23日)再寄云。

十八(4月20日)早，由小寓搬回宅。会试题"色难"、"今夫天焉能使予不遇哉"，诗题"高车高梱得'从'字"。

考官贾中堂桢、赵大司寇光、沈都堂兆霖、成侍郎琦。

十九日(4月21日)，寄第六号信。

四月

初旬，患湿病甚重，至五月初旬愈。

五月

十六(6月16日)，接第十号家报，并汇项两封。三月廿二(4月24日)付。

廿四(6月25日)，派赴园听旨。

廿五日(6月25日)，寄第七号信。雪舟一、丹山一。

六月

初二日(7月1日)，接第十一号信。子骏带来。

七月

初七日(8月5日)，接第十二、十三号家信。

十七(8月15日)内初十(8月8日)，寄第八号信。

廿五(8月23日)，为邓子云萌、邓琪兰出纳卷结各一张。

伯裳、仲尧两弟应考，首题"郁郁乎文哉吾从周"，次题"鱼跃于渊言其上下察也"，三题"辞十万而受万"，诗题"长伴云衢万里明得

“分”字”。

八月

十一日(9 月 7 日),寄第九号信。

廿六(9 月 22 日),接十四、十五号家报。

九月

初六日(10 月 1 日),寄第十号信。

十三(10 月 8 日),寄第十一号信。

三十日(10 月 25 日),四女阿松因天行痘夹瘢而殇。廿三(10 月 18 日)起病,七日之症卒。

十月

初七(11 月 1 日),黄霭臣兄往天津搭海船回乡,送盘川二十五两。

初九(11 月 3 日),进署,监印,印片十一张。

十一日(11 月 5 日),接十六号来信。

廿四(11 月 18 日),寄十二号信。

十一月

初十日(12 月 3 日),掌印,等回堂派主稿。

十四(12 月 7 日),接到家来十七号信,知家已接到七月十七(8 月 15 日)在京付回之第八号信,并声叙请奖之件。

廿七日(12 月 20 日),寄第十三号信。内写冬至(12 月 22 日),内李、赖左姓事各一,又赖、谢一。

廿九(12 月 22 日),冬至,派天坛陪祀官。丑初一刻寅,上祭。

十二月

初三日(12 月 26 日),家第十八号来信,又接雪舟翁一函。

廿日(1860 年 1 月 12 日),迁贾家胡同路东房屋。租钱五十千,何姓屋。寄第十四号家信。

【二十日(1 月 12 日),迁居贾家胡同路东房屋。】

咸丰十年庚申年(1860)日识

正月

十八日(1860年2月9日),接到第十九号家喜信,并收汇银一百两。

廿四日(2月15日),寄苏州不列号信。又寄去家第一号安报。

二月

初二日(2月23日),衙门递呈告假送考。

初八日(2月29日),迁寓椿树二条胡同路北房,租钱每月六十串。

初十(3月2日),接二十号来函。己十二月十六日(1860年1月8日)记。

廿三(3月15日),梅咏裳带来第十六号信,丹山三封。

廿四(3月16日),寄去家第二号家报。

闰三月

初六(4月26日),寄去家第三号安报。

初十(4月30日),寄去家第四号安报。

初十日(4月30日),会试揭晓。马永璋主、何有济原主、颜有庄县、林彭年榜、黎翔座、冯应奎县。题"大学之道"、"植其杖而芸,子路拱而立"、"定于一"。诗题"聚米为山得"波"字"。经题"观乎人文,以化成天下"、"以闰月定四时成岁"、"允厘百工,庶绩咸熙"、"君子万年,福禄宜之"、"盟于召陵僖公四年"、"萍始生"。总裁周祖培、全庆、朱嶟、杜翰。

又三月廿七(5月17日),接到第廿一号正月二十日(2月11日)寄、廿二号二月廿二(3月14日)寄安报。

四月

初七(5月27日),寄第四号安报。汇票一百零四[两],雪翁信、亮甫信一。

【咸丰十年庚申】五月

十三(7月1日),接到本年第三号来信。并汇银二百,办大学用。

十六(7月4日),寄第五号安报。

六月

十一日(7月28日),寄第六号安报。

七月

初四日(8月20日),接第六号信。又丹山一。

十五(8月31日),寄第七号信。合好欢迎银杉凤。七月十六(9月1日)。

廿一(9月6日),寄第八号信。

廿四(9月9日)。

灯下诗书常在手,画里颜容妒亦深。

圣人与贤人处,同其学知之心,而殊其生知之性。

八月

初一日(9月15日),揭陈竹川玉山资二百两。月息二分。还了。

初八(9月22日),圣驾北巡木兰。

初九(9月23日),京师内城闭,外城独留彰仪门。

初十(9月24日),西门、南门启,约三时复闭。

十一日(9月25日),本衙门赵大司寇、周相国祖培、贾相国桢、陈冢宰孚恩派在外城巡防处办事。同事:主事陈景纶、陈骏、周文俞、贾致恩、张联第以上刑部,翁同龢、余上华、黄云鹄、李鸿音、胡义质、潘祖保、胡风舟以上兵部,钟佩贤、李庆咸、何之普、杨鸿典、何玉棻、陈景和以上户部。

二十日(10月4日),寄第九号安信。

廿三(10月7日),第十号。

廿四(10月8日),放出夷酋吧吓理。

廿四日(10月8日),申时,五女生,名秋荣。

廿九日(10月13日),夷人入城。

九月

十七(10月30日),寄第十一号信。

廿四(11月6日),接第八号安信。

十月

十一日(11月23日),寄十二号信。内有交月湖八公议补会试公车费信,又交黄柳门、黎廉泉信。

廿六(12月8日),接第七号信。此差走得甚慢,此信是七月十二(8月28日)寄的。

十一月

派办外城巡防奏奖。

初八日(12月19日),奉旨:"赏加四品衔。钦此。"

初十日(12月21日),寄十三号信。又十三号信一封,并致龙、罗信。

十二月

初二日(1861年1月12日),寄第十四号信。收到。

初九日(1月19日),接第九号信。十月十六(1860年11月28日)来。

咸丰十一年辛酉(1861)日识

正月

初十(1861年2月19日),寄第一号安信。

二月

初八(3月18日),接到去年第十号来信。

十三(3月23日),寄第二号信。

廿七(4月6日),托李禹泉寄安报一函,不列号。

三月

初三(4月12日),接家寄来十一号信。

初九(4 月 18 日),发报,进署,奏留稿,奏留。

十二日(4 月 21 日),奉旨:“准其留部。”

十四(4 月 23 日),接到旨意,自奉旨日起作为候补员外郎。

十一年(1861)三月选缺候补员外郎:

柴广嶅假、王璪补、王景沂十一年(1861)七月 丁、宋邦僡、祝桢、张世准 假、许润身、邓[华熙]

十六日(4 月 25 日),请感冒假十日。

【三月】二十日(4 月 29 日),寄第三号信。并托雪翁改契。

四月

初九(5 月 18 日),接第一号辛酉信。并汇项。未回。

十九(5 月 28 日),接第二号信。未回。

五月

初,交何龙光兄带交吴信甫一函。

【咸丰十一年辛酉】廿二(6 月 29 日),请陈玉珊兄代领覃恩诰轴。封搢仔二叔父。

廿八(7 月 5 日),为同乡刘奋镛出就职训导结一纸。肇庆封川人。昌纪子。

六月

初一(7 月 8 日),寄第四号信。并付拨籍县文。

七月

刑部四月廿一(5 月 30 日)送考,咸丰十一年七月十一日(1861 年 8 月 16 日)考取御史部员名次单:

张德容△　贾铎吏　吴台寿　张景清吏　陆仁恬吏

张万里户　周辑瑞吏　李在铦　方学苏　陈骏△　余光伟△

柳渊　杨映奎△　谢膺禧吏　朱澄澜△　覃应辰

十七刘惠人△　十八卢定勋户　十九刘名馨　廿王作学兵

廿一尚庆潮△　廿二于凌辰　廿三吴升元户　廿四丁寿昌户

廿五刘庆△　廿六余撰△　廿七王书瑞

打△是刑部　此记发

十七日(8月22日),寅刻,大行皇帝文宗显皇帝龙驭上宾。二十日(8月25日),各官成服,照例廿七日(9月1日)而除。礼部奏准照嘉庆廿五年(1820),梓宫回京大祭后,各官乃除服。

上谕:九月廿三日(10月26日),梓宫在热河启行。上谕:十月初九日(11月11日)登极。颁诏。覃恩加一级。诰赠父为中宪大夫,诰封母为恭人。本身貤封四叔父为中宪大夫,赠叔母为……

皇太后徽号慈安,圣母太后徽号慈禧。又覃恩加一级。此次因无可貤封者,未曾领封。

【七月】廿二日(8月27日),接家来第三、四号信,同日寄第五号信。

叶谦招监补十两六钱五分。鏊、钧、镫每转监五两五钱六分,共十六两六钱八分;每加监照五钱,共二两,共三十两五钱八分。

八月

初一日(9月5日)丁巳土斗收,钦天监奏:"本日日月合璧,五星连珠。"查本年七政堂,本日木、火、土、水四星同缠于张度,惟金星缠于轸度。其实四星连珠,谓之四星聚张亦可。本日日月亦同经于张度。

【八月】十一日(9月15日)谕:"钦天监奏:八月初一,日月合璧、五星联珠,并绘图呈览。本年五月,钦天监[奏]彗星见于西北。仰惟天象示警,方滋兢惕;[兹]复据[奏]日月合璧,五星联珠,自非虚词附会。惟念朕御极之初,即以侈言符瑞为戒。矧值东南贼匪,未克殄除。眷念民生,惟增矜恻。即使星文表瑞,实为世运亨嘉之兆,亦惟有夕惕朝乾,冀邀上苍眷佑。如逆匪(即)[速]就荡平,黎民复业,年谷顺成,休应孰过于斯。其不必宣付史馆,用昭以实不以文之意。钦此。"

廿一日(9月25日),进署,取蓝印结五张。伯、仲弟投卷,取结二张。

【咸丰十一年辛酉】九月

初一日(10月4日),进署,当月。

【九月】初八(10月11日),顺天乡试头场。“不以礼节之,亦不可行也”、“肫肫其仁”三句、“非仕道欤”、“露溥仙掌九秋初得“秋”字”。

十二日(10月15日),寄第六号信,并丹山照共十张。

廿九(11月1日),内人、美、肖、义三女暨仲弟随侍,伯弟亦同往,太夫人到津门搭海船南旋。船主潘旺,船价四百两。十月初一(11月3日)到天津,初二(11月4日)由驳船往大沽外上大船,余侍太夫人登舟。初三(11月5日)由津回京,初五(11月7日)抵寓。

十一(11月13日),揭晓。

十九(11月21日),接仲弟由广利船来信,知初六日(11月8日)上大船。

十月

十五(11月17日),为邓云襄出更名换照结一纸。红印。是日辰刻,文宗显皇帝大祭后,百官除服。余辰刻到景山观德殿陪祭。

【十月】初九(11月11日),颁登极恩诏,是日升殿。

廿四日(11月26日),接到家寄来第五号信。并黄早舟交伯弟信,六月廿八(8月4日)寄来。

十一月

初二(12月3日),寄第七号信。母亲、伯、仲、黄氏、星台买香珠,钟培信稿。

初五(12月6日),寄伍子裳信一函。为黄翁觅十八子珠。

十二月

十四(1862年1月13日),寄第八号信。并寄礼部催覆拨学文书底稿。

【十二月】十五(1月14日),领十年万寿封典,请正五品封由员外加一级。府君为奉政大夫,母为宜人。将本身、妻室封典貤赠二叔父、叔母。

廿六(1月25日),寄第九号信,并二百三十两汇单外,汇费四千六百钱。

同治元年壬戌(1862)日记

元年初十(1862年2月8日)谷旦,接家来第七号安报。十月十四(1861年11月16日)寄。

十三日(2月11日),晤王补庵同年,见说谭觉轩同年来信云天津广利船于十月廿七(1861年11月29日)到香港,廿九(1861年12月1日)到省城。此船系十月十二(1861年11月14日)在天津启行,十六日(1861年11月18日)到广。十四日(1861年11月16日)到岛庙泊半日。

十四(2月12日),接家寄来第六号信。

十九日(2月17日),寄同字第一号安报。太夫人一函,妾禀太夫人并夫人各一函。回覆不能不停科信,并催覆部。

廿一(2月17日),进署,当月。

二月

二十(3月20日),家花农公、梅咏裳、卢少苏、邓洪湖由火轮船来京,住邑馆。接到太夫人寄来物一包、四叔信一函。

三月

初五(4月3日),进试寓,同住者陈浴石、吕蕉卿、汪椒生、吴蕙吟中。是科总裁倭艮峰,万(耦)[藕]舲、郑印敦谨、熙印麟。题为"此谓唯仁人"一节、"谁能出不由户"一节、"乐民之乐者"至"忧以天下",诗题"千门万户皆春声得"莺"字"。

十九(4月17日),接到十二月十二(1862年1月11日)四叔寄来第八号信,十一月廿二(1861年12月23日)心田寄来信一函。

四月

初九(5月7日),揭晓,荐而不中。出马司业寿金(界)[介]樵房。

十七(5月15日),署中送考军机,未送。

廿一(5月19日),当月。

廿四(5月22日),交卢少苏兄带回诰轴二件八月廿五(9月18日)到、青妹扇一柄。

廿九(5月27日),寄第二号安报七月十四(8月9日)青妹接到。太夫人一函、夫人一函、伯裳弟一函托买《香艳囊括》、仲弟一函、四叔一函、李表弟一函。丹山捐项原委。

五月

初十(6月6日),接到四叔三月□日寄来第一号信。又转交花农公家信。

六月

廿六日(7月22日),本部堂官点派实录馆校对,同派者许润身、李汝弼、蔡琳。

王璪元年(1862)八月补、宋邦僡、祝桢、许润身、邓华熙。

张世准、蔡嵩年、祝桢、许润身。

七月

初一(7月27日),接到四叔五月初七(6月3日)寄来第二号信,内心田一信。

初一(7月27日),寄第三号信。又八月初七(8月31日)到,并寄知送馆差。又心田一函。十一月十五(1863年1月4日)来信,云闰八月初七(9月30日)接到。

初二(7月28日),接心田四月初六(5月4日)寄来信。二婶买丽参数两。

【壬戌 同治元年】

十五(8月10日),监印。第一次。

十六(8月11日),当月。

廿三日(8月18日),蒙本部赵堂点送各国通商衙门考取章京。

刑部送考通商衙门章京:朱澄澜、张善倬、蔡嵩年、李汝弼、周光祖、方汝翼、毛桂馨、邓华熙刑。

八月

初二(8月26日),监印。第二次。

十八(9月11日),监印。第三次。十八早正两点,三子生。丑正三刻。壬戌年己酉月戊辰日癸丑时,命名仪京。

二十(9月13日),进实录馆掣签,余签掣实缺第一名。

廿八日(9月21日),到总理各国事务衙门考取章京。题为“《王保》治内《采薇》治外论”。

【八月】廿八日(9月21日)考取总理各国事务衙[门]章京二十四员:

庆锡纶工、张清华工、李汝弼刑 记、毛鸿图内 记、洪绪户 记、陈奏平内 记、邓华熙刑、郑锡泰工、余培轩内 记、王化堂、周家楣礼 记、叶毓桐吏 记、朱澄澜刑、张霞记、谭金诏兵 记、钱赞内、戴祥霖记、毛桂馨刑、方汝翼刑 记、于宗绶吏 记、王思沂内 记、田景瀛吏、唐晁荃、黄元善户 记。

廿九日(9月22日),议政王到总理衙门阅卷拣选,取第七名。

闰八月

初四(9月27日),交蓉裳代寄信,内太夫人一函、银十二两,夫人一函、银十两。

十九(10月12日),托左傅岩带另号信。四叔一函,心田一函。

廿七(10月20日),进署,代何行文秋审题本。

九月

初五(10月27日),接黄夫人二月寄来信。

初八(10月30日),寄第四号信。

初十(11月1日),又托左傅岩带交四叔信。寄知拨学银允妥。

【九月】廿三(11月14日),接四叔寄来第三号信。七月十八(8月13日)寄在园。又心田一函、母亲一函。八月初五(8月29日)寄。

廿四(11月15日),当月。

十一月

十五(1863年1月4日),接四叔寄来四号信又八月初九(1862年9月2日)付,仲弟一函又月十八,母一函同上。

十七(1月6日),托咏裳寄雪舟信,托其留公车费在乡。

【十一月】廿一(1月10日),寄第五号安报。又搭云裳寄母亲、仲弟各一函,并寄知往雪翁取本乡公车银三两六、太夫人二十五两、黄夫人五两。

十二月

十一日(1月29日),寄信一函未列号。太夫人一函、夫人一函。

评某长亲文道光丁未(1847)稿,今补录。同治十年(1871)八月。

提撮则振裘挈领,布置则若网在纲。吐滂沛于寸心,涵绵邈于尺素。想昔日木鸡养到,做成实地功夫;故于今香象重雕,不失庐山面目。谨承来命,爰缀释辞。间有易鲁以鱼,径行涂抹;伏望如心为恕,海量汪涵。然以卑幼而评尊长之文,于礼为僭;谨循子弟而效校雠之职,于义难辞。可得而闻,是予所欲也;何必改作,必子之言夫。

天灸方

八月朔,以碗乘取树叶露,研辰砂,以牙箸染点身上,百病俱消,谓之天灸。见《潜居录》。

小儿药面方服此务初调匀饮食为要。吕梅卿拟。

潞党参一两老米炒、云茯苓八钱、焦谷芽一两、炒于术八钱、法半夏六钱、鸡内金八钱烧存性、广皮二钱、炒山药八钱、干佛手二钱、建莲子一两去皮心、焦南查一两、甘枸杞六钱、炙甘草三钱、碎燕窝八分去净毛、建神曲三钱。

右药研极细末,加上白面粉二十四两和匀,于炒锅内炒至黄色有香味,随便做饼。及开水冲服,无论咸甜均可。庚申巧月二十三日(1860年9月8日)。

周公百岁酒方　见《归田琐记》

炙绵芪二两、全当归两二钱、云茯神二两、云茯苓一两、潞党参一两、炒于术一两、大熟地两二钱、大生地两二钱、五味子八钱、麦冬一两、枣皮一两、真川芎一两、羌活八钱、防风一两、杞子一两、肉桂六钱、龟胶一两、广皮一两。

右药十八味，用上无灰高粱酒二十斤加红枣一斤、冰糖一斤同浸。其法先用酒一半，将药拌匀，隔水蒸透，然后倾入酒内，藏一二月，俟火气已去，饮之，其妙不可尽述。

小孩感受秋湿，内有痰热，并不在表。故啼哭多汗，身烧咳嗽，应清邪热化痰。

小生地炭二钱、法半夏钱五研、南柴胡四分、广橘红四分、霜桑叶五分、炒丹皮钱六、云茯苓钱五、苦麦泥钱五、建神曲八分、川朴四分、生甘草四分。

加麦冬花钱五引

大熟地四两煎膏听用、山萸肉八钱略炒、焦杭芍一两、破故纸一两、炙绵芪二两、于术一两黄土水炒、川牛膝六钱酒炒、熟川附片五钱、潼蒺藜六钱盐水炒、广皮五钱、甘枸杞一两、淮山药一两炒、云茯神一两、焦枣仁六钱、边桂心四钱、炙草六钱。

右药共研极细末，以熟地膏同薏米粉约计用打糊为丸如桐子大。每服三钱，早晚服，秋用淡盐汤，冬用淡姜汤送。吕梅卿订。

八珍方萧山汤相国家传抄方

白术微炒、茯苓、淮山药微炒、白扁豆去皮微炒、芡实、薏米、白莲子去心、饭锅巴。

右八味各等分，共为极细末，磁器收存干洁。每服五六钱，开水冲服，加白糖，多少自便。不吃甜者，加盐少许亦可。益寿延年，助神补气，却老还童，其功效不可尽述，非庸医所能拟议也。

白浊方

韭菜子一两，焙干存性，研极细，分三服用，黄酒、红糖搅匀送下。重者二两，永不再发。

止痢气方

以乳煎荜拨，服之立瘥。方见《鸿苞录·知命篇上》，三十七页。

槐实方

《抱朴子》云："槐子服之补脑，令人发不白而长生。"又"庾(坚)[肩]吾常服槐实，年九十余，目看细书，鬓发皆黑。"

小儿夜啼方

用井口边草著母卧荐下，勿令人知，能止小儿夜啼。出《酉阳杂俎》。

湖船

五五六。五五六。工六工尺上工尺。尺六工尺上工尺。上尺上何四。工上尺。四上尺。六工六工六上尺。上尺上何四。乙乙四。乙乙四。

鲜花

工六五上六五六。工六五上六五六。工六五上六。工尺。六。工尺上尺上。工上尺工尺。六五六。尺工尺上。四上何。四何。

二黄北调正工

四上工尺上。四六工。合四上上。尺工尺。上四上合。六六工上合。六工尺上四上合。四合。

清平一首

士何尺工士乙尺工。何尺工何乙四工。乙尺工工何乙四。何工

名 花倾国两相欢，长得君王带笑看。解释春风无限恨，沉香

何士乙何工。

亭北倚阑干。

何士尺工士乙尺工。何尺工何乙四工。乙尺工工何乙四。何工何四乙何工。

同治二年癸亥(1863)三年甲子(1864)、四年乙丑(1865)、五年丙寅(1866)、六年丁卯(1867)、七年戊辰(1868)、八年己巳(1869)、九年庚午(1870)、十年辛未(1871)、十一年壬申(1872)。二卷。

同治二年癸亥(1863)日识

正月

初九日(1863年2月26日),接四叔十月十二(1862年12月3日)寄来五号信。

初十(2月27日),寄癸字第一号安报。太夫人一函,四叔一函。

十九日(3月8日),托蓉裳翁带回交心田弟信。内母亲信、参四枝、毛菇、鹿筋,又四叔参十枝,又心田参十枝,黄氏参二枝、燕窝一包。登极覃恩诰轴二:父母一轴,貤封四叔父、[四叔]母一轴。以上各件统交蓉翁带乡。

廿七(3月16日),接青妹寄来六号信十一月廿八(1863年1月17日)付,内心田信一函。云八月初四(1862年8月28日)接蓉裳代寄银、信得接。

廿九(3月18日),为黄维光出更正铨选结一张。

二月

初三(3月21日),进署,预印结十张。初三,为罗棻出覆试结一纸。

二十(4月7日),收余维纪来信,知大妹正月初三(2月20日)仙逝。

廿一(4月8日),接黄氏十月、十一月来信二函。左紫石、冯知白带来的。

廿二(4月9日),接太夫人信、心田信十月、十二月廿四(1863年2月11日)寄。又青妹信,正月初十(2月27日)寄。张桓石兄带来。

三月

初六(4月23日),进鲤鱼胡同试寓,与吕蕉卿同住。

初六(4月23日),进城内鲤鱼胡同试寓,与吕蕉卿水部同住。会试总裁为李文园棠阶、沈桂芬经生、戴鹤峰龄、单地山懋谦。头场题“大畏民志,此谓知本”、“其善民也惠”二句、“于是始兴发”至“相说之乐”,赋得“‘譬海出明珠’得“材”字”。

廿六(5月13日),为陈元楷与郭李氏呈请旌表出结一纸。龙景琳手取。为张忠武公国梁等呈请入祀京师昭忠祠。

四月

十八(6月4日),寄四叔信一函内二婶、心田、母亲各一函,托左紫石带乡。

廿一(6月7日),交梅咏裳带乡银、信一函。内写十八(6月4日);内太夫人二十五两、内人五两。又交左紫石带信一函。内写十八(6月4日);内四叔一函、二婶一函、心田一函、太夫人一函。

五月

初四(6月19日),接余善兄寄来一函。由安成来。

初六(6月21日),为罗古香兄出考学正结一张。

六月

廿五日(8月9日),接仲弟信一函二月十五(4月2日)寄,又一函三月十七(5月4日)寄,又一函五月初八(6月23日)寄。同日到二宅信一函内写十二月二十(1863年2月7日)寄。

伯弟信一函。三月初八(4月25日)寄。知三月初六(4月23日)生男,即殁。又托买丽参、龟胶,托寄奎垣侍讲甲子过科。

四叔一函。三月十七(5月4日)寄。蓉裳二月十六(4月3日)到乡,托其带物件交天津友人代寄,至四月初三(5月20日)始到乡。

廿九日(8月13日),为曹秉濬与桂张氏请旌表出结一纸。张兆甲手。

八月

十六(9月28日),接四叔付来三号信。内心田一函,文衡托写对联,五月廿日(7月5日)付。同日接心田一函。六月初十(7月25日)寄来,知五月廿五(7 月 10 日)咏裳到，交银三十两。

二十日(10 月 2 日)，为胡鸣冈出告假结一张。伯乞手。

二十一日(10 月 3 日)，蒙监修总裁贾派充实录馆详校官。

二十三日(10 月 5 日)，托何桂苑同年寄芙溪、心田信一函，内太夫人一函、四叔一函。三年正月十三(1864 年 2 月 10 日)家收到。又托交到上海交林文叔一函，又孔怀民一函。

九月

廿一日(11 月 2 日)，为梁伯乞兄出领覃恩印结一纸。

廿七日(11 月 8 日)，进署，当月。

十月

十三(11 月 23 日)，接四叔付来五号信。八月十八(9 月 30 日)付，□妇掞妹七月作古。接云六月廿二(8 月 6 日)付来，四号未接。

【十月】十四(11 月 24 日)，丑初刻，四子生。一点半钟，癸亥年癸亥月丁亥日辛丑时，元京。

廿三(12 月 3 日)，寄第二号信。太夫人一函、四叔一函、仲弟一函、夫人一函。十二月廿二(1864 年 1 月 31 日)到乡。

廿六(12 月 6 日)，接四叔寄来第四号信，又心田一函。六月廿二(8 月 6 日)寄。

十一月

初六(12 月 16 日)，接蓉裳由广西寄来信，即晚回信。

白云亭和壁间原韵

晨光亭外影稀微，出岫悠然见化机。莫讶云间常昼卧，未为霖雨不轻飞。

十二月

十九(1864 年 1 月 27 日)，接心田十月十一(1863 年 11 月 21 日)寄来信。八月十三(1863 年 9 月 25 日)寄来信先已收到。

同治三年甲子(1864)正月上元起日识

正月

十九(1864年2月26日),寄蓉裳信一函。内全小汀翁一函、殷谱经一函。

二月

十二日(3月19日)差二十(3月27日)走,托安成余介臣寄少坡信一函,托交太夫人银二十两、夫人八两、新婆□二两。

三月

廿九(5月4日),搭澍堂寄信一函。内参枝,太夫人一函、参三支,黄氏参二支,心田参二支,四叔一函,伯裳一函、参四支。交大新街西约怡昌匹头铺转交兴记寄排涌渡四叔鹿龟胶。

【三月】三十(5月5日)夜,梦赠孙燮臣督学湖北,醒而笔之,云:"濒行欲尽偿书债,猛省方能净句疵。"予与孙燮臣殿撰未尝往来,忽梦赠此一联,不知何谓。

四月

初九日(5月14日),接心田正月十九(2月26日)寄来信。去年八月廿三(1863年10月5日)托何桂苑带回之信,至正月十三(2月20日)始行交到。

张世准、蔡嵩年、祝桢、许润身出署。

五月

十五(6月18日),接四叔三月十五(4月20日)寄来信一函书第二号、伯裳弟一函,又刘在田信一函。托查已亥(8月2日)截取。

十八(6月21日),寄信一函。内四叔父一函、刘在田一函、心田一函、芙溪一函。六月廿八(7月31日)到乡。

廿八日(7月1日),接蓉裳由桂林寄来信一函。又古香一函、玉珊梁姓一函。三月初一(4月6日)寄。

六月

初一(7月4日)晓梦,见甲子科南海县中式有温天一其人。小脸,薄痘皮。

十四(7月17日)、十五(7月18日)、十六(7月19日),天气极热。

廿二(7月25日),接心田四月初一(5月6日)寄来信。

廿七(7月30日),为麦宣扬出考到录科结一张,又投卷结一张。

七月

初十日(8月11日),由署中张堂吏交来结二十张。署中号部未标。

通商衙门保案无论四项一员外:陈钦三年九月补。

三年七月初五(8月6日),军机保案无论四项遇缺员外:夏献云、沈淮、周瑞清。

廿五(8月26日),实录馆奏派详校官。至是始奏,并请旨颁奖。

廿六日(8月27日),得句"隔云电火云边出,倏忽金蛇瞥眼过"。

廿八(8月29日),为南海监生郭奋庸出投卷结一张顺天乡试,又录科一张。又麦宣扬一张。

八月

初一(9月1日),为子俊出投卷结一张。又附贡生戴销一张。

初三(9月3日),送结局结五张,交仲安兄。

初三(9月3日),托曾介石带青妹信一函,又心田弟一函。寄知四叔交银心弟祝寿。

二十日(9月20日),实录奏请议叙,奉旨照例交部议叙。

廿二日(9月22日),接到乡间六月十八(7月21日)寄来信。知澍堂带信收到,余介臣代交银收到。

九月

十四(10月14日),接四叔六月初十(7月13日)付来三号信,内心田一函六月初八(7月11日)寄,芙溪一函六月十二(7月15日)寄。又接心田一函五月廿二(6月25日)寄,又接何桂苑一函七月初八(8月9日)寄。

廿三(10月23日),寄四叔信一函、心田一函、黄氏一函交和丰。

七月,金陵大功告成,奉旨赏加一级。

十月

初三日(11月1日),蒙本部堂赵送考通商衙门章京,不取。

初六(11月4日),接四叔寄来第四号信七月卅(8月31日)晚寄。又接心田一函八月初六日(9月6日)寄。

十一月

廿三(12月21日),寄少坡交心田信一函。内汇月湖公银十六两,内子俊信一函。交内八[两]、太夫人八[两]。又四叔信一函。

本部堂赵保送通商衙门,廿七日(12月25日)考试,不取。

保送通商衙门:

邓华熙、蔡嵩年取、陈寿祺、叶荫昉取、章乃畬、谢钺、徐宝谦、章耀廷。

十二月

十五(1865年1月12日),接孔怀民兄一函,又代交罗椒翁信一函。汇捐粥厂二百两,由崇文门木厂胡同新泰厚记。

廿九(1月26日),接四叔、心田来信,知恭人黄氏九月十三(1864年10月13日)弃世。四年正月初十(1865年2月5日)回信。

同治四年乙丑(1865)日识

二月

初五日(1865年3月5日)起进馆,初校红绫正本。

初八(3月8日),接心田十一月初一(1864年11月29日)寄来信,欲托人代石姓考学。又接四叔十一月廿二(1864年12月20日)付来六号信。又接心田十二月初二(1864年12月30日)寄来信,催亚闲、亚新之项。二月初寄回信一函。

廿三(3 月 20 日),拣(廷)[庭]到京。接四叔正月十一(2 月 6 日)来信。又芙溪正月初七(2 月 2 日)付咏裳带。又咏裳带来太夫人着四叔寄信。

廿八(3 月 25 日),托谢琴存兄思府带交蓉裳、六妹信一函。

廿八(3 月 25 日),张桓石兄带来四叔信,又如意膏二罐。又带来心田信、黄皮一包。

三月

廿九日(4 月 24 日),寄信一函。四叔一函、心田一函、母亲一函,并文稿首篇。

四月

初九日(5 月 3 日),为岁贡潘恂出就教职结一张。

廿二(5 月 16 日),托拣庭带回信,太夫人一函蘑菇一包、粉缎一包,四叔一函。五月廿四(6 月 17 日)到。

廿五(5 月 19 日),为卢彤光出考拣结一张,为梁炳南出考拣结一张,为梁冕、陈元楷出请旌结一张。四节妇。

闰五月

为陈廷俊出考教习结一张,又陈怀经考教习结一张。

二十日(7 月 12 日),接心田三月初十(4 月 5 日)寄来信,知十一月付回廷康公转交之银收到。为刘省修出就教结一张。冯寄渔手。

六月

初九日(7 月 31 日),接四叔二号来信。又心田四月十九(5 月 13 日)寄信,知大女定聘陈正芳之子。又接芙溪寄诗。

十七(8 月 8 日),接心田五月十一(6 月 4 日)来信。

七月

二十(9 月 9 日),为陈怀经出覆试教习结一张,又罗棻一张。

廿五(9 月 14 日),接四叔闰五月十八(7 月 10 日)寄来信。三号。

九月

十七(11月5日),寄四叔一函、心田弟一函。托越生带交太夫人十两。又寄芙溪一函并和韵。

宵来有梦忆联床,韵语刚逢远寄将。一幅吟笺如觌面,五年离绪转萦肠。如珠字字皆真挚,和简篇篇歉未详。养志总期鞭早着,丁年云路快翱翔。

十九(11月7日),寄黎小虞表弟来信一函。

【九月】二十八日(11月16日),恭遇文宗显皇帝祔庙覃恩封典,请领三品封,诰赠父为通议大夫、诰封母为正三品淑人、诰授本身为通议大夫、诰赠妻室为正三品淑人。

祔庙恩诏有封典,无加级。

廿九(11月17日),闻蓉裳在广西泗城出缺。

十月

初七日(11月24日),托子俊带回四叔信一函、太夫人信一函,交各女布二匹、维夹襖一件。

【十月】十一日(11月28日)戌时,六女生。乙丑年丁亥月壬寅日庚戌时。

廿一日(11月28日),接青妹寄来四号信八月初二(9月21日)寄。又心田信八月十八(10月7日)寄。

十一月

廿四(1866年1月10日),托子俊带回心田信一函、雪舟信一、太夫人银十两八钱三分、四叔信一、折扇二把。

实录馆一半书成,议叙。十二月初十日(1月26日)奉旨赏加二级。由吏部具题。

十二月

十六日(2月1日),寄吕蕉卿信一函。浆栏街同裕药店转蓬莱新街秋官第吕仁街堂。

十七日(2月2日),寄四叔信一函、心田一函。和丰详细捐款。

同治五年丙寅岁(1866)日记

正月

十六日(1866年3月2日),进馆初校大红绫正本。

二月

十二日(3月28日),接心田十一月十八(1866年1月4日)来信,皮廿二(1866年1月8日)。越生带银、信,十一月初一(1865年12月18日)到乡。

廿六(4月11日),领到母亲正月十四(2月28日)来谕。又心田信一函,十四(2月28日)。又四叔信一函,十二月初四(1866年1月20日)。又仕能信函。

廿九(4月14日),寄四叔一函,内雪舟一函、拣庭一函、亮甫一函、心田一函。

四月

【四月】廿五(6月7日),大考翰詹,赋题"黻冕昭文",张何《授衣赋》,上句"带裳表俭"。诗题"遒文六义陈"。唐明皇燕群臣诗,上句"进对一言重"。

大考阅卷,旨派瑞常、周祖培、罗惇衍、全庆、桑春荣、黄倬、殷兆镛、刘崐。

许其光一等第五,以讲读用。李文田二等第三,以中允用。

廿九(6月11日),寄四叔一函,内越生一函,交和丰。

五月

十三(6月25日),罗古香到京,闻子俊于三月中到家。

廿六(7月8日),托谢少汀明府带梁浦信一函。

孙膑洞以下五题次杜工部《咏怀古迹》五首原韵

雄风表海初名将,阿鄄灵钟在此间。三晋长蛇当上国,十年元钧隐深山。马陵火举观书后，蛙灶烟销破敌还。百战功成从不易，几人生入玉门关。

其二

十有三篇传石室，将门遗裔在行间。君王折节虚前席，阿郢萦怀忆故山。学剑早超朋辈上，请缨曾系敌人还。寄言当路戎机握，欲习韬钤且闭关。

贾岛峪

穷途策蹇亦堪悲，佛祖如来本我师。酒脯且将娱暮岁，林泉未分老芳时。名齐清塞初同调，吟比寒郊有异思。少日出尘胡反俗，只留遗迹到今疑。

其二

练质休教墨子悲，昌黎儒雅是吾师。浮屠未许山中老，京兆刚逢道上时。走马看花新宦况，骑驴踏月旧吟思。未能免俗君知否，出岫无心始不疑。

黍谷山

君王慕道造蓬门，淑气迎人渐满村。春到梅花阳复子，律调葭管璧中昏。乾坤自有回旋力，沟壑应无冻馁魂。金粟现身能寿世，神农嶰谷合同论。

其二

邹子幽居独闭门，暖烟潜觉散荒村。欲将霖雨沾苗黍，且向阴阳验旦昏。嶰竹一声催淑气，岭梅数点返香魂。顿令寒谷生春处，师旷知音莫敢论。

黄金台

七十二城如破竹，功成赖有馆贤宫。鸿才迥出燕云上，骏骨终埋白草中。不畏虎狼留壮士，翻教鹬蚌利渔翁。歌残易水空斜照，两字才难自古同。

其二

离离秋草斜阳外，礼士当年馆上宫。东接青齐来日下，西朝黑水入云中。强秦势已成渔父，变徵歌犹唱野翁。勿辩范阳谁再筑，好贤毕竟此心同。

种玉田

种福原从心地起，仙凡交感行弥高。蓝田虹化千寻气，元圃鸾栖五色毛。帝载固将庸玉女，官精奚止念珠曹。闲赓野鹿茅纯句，翻笑怀春梦想劳。

其二

韫璞澄怀消畛域，此君节义薄云高。礼门自有人如玉，心地何妨宅不毛。兰坂桂浆娱热客，琼宫宝箓记仙曹。更闻耕砚无荒岁，朝夕何须抱甕劳。

窑变观音　次王龙标《从军行》原韵四首。像在京师宣武门外报国寺，乾隆丙子(1756)由大内移供。

妙相庄严覆玉楼，质殊檀塑耐经秋。如来亦换红羊劫，历炼金容不著愁。

菩提原住雪中山，白马驮经入汉关。欲变火坑凉世界，洒匀甘露便归还。

钟声暮欲闭重关，报国禅林拜佛还。未读孙公游览志，慈云想像在燕山。

欲向尘中拯垫昏，西来还度丙丁门。白衣瓷像时常见，谁脱淤泥不染浑。

又四首

慈云曾驻凤凰楼，现相沙门阅几秋。大士本来原幻化，无生无灭亦无愁。

满窑瓷器积如山，宝相金容总不关。瓦缶忽惊飞尽去，乘莲菩萨佛场还。

何人剥啄叩禅关，为看昙花数往还。绿帔黄裳珠宝珞，曾经白足火中山。

寂寂经声月已昏，一龛灯火闭禅门。有时放大光明相，休笑山僧道眼浑。

蓟门烟树二首

其一怀文人

绿荫深处歇吟鞭，古蓟寻幽思渺然。莫是浪仙游月地，最宜石令咏花天。林深白雀巢应稳，径僻青猫长更便。别有伯雍殊种树，蓝田日暖亦生烟。

其二思武士

慷慨悲歌多壮士，故关荒落不知年。将军策马班师入，上客游燕结骑连。风约半城零露夜，云迷易水暮秋天。古今骏骨埋多少，空负平生枕剑眠。

卢沟晓月二首

其一咏居人

家住河西避市嚣，蓬庐风月足逍遥。侵晨起汲煎茶水，又见蛾眉渡此桥。

其二咏行客

桑乾河水去迢迢，一片清光系柳条。北马南辕多过客，红尘到此亦全销。

再咏蓟门烟树

蓟城西迤蓟邱前，一片青葱绕郭连。花气暖开三月雪，风光寒彻九秋天。长安地近惊黄叶，古刹人来看白莲。遥望帝京依北斗，楼台五色捧祥烟。

其二

蓟门开向蓟山前，老树云封不计年。昔日燕丹乘荫地，于今虎刺满荒田。阴阴柳色荒城外，格格鸦声古寺边。相对上林春色近，宜浓宜淡画图传。

其三

城临古蓟镇雄边，入贡梯航纳乜先。近郭尘高能蔽日，长林雨暗易生烟。废营秋郁风云气，大树年深栅垒坚。历历山川攻战地，北门应慎枕戈眠。

其四

万木千峰郭外连，汉家曾此界中边。城临朔漠依辰极，地控辽阳枕北燕。月暗鸡鸣严锁钥，云间龙卧古山川。几回兴废凭谁问，秋树春烟不记年。

再咏卢沟晓月

关河曙色寻常见，何必怡情在此桥。为厌软红尘十丈，晓风凉月即魂销。

其二

昨夜长安醉未销，晓行策蹇去迢迢。清光一路浑如雪，仿佛吟情在灞桥。

其三

薄暮商船到此桥，长安相去路非遥。凌晨上岸输官税，明月时犹照客桡。

其四

鸡声沿岸柳萧萧，石滑霜多马又骄。二百步长行歉仄，分明照我渡虹腰。

咏南霁云射临淮佛寺浮屠丁巳(1857)稿

临淮搔首哭途穷，拔羽低徊气吐虹。寒月满弯弓在手，暮云卷阵箭凌风。双毛玉箸英雄泪，五石雕弧壮士衷。三十六人同不朽，浮屠留得表孤忠。

此诗法律甚细，出语如弹丸脱手。杨黼香先生评。

九月十八(10月26日)夜，梦中得句，其义不甚可晓。其句云："天地有灵皆巩固，庶民无域亦归流。"

七月

十八(8月27日)，接四叔五月十四(6月16日)来信付火船。

八月

十四(9月22日)，接四叔六月十八(7月29日)付来四号信，芙溪弟一函。五月初九(6月21日)付。又，太夫人信一函，心田弟一函。五月初六(6月18日)付。

廿三(10月1日)，寄四叔信一函。内并会知单，交和丰付火船。

九月

十四(10月22日)，进署。印结十五张。

十八(10月26日)，接四叔七月十六(8月25日)晚来信。知乡中请会约得七百之谱，大约九月内可能汇到。又接心田一函。七月十二(8月21日)寄。

廿二(10月30日)，出黄惟良认识结一纸。存拾十四张。

曾买菊花佳品

紫凤双叠大朵，金粟如来 薄瓣、趣致，金毛狮子 大朵，三季秋荷 紫艳、荷瓣，金凤翎 极大朵，粉妆楼 冶艳、整齐，伽蓝袈裟 小种、粉红、秀丽，紫虎须 苍劲、别致、小种，蜜连环 大朵、细种，金连环 大朵、细种，旧朝衣 古色、别致，老僧衣 古色、别致，绿鹤毛 瓣密、整齐，黄鹤毛 瓣密、整齐，玉笋长 宜食，泥金万点 别致，徐家紫 大朵，白牡丹 宜食，墨麒麟 颜色自旧、耐摆，一品红 鲜艳，紫泥封诰 色鲜，紫凤翎 耐摆，明星坠水 小菊，大金葵 大朵，朱砂盖雪 大朵，紫龙爪，软金索。

十月

十二(11月18日)，寄四叔信一函，龟、鹿胶二盒；心田一函，龟、鹿胶一盒，银十两四钱五分。托海缘带，海缘不果行，此信遂未寄。

十九日(11月25日)，接四叔八月初一(9月9日)来信。

廿二(11月28日)，寄四叔信一函十一月廿五(12月31日)到乡。

正情义取国风，得性情之正，为水部吕蕉卿作。

伉俪如君少，兼之正箧全。螽和宜是福，兰梦卜他年。

八载千重思，三心两地悬。来春琼宴罢，归会锦堂筵。

同治五年(1866)十一月记名御史：蒋启勋府、邓庆麟、傅庆贻放道、范运鹏府、张绪楷升卿、朱学勤升卿、陈介璋放知府、佘培轩、林庆贻、孙家谷、徐景轼府、梁僧宝、周鹤、李鸿谟、方鼎锐放道、宋邦僡、刘国光、周瑞清、沈淮、李汝弼、朱智卿、王汝讷府、陈鸿翕、蒋继洙府、方濬师道，二十五员。

十一月

廿九(1867 年 1 月 4 日),《实录》告成,进馆演礼。常服挂珠。

十二月

初二(1 月 7 日),复进馆演礼。

初五(1 月 10 日),复进馆演礼。

初七(1 月 12 日),辰刻,蟒袍补服,奉书由馆安奉龙亭,第十一亭,三十四函、三十五函。随扈龙亭至文华门外行一跪三叩礼,兴。随扈龙亭入协和门、太和门,至太和殿前亭止,行一跪三叩礼,兴。奉书入太和殿,穿后槅扇进中和殿俱由中道中门行,穿后隔扇进保和殿。黄案上安奉毕,趋出丹陛上,行三跪九叩礼毕,退。

初八(1 月 13 日),寅正,进馆,朝服,随同总裁以下各官至馆外龙亭前,行三跪九叩礼,拜表。随龙亭由协和门至太和殿,左道进保和殿表案前,总裁安奉毕,出丹陛上,行三跪礼,兴。先趋出外朝,依班立。辰初,皇上升殿受贺。行礼毕,退。

十二日(1 月 17 日),午刻,请林朝珊侍御为仪京、元京两儿启蒙。

二十日(1 月 25 日),实录馆奏请优奖。奉上谕:四品衔刑部候补员外郎邓华[熙]著免补员外郎,以本部郎中,无论题选咨留,遇缺即补。钦此。

郎中捐免试俸正项银四百八十六两,三五合实银一百六十八两。又捐免历俸正项银八百两,六九合实银四百八十两。二共六百四十八两。

同治六年丁卯(1867)日识

正月

初四(1867年2月8日),托安成寄第一号安报并报升官之喜。四叔一函,心田弟一函信内写初三日(2月7日)。

二月

实录馆钦颁赏赉。初九日(3月14日),赴礼部祗领。恩赏杭细绸八匹、红色,纹银十五两。原三十两,今折半结。

十二日(3月17日),寄四叔信一函,致知试俸、历俸均可捐免。

十二日(3月17日),接四叔十一月廿八(1867年1月3日)来信。内云会项已得十二份。

十三(3月18日),收回寄四叔信一函改十五(3月20日)(改)[寄]。

十五(3月20日),寄四叔信一函。内写十二(3月17日)。又心田弟一函,呈太夫人银二十两,俱托琼石兄带。又龟、鹿胶一包。

十七日(3月22日),午刻,赐宴于礼部,《实录》告成恩赏。是日申刻吉时留须。

十二日(3月17日),进皇史宬、盛京、内阁《实录》、《圣训》首函。皇上御乾清宫行礼派纂修官奉书。

早起京师官舍

窗纱帘影未分明,庭院萧萧气自清。每日侵晨梳洗罢,饥乌才过两三声。

四月

初一(5月4日),堂调山东司主稿,是日到任。三月廿五(4月29日)奉堂谕。

召见京察一等。

绍兴府人员:二月十六(3月21日),图麟;十七(3月22日),锦成；十九（3月24日），方濬师；二十（3月25日），平步青；

兖州府：廿一（3月26日），沈锡庆；廿三（3月28日），董文涣；廿四（3月29日），英启；廿五（3月30日），李文田；廿八（4月2日），志惠；三月初三（4月7日），志元；初四（4月8日），恭镗；初五（4月9日），蒋启勋；初六（4月10日），傅庆贻；初七（4月11日），奎训；十三（4月17日），恩霖；

常镇道：蔡世俊。

廿五（5月28日），接四叔二月廿八（4月2日）来信。云会项四月可到。又接心田三月初四（4月8日）来信。

五月

初二（6月3日）夜子［时］，梦中得句："鸟唱鸣昌运，林居享太平。"

廿三（6月24日），寄四叔信一函。着允儒来京，内写五月三十（7月1日）。

六月

十七（7月18日），接心田信一函。四月廿九（6月1日）寄。付陈琼石银廿两收到，并龟、鹿胶。琼石四月初九（5月12日）到乡。

十八（7月19日），寄四叔信一函。不须着允仔来。

七月

十一（8月10日），接四叔五月廿六（6月27日）来信。云四月廿九（6月1日）有信，今未到。

【七月】十九（8月18日），寄四叔一函、心田一函。内写十五（8月14日），着允仔速来。托安荣。

补记：五月十六日（6月17日），众官皆蟒袍补服。《实录》、《圣训》尊藏皇史宬。辰刻进馆，奉书安设龙亭后，步行随亭送至皇史宬。捧书至宬外，香案安设毕，行三跪九叩礼，退。

【七月】廿七（8月26日），寄四叔一函。托昌记，催允儒来。

八月

廿二(9月19日),接赖雪翁来信,由百川通记汇来广平足色纹银五百两会项。百川寓东草厂十条胡同北口路西,九月初一(9月28日)有收单交回。

九月

【九月】初七(10月4日),允儒到京,每月二两。

十六(10月13日),托和丰带黄菊舫赐紬三匹。一两重二定胭脂粉。交太夫人一匹、四叔一匹、心田一匹。

十一月

十九(12月14日),接到四叔八月廿一(9月18日)来信。又交允儒一函。

廿三日(12月18日),本部堂官出具考语,移会内阁补缺。考语七个字:"人勤,能办事,详慎。"

十二月

初五日(12月30日),内阁奏派验放之王大臣,派出礼王、万青藜、毛昶熙、明庆。是日到阁验放。

初六日(12月31日),奉旨:"刑部山西司郎中员缺,着邓华熙补授。钦此。"

同治七年戊辰(1868)日记

二月

十三日(1868年3月6日),寄愉徽公一函,内寄家信。太夫人一函,汇银六百。又四叔一函。托关晓川带其汇项,系林剑雪汇回打铜街允升京布店林松杨翁处,有剑雪信为凭。又送愉徽公对联一副。

《毗陵集》、《三忠集》廿千,《四书体》四千,《赵清献集》七千。

廿四(3月17日),接四叔十一月十二(1867年12月7日)来信。

【二月】廿五(3月18日),咏裳、桓石、紫石、海缘带来各信。

三月

初六(3月29日),寄四叔一函,会试单并寄。

四月

十八(5月10日),辰时,吴氏举一女,第七,名阿齐。光绪四年戊寅二月初十(1878年3月13日)巳时殇。

廿七(5月19日),托梅咏裳寄鹿胶并信与四叔。又寄心田信一函、银二十五两呈太夫人。托昌记冯寄渔捐免试俸、历俸。试俸正项例银四百八十两,合交实银一百三十六两三钱二分,照一百三十四两四钱。历俸正项例银八百两,合交实银四百八十四两八钱,照四百八十两。共银六百二十一两七钱。

闰四月

十四日(6月4日),发照。十一日(6月1日)奉旨。

十五日(6月5日),户部知照吏部。

廿三(6月13日),吏部知照刑部。

五月

初三(6月22日),历俸期满,吏部知照刑部文书已到。

初四(6月23日),接四叔四月初八(4月30日)来信。

【五月】十三日(7月2日),奉本部堂官批保堪胜繁缺知府。

十六日(7月5日),奉堂点出考语八字:"年富力强,办事精详。"

【五月】廿九(7月18日),接心田四月廿八(5月20日)来信,知汇愉徽公转交一百之项已到,未知何时收银。

六月

初二日(7月21日),由吏部带领引见。是日奉旨:"着交部照例记名以繁缺知府用,钦此。"

初三日(7月22日),吏部述旨。

初四日(7月23日),缮具绿头(排)[牌]子折片奏递,预备召见。(排)[牌]子折片托军机处筹。费四两。

【六月】二十日(8月8日),寄四叔一函报记名,又心田一函。

七月

初八(8月25日),奉上谕:"捻匪肃清,外内大小官员均著赏加一级。"

廿三(9月9日),接心田六月初三(7月22日)来信。知咏裳银、信收。又接四叔五月十四(7月3日)来信。

十月

初八(11月21日),接心田八月十八(10月3日)来信,提及报记名信于七月廿四(9月10日)接家中,八月廿一(10月6日)升报红。

廿六(12月9日),托安荣汇银一百,交三十,年底共七十,俟肖女出阁用。寄信托愉徽公交心田。

十二月

初二(1869年1月14日),接四叔八月二十(1868年10月5日)来信。云六月十八(1868年8月6日)有信来,未收到。

十三(1月25日),寄半樵信。

廿七(2月8日),接心田十月十五(1868年11月28日)寄来信。荐黄浚溪,柳门子,廿九岁,光署衔。

同治八年己巳(1869)日记

二月

初四(1869年3月16日),接四叔上年十二月初十(1869年1月22日)寄来信。

廿六(4月7日),接赖雪舟翁寄来信,并汇到广平银廿七两交安荣。广平二十七两五钱。

廿八(4月9日),寄四叔、心田信各一函。着心田打书单价。寄荔秋信一函,交直隶提督周副戎转寄清河道费学曾,转交督院委员刑部陈。

三月

十八(4月29日),接心田正月廿九(3月11日)寄来信。知乐愉处银三十[两]收到。

【己巳】四月

初十日(5月21日),清晓寤寐间,忽得此诗,不自知其何意也。

江上名山号小孤,苏老堤长界两湖。门外苔平无辙迹,不知闭户著何书。

长乐初将军善镇守广州,诗以为饯

上将星添翼轸明,檐帷计日驻羊城。落梅五月迎旌旆,大树多年识姓名。珠海夜寒刁斗静,楚庭风劲角弓鸣。至尊不复廑南顾,盛业安攘奏太平。

南州从古盛衣冠,流水朝宗万国欢。到日诸酋罗马拜,异时节度晋鸳班。家风奕世貂蝉贵,词赋先登李杜坛。镇海楼头高会日,长安尚忆有闲官。

苔岑相感亦为奇,五载重逢似梦思。坦易人如王逸少,忘言我岂介之推。抟云鹏大乘风远,近水楼高得月宜。嗟莫美人怨迟暮,爨桐应有伯喈知。

时清和十一日(5月22日)。

题画

铁塔凌霄不计年,沧波阅尽又桑田。今来古往都如是,一度登临一惘然。

【四月】廿五(6月5日),托信内写三月廿八(5月9日),外写四月二十(5月31日)。姚西台带交母亲皮袄一件、参四枝;心田参四枝、银三十两。嘱愉徽公支交。寄愉徽公四屏一副、对联一副、斗方一幅。

五月

廿三(7月2日),接到四叔四月初一(5月12日)寄来信。

六月

初五(7月13日),寄乐初信一函。交寄渔。

【六月】十六(7 月 24 日)，接心田信一函。知皮袄及银。又接松乔公一函。知皮袄、对联，西台已交到，五月十七(6 月 26 日)到省。

七月

十六(8 月 23 日)，因拣选云南广南府，辰刻赴天安门外候拣。钦派拣选大臣官文、温葆琛、胡家玉、潘祖荫，拟正员凤林劳绩遇缺，拟陪裕彰优先捐班，备取成麟一等，引见用吴可读。

【七月】十八(8 月 25 日)，托杨容浦寄荔秋信一函。容浦代收荔秋结尾银四十六两二钱四分。

八月

初三日(9 月 8 日)，接心田六月初二(7 月 10 日)寄来信，知皮袄、参、银两俱收到。

廿八(10 月 3 日)，寄乐初信一函。交安成。

九月

十四(10 月 18 日)，经本部堂交保送御史，十九日(10 月 23 日)出具考语："老成明练，持躬端谨。"

十月

初五日(11 月 8 日)，在保和殿考试。"君子体仁足以长人论"、"发政施仁策"。钦派阅卷大臣单懋谦、黄倬、胡家玉、潘祖荫。列第十一名。

廿二(11 月 25 日)，接长乐初九月十九(10 月 23 日)自省城寄来信，知其八月初五(9 月 10 日)到省，初八接印。余六月寄函，八月底交到。

十一月

初三日(12 月 5 日)，引见，奉旨："记名以御史用。钦此。"

【八年十一月】初三日(12 月 5 日)，引见记名御史二十二员：吏郎中吴可读考十七，员外放邵子彝二，户郎中放方熊祥六、放姚觐元三，员外沈敦兰十二、王兆兰十三、李廷箫九，礼郎中周家楣八，员外放 左隽四、刘锡金十六、李桂林七，兵员外余上华十四，刑郎中邓华熙十一、邓承修二十、卿徐用仪一、放陈钦廿一，员外张联第十、张翀霄廿二、秦赓彤十五，工郎中王立清十八、阁侍读放江人镜十九、徐士銮五。

初七(12 月 9 日)，寄母亲一函、四叔一函。报喜信，交寄渔。

十二(12 月 14 日)，汇交松乔公银八十两司平，又交乐初信一函。托买《四库提要》五部、《经世文编》一部、《骈体正宗》四部、《大清会典》四部。又寄潘东湖信一函。托瑞图。

十二月

廿九(1870 年 1 月 30 日)，接四叔十月十四(1869 年 11 月 17 日)寄来信。又接仕能一函。四叔六月十二(1869 年 7 月 20 日)来信未得接。

同治九年庚午(1870)日记

正月

廿八(1870 年 2 月 27 日)，吏部京察过堂，辰刻前去听候唱名，考列上二等。

二月

十四(3 月 15 日)，寄四叔信一函、心田信一函。内写初二(3 月 3 日)付，交和丰，皮写初十寄。

廿二(3 月 23 日)，接松乔公一函。正月初十(2 月 9 日)寄。接乐初一函。上年腊月廿四(1870 年 1 月 25 日)寄。

三月

廿五(4 月 25 日)，寅时，八女生。

廿五(4 月 25 日)，接心田十二月初五(1870 年 1 月 6 日)寄来信。

四月

初一(5 月 1 日)，寄松乔公一函，内交心田一函、四叔一函，内写三月三十(4 月 30 日)，外写四月初三(5 月 3 日)。托苏桂舲并付捐例善堂。

【初一】(5 月 1 日)，接松乔公三月初三(4 月 3 日)来信。

五月

十九(6 月 17 日)，寄乐初信一函。交安成。

六月

初三(7 月 1 日)，接心田四月初八(5 月 8 日)寄来信，交松乔公寄。又接松乔公信四月望日(5 月 15 日)寄，知书籍已于四月初一(5 月 1 日)交安荣寄京。

十四(7 月 12 日)，收到松乔公四月初一(5 月 1 日)寄信一函并书单，由安成来。书籍箱在天津尚未入来。书籍收到。

七月

十三(8 月 9 日)，接四叔四月廿八(5 月 25 日)寄来信。

廿一(8 月 17 日)，接到松乔公一函，知四月初三(5 月 3 日)寄心田、鼎山、子升各信俱已交到。又收到松乔公光署衔、六品封寔收各一张。

八月

初五(8 月 31 日)，寄松乔公信一函、心田一函、四叔一函、芙溪一函。松乔公九月十[日](10 月 4 日)接。又托乔公买书。又托汇银一百一十两，交心田还浚能六十两、左姓二十两，余交家慈。又寄知松乔同知衔已上兑。

十六日(9 月 11 日)，接松乔公信一函，六月廿五(7 月 23 日)寄。知桂舲所带《感应篇》及捐例收到。

九月

初三(9 月 27 日)，接心田七月初五(8 月 1 日)寄来信。又接松乔公七月望日(8 月 11 日)寄来信。

十一(10 月 5 日)，引见江南道御史正方熊祥，陪吴可读、邓华熙。本是周家楣第三，因系江南人，回避。

十九(10 月 13 日)，接乐初兄八月二十(9 月 15 日)寄来信，知五月十九(6 月 17 日)由安成寄之信得接。

十九(10 月 13 日)，又托黄星岩带交松乔公信一函，并同知衔照

一、光署寔收二。又内心田信一函，又交松乔公阿胶二十匣。本每匣一两二[钱]。

十月

十二(11月4日)，托周舜琴带四叔一函、鹿胶一匣；家慈参二枝、鹿筋、毛菇；心田一函、鹿胶一匣；二婶[参]一枝；松乔公信一函。

廿九(11月21日)，接黎荫棠一函。

闰[十]月

初四(11月26日)，托寄渔带交松乔公一函。又托协戎梁正源号子修带广西梧州交黎荫棠姑丈一函。

初八日(11月30日)，接心田信一函。知六百汇项收到。九月廿六(10月20日)寄松乔公信一函。知书已定买正十月中可寄，九月廿八(10月22日)寄兴记。

廿七(12月19日)，接四叔十月初四(10月27日)寄来信，又伯裳弟一函。

【闰十月】廿九(12月21日)，寄黄菊舫信并弼亭寿文。又寄乐初一函。均和丰寄。

十一月

廿八(1871年1月18日)，接松乔公二函。一函闰十月初二(1870年11月24日)省寄，云买书籍七十余两，年底寄，并同知衔照托捐五品封典。一函闰月初八(1870年11月30日)乡寄，知意女许定黎冕华之子，年十七岁。

十二月

初四(1月24日)，托潘石轩兄带交松乔公一函。

同治十年辛未(1871)日记

正月

二十一日(1871年3月11日)，接四叔上年十一月廿八(1871年

1月18日)来信。

廿三(3月13日),接乐初上年十二月初一(1871年1月21日)来信。贺正信耳。

二月

十四(4月3日),接松乔公一函。去年腊月十七(1871年2月6日)寄,并书二箱在津。由生……东。又芙溪一函上年腊月初二(1871年1月22日)付,又心田一函闰十月十八(1870年12月10日)付。

廿二(4月11日),接乐初兄信一函。长宅送来。

廿六(4月15日),接松乔公一函。咏裳带来,并《左绣》二部。

廿七(4月16日)内廿八(4月17日),寄四叔一函,心田、芙溪各一函并。

三月

初五(4月24日),接四叔一函正月初九(2月27日)付、心田一函初十(2月28日)付、松乔一函正月廿(3月10日)付,均子俊带。松乔信并砂仁半斤、豆蔻半斤、牙拨廿枝、笔七十枝。

【三月】十一(4月30日),交生和泰寄松乔一函外写三月初二(4月21日),又寄乐初一函内写二月廿九(3月18日)。

四月

初三(5月21日),接松乔公二月廿三(3月12日)来信,又接心田三月初四(4月23日)来信。

六月

初五(7月22日),接松乔公四月初八(5月26日)来信。接四叔四月初四(5月22日)来信。心田信皮。

初七(7月24日),接心田五月初二(6月19日)寄来信,由和丰。

十九(8月5日),寄松乔公一函五品封四十四两二钱,托交银五十两与心田司平。寄心田一函,并谕肖女。

七月

初十(8月25日),接拣庭一函。十六(8月31日)复信,交和丰寄。

八月

初十(9月24日),接乐初兄一函六月廿四(8月10日)寄。接四叔一函七月二日(8月17日)寄。

都察院衙门开缺。十年(1871)八月起,吴鼎元放常州。

九月

十八(10月31日),寄四叔一函、心田一函、芙溪一函。寄松乔公一函,并同知衔照、五品封照各一张。内写十五(10月28日)。

【九月】廿四(11月6日),寄乐初兄一函交长四哥。又交吴碧山转达一函内写廿八日(11月10日)。

十月

初三日(11月15日),车中得句:"天颜有喜非常喜,帝泽如春不老春。"

十八(11月30日),接四叔共心田一函。说肖女患痰迷病。

十九(12月1日),寄四叔、心田共一函、松乔公一函。转寄四叔信。

十一月

初二(12月13日),寄东湖县劳让东一函托梦臣。

初六(12月17日),接心田七月十一(8月26日)来信。

十二月

十三日(1872年1月22日),堂派秋审处兼行。

廿九(2月7日),接心田十月初十(1871年11月22日)来信由安成。

【识后篇:十一年二月初一(1872年3月9日),陕西道御史引见,拟陪。缘拟陪的吴可读系甘肃人,回避,余推前一名。周家楣第二,余第三。正补者沈淮也。】

同治十一年壬申(1872)日记

正月

十四(1872年2月22日),接乐初兄上年十一月廿三(1872年1月3日)来信由长宅来。

十五(2月23日),接松乔公上年十一月十七(1871年12月28日)来信。和丰来。知同知及封典两照收到。

二月

初一(3月9日),陕西道御史引见,拟陪。缘拟陪的吴可读系甘肃人,回避此缺。余推前一名。周家楣第二,余第三。正补则沈淮也。

十一(3月19日),接心田上年十一月廿七(1872年1月7日)来信。由周小崖来。

十七(3月25日),江南道御史引见,拟陪。缘次二之周家楣江南人,回避。余推前一名。拟正则师长灼也。

廿七(4月4日),托斗南带松乔交四叔折扇一、丽参五两,家慈参三两,心田信、霞川信,大河信□。

三月

十六日(4月23日),卯时,六子生。宏京,壬申年甲辰月丙申日卯时。光绪四年三月初三日(1878年4月5日)申时殇。

十七(4月24日),接心田信一函。二月初二(3月10日)寄。家慈汇交敏才女阿仙银十五两。

廿二(4月29日),交阿仙托胡宅带信一函、松仁一篓,交家慈。

四月

二十(5月26日),接四叔来函。

呈师座宝相国珮蘅师并乞赐诗集

忝立程门雪,高山共仰观。声名满中外,诗句压苏韩。枢密遴才易，司农节用难。经纶裒大集，欲得盥薇看。

极乐寺看海棠回家狂风大作

菩萨原居极乐天，尘寰摘下散花仙。艳妆如海真香国，红粉成围胜画船。老衲也防春思动，游人每在晓钟先。东君亦似知人意，不遣狂飙越我前。明日即大风，海棠尽落。

乐事

芍药开时满插瓶，照窗净几看兰亭。新泉玉碗浮春茗，铜鼎檀烟燃上馨。

六月

初九(7 月 14 日)，接心田信。五月初一(6 月 6 日)寄，云十月次女须出阁。知斗南兄所带信、扇、参收到。

十三(7 月 18 日)，接四叔信。五月初四寄。斗南兄带信、扇、参收到。

廿九(8 月 3 日)，寄四叔、心田，松乔公转交。又乐初兄各一函。交安成寄，内大河一函。

七月

初二日(8 月 5 日)，引见河南道一缺。余在第三，吴可读第一，正应补。

三十日(9 月 2 日)，寄松乔公交心田一函。一日付安成。

八月

初六(9 月 8 日)，接心田七月初八(8 月 11 日)寄来信。

初八(9 月 10 日)，交和丰寄松乔公转交心田一函。

十八(9 月 20 日)，寄松乔公一函、四叔一函、斗南一函。安成寄。

九月

初四(10 月 5 日)，接松乔公来信并道衔照一张。龙镜帆带来。

廿六(10 月 27 日)，接四叔七月廿九(9 月 1 日)寄来信。

十四日(10 月 15 日)，申刻，大婚。上升殿，发节奉迎，进内朝贺。七月二十六日(8 月 29 日)辰时，行纳采礼。八月十七日(9 月 19 日)巳时，行大征礼。

十五日(10 月 16 日),子刻,后进宫,大婚礼成。

十八(10 月 19 日),颁诏,得本职封典:京官四品以上加一级,四品以下有封无加级。

十九(10 月 20 日),赐廷臣筵宴。

十月

十六日(11 月 16 日),接心田九月初五(10 月 6 日)来信。次女出阁。十月初八日(11 月 8 日)纳采,十九(11 月 19 日)行聘。

【十月】廿一(11 月 21 日),同日接到松乔公七月十八(8 月 21 日)、廿八(8 月 31 日)寄来两信。

和心田弟《司马相如荣归过临邛沽酒处》

长门赋罢忆吾庐,驷马高车返故都。犊鼻旧裈今在笥,翟衣新绢共当垆。题桥此日初心遂,涤器当时脱口呼。衣锦东归诚焜耀,问渠渴病解能无。

同治十一年壬申九月十五日(1872 年 10 月 16 日)大婚礼成恭纪

庆乐新成启御筵,千官拜舞玉阶前。龙颜有喜非常喜,帝德如天不老天。尊养共朝双凤阙,徽音应嗣百男篇。母仪迥轶嫄娀上,系出蓬山第一仙。

十一月

初二(12 月 2 日),交安成寄心田一函、四叔一函、松乔公一函、黎亲家一函。外皮写十月廿六(11 月 26 日)寄。

初二(12 月 2 日),接乐初兄一函。九月初一(10 月 2 日)寄,长宅来。

廿九(12 月 29 日),寄心田一函、松乔公一函托办何宅幛。

偶成一首

久甘清吏叹无鱼,容与西曹十载余。萱树北堂萦梦寐,棣华南岭怅离居。版舆最羡潘廷尉,荐剡难逢偰大夫。只恐无才堪特达,几曾席上弃璠玙。

拟京都薙头店春联

摩顶为求天下利,昂头都向日边来。

允儒过恶记

同治七年(1868)春二月,大醉,到上房大骂,掴各孩子。秋八月,会要去归,至找人搭帮带渠去,又不去。八年(1869)秋八月,会要去归,临时又不去。包一土娼,饮醉时自云身价钱一百五十两,每日供米饭钱二千。每千折银九分,合计每月须银五两四钱。

九年(1870)八月,我除一傲狗蝤之仆妇。自除之后,阿五率各跟班、门房、打杂人等跋扈异常。京中用仆妇需叫媒人婆引荐。有一日,阿五在门口拦住媒人婆,叫其如引仆妇来,须要年轻美貌者。其意何居?此系该媒婆亲口说知我者。

时常骂诸小孩子,云不知□□生得如此之笨。即同诸孩子在,亦如此呼我名扬骂。

十二月初四(1871年1月24日),余买两野鸡,着孩子叫其割切,其云不管。

十一年(1872)三月,云要告假五天,闹脾气。余云寻人带渠回乡,渠便出去一日。余即雇人觅厨人,伊见不能,促紧晚间便回来。

街更。傅裕,镶红旗裕昌佐领下养育兵,十一年(1871)三月供,九年(1869)冬月换。每逢我得用之人,伊便要撵,恐与其□水也。

履历稿壬戌(1862)

邓华熙,广东广州府顺德县人。年三十三岁。身中,面紫,未须。由附生中咸丰元年(1851)本省乡试举人,遵筹饷例报捐员外郎,签分刑部。六年十二月初九(1857年1月4日)到任江西司,七年四月十三(1857年5月6日)告假回籍。自到任至告假日,共供职四个月零四日。八年四月十三(1858年5月25日),因[赀]斧不继,告回籍。八年六月廿八(1858年8月7日)销假,拟至十一年正月廿四(1861年3月5日)学习三年期满奏留。十年(1860)十一月,外城巡防处保奏。初八日(1860年12月19),奉旨:“赏加四品衔。钦此。”十一年

(1861)正月,学习期满,奏留。奉旨:“留于本部候补。钦此。”十一年三月初九日(1861 年 4 月 18 日),发报,奏留。十二日(1861 年 4 月 21 日),由热河奉旨留部补用。同治元年(1862)七月,由本部堂官保送实录馆校对官。①

① 《履历稿》据正文与页眉补正小字汇总梳理而成。

卷二

同治十二年癸酉(1873)至光绪元年乙亥(1875)二月,共三年。

同治十二年癸酉(1873)、十三年甲戌(1874)、光绪元年乙亥(1875)三月止。三月在第三册。

同治十二年(1873)岁次癸酉日记

正月

初八日(1873年2月5日),接乐初兄一函。上年十一月十九(1872年12月19日)寄,由长宅送来。

同日,又接松乔公一函。上年十一月初二(1872年12月2日)寄,斗南兄带。

又接到笔二百枝。上年十月二十日(1872年11月20日)付,斗南兄带,内并信片。

二十六日(1872年11月26日),上亲政。寅正,进内诣,立永康左门,祗候上进慈宁宫行礼,步辇将□永康左门。上以将近行礼,以两手整冠,乾乾□恪之容,实足动诸臣钦敬,即此可见圣人无事不兢兢业业矣。辰初二刻,祗候上由永康左门还宫,即趋太和殿前,恭伺升殿,颁诏。朝贺行礼毕,上还宫。各退。覃恩有俸官各加一级,给封。

拟刑部修会典事例章程

一,先移文礼部咨取《大清会典》及《会典事例》一部以凭校勘,新增者羼入,旧改者注明。

一,选派晓畅文理供事书吏收发文移册籍,派员专司收掌。

一，各门类宜分门修辑。各人修各类则事半功倍。一类稿成，而众类同时俱成矣。有纂修以分司其事，有提调总纂以集其成稿。成必整齐画一。

一，于收掌册籍处，又派员将册籍细分门类，附纂修官编纂分门类一节，似须多派数员。俾将应归门类斟酌区分清晰，则纂修者先[有]条理，不至舛乱，必归画一矣。

一，每类成稿一卷，先交提调总纂阅定，即陆续呈堂。俟全稿纂讫，然后发供事缮正，以备移送内阁。

一，刑部定律及附律条例头绪尚不纷繁，惟历年事例一节，其谕旨、题准、奏准、议准各项，有一类中甚简，有一类而连篇累牍者，每类须派数员，方能周备。

一，纸张、经费于何取给，供事堂吏于何挑选，各衙门必有章程，当参酌办理。

一，嘉庆以后三朝圣训必须恭领一部，以备录载。板存武英殿。

二月

初九(3月7日)，加上慈安端裕大婚加皇太后徽号曰“康庆”亲政加，慈禧端佑皇太后徽号曰“康颐”。

初十日(3月8日)，皇上升殿，颁诏。群臣朝贺，各正选及有俸官给封无加级。

春花好二月二十日(3月18日)早起

鸟语花前春又到，声声似道春花好。春花好是胜于人，人对春花妒欲嗔。

【二月】十六(3月14日)，接星海外舅一函，为温黄氏请旌。

十九(3月17日)，接松乔公一函。上年十一月初八(1872年12月8日)寄。

廿五(3月23日)，接四叔一函上年十一月廿四(1872年12月24日)寄。又接心田一函十一月十五(1872年12月15日)付。

三月

十八(4月14日),寄心田一函,松乔一函,星海翁一函未寄。代寄十二宅二函并汇银十两。信内写十六(4月12日)寄,交安成,又安成三十两。

廿八(4月24日),接心田一函二月十五(3月13日)寄。

廿九(4月25日),接芙溪一函二月十五(3月13日)寄。

四月

初一(4月27日),寄心田一函交安成寄。

二十五日(5月21日),吏部以山东道御史一缺引见。余名在第三,周家楣第二,周鹤第一,奉旨补授。

廿八(5月24日),接心田一函,四叔片信付内次苏带。四叔云二月十五(3月13日)、三月初十(4月6日)俱有信,今未见到。

五月

初一(5月26日),寄心田一函,托周小崖汇银廿两。

【五月】二十日(6月14日),接四叔来信,闻太淑人之讣。先□三月下旬得仲弟信,云太淑人因外感食滞,发动肝气,腹胀满。又接四月来信,云肝气愈而胀未消。至是忽来凶闻。四月廿二(5月18日),竟弃不孝而长逝矣!呜呼痛哉!廿一日(5月17日)在本部呈报丁忧,声明六月初八日(7月2日)起程回籍。

廿四日(6月18日),寄信回四叔,在本籍呈报丁忧。

六月

初七日(7月1日),在椿树胡同本宅开吊领帖。

十六(7月10日),张桓石带来四叔一函、芙溪一函。十九(7月13日),张桓石及赖璧藩、实甫、炯裳来寓。并延桓石教读,闰月初三(7月26日),诸儿进学。

闰六月

初二(7月25日),接四叔五月廿八(6月22日)寄来信,闻二叔母左氏于五月廿三(6月17日)仙逝。

廿三(8月15日),接四叔六月十八(7月12日)来信,知五月廿四(6月18日)寄回之信六月十五(7月9日)到乡,又接心田一函。

廿七(8月19日),寄四叔一函。

南旋日记同治十二年癸酉(1873)。

七月

十九日(9月10日),南旋,眷留京。雇车单套一辆到通州。每辆京票钞十七千。十点钟在椿树二胡同宅启程,申刻馆定马庄三家店,戌刻至通州。天晚,雇船未妥,住恒东店。每间房加三百文京制钱。上住一间,下住一间。肇儿亦随到通,是晚在店住。食外饭,二上四下,食用京钱一千一百八十文。馆三家店,用京票钱四千四百文。通州钱价每两约换京制钱三千四五百文。

二十日(9月11日)早,在恒东店街名东北湾,掌店人王香圃。雇黄舺子船一张往天津,京制钱十四千。言明在通先交八千,到津交六千。巳刻,早饭后登舟,肇儿到船小候。午初,着肇儿回京,仆张升随去。十一点钟开船。巳初,西北风颇劲,正午风微。由通下津淀本是顺流,加以夏间大雨,连旬积水入河,流如箭疾,舟行不费人力也。由京赴通,出城四十里皆石路。如天久晴霁,路旁土道有辙可循。今成溪壑,只有石道可行。车中尽日颠顿,略无一息之停也。通州近岁商贾辐辙之地,今海运又已畅行,帆樯如林,颇形康阜富庶。晚泊马头村,陆程去通州五十里,水程倍之。

二十一日(9月12日),子刻行船,戌刻泊杨村。

廿二日(9月13日),午刻到紫竹林,寓佛照楼。主人胡植生,小榄人。寄第一号安信,交石长班带。赏黄舺子水手酒钱五百文。京钱。

廿三日(9月14日),仍住佛照楼,恰便轮船于是日戌刻到紫竹林。

廿四日(9月15日),仍住佛照楼。

廿五日(9月16日),写船票三张,每人十五两。共四十五两。其号定一房。恰便轮船第五、六号房上有夷人冰柜，滴水下注，有臭气，切不宜定此二房。午刻，亲押行李上船，仍回佛照楼。晚饭后上船。是日天气颇暖，船房更热，通宵不能熟睡。

廿六(9月17日)早，五点钟轮船启行。

廿七日(9月18日)，辰刻八点钟至烟台，泊至二点钟启行。

廿八(9月19日)，七点钟至黑水洋。是日晚十二点钟时，因轮件脱钉修整抛椗，一时之谱。至二点钟修妥，启行。

廿九(9月20日)早晨，黑水洋八百里过讫。是晚六点钟茶山，八点钟泊吴淞口。

三十(9月21日)早，七点钟到上海。着人上恒安栈通知管店来搬行李。此栈系李秋坪、李飏生兄弟所开货栈而非客栈。秋坪之父号芸坡。黄茂祺即毓山弟，植生亦在此。

八月

初一日(9月22日)，仍住恒安栈。寄京信一函，托佛照楼胡植生寄余介臣转交本宅。又寄四叔一函。

初二日(9月23日)，由恒安戌刻上轮船，行大江，往江西九江府。

初三日(9月24日)，戌刻至镇江泊，顿船二时之久。轮船上货。客至镇江者，舍舟登陆；客往芜湖者，由陆登舟。纷扰嘈杂，殊不可当，至亥刻起碇乃已。是晚经金、焦二山，以暮夜不能细看。

初四日(9月25日)，午刻至芜湖，停轮少顷。辰刻至南京，停轮少顷如芜湖。是处无马头可泊，其上船下船者由大轮船从高跳下，夷人随手将行李箱物摔碎落剥船。如暮夜则更为艰险也。凡搭大江轮船如无口岸码头者，切不宜从此登陆。

初五日(9月26日)，辰早至安庆。客上船下船者如芜湖。午刻，经小孤山，屹立江中，周围约里许。向南树木嘉茂，中有庙宇。东北石壁峭立，隆然如背而已。酉刻，至九江，即着人上大街通知巨源洋货铺来起行李。此铺系南海人江礼三及翼尧昆仲所开，招呼甚为周妥。自过镇江，两岸青山明秀。所谓长江七十二矶，已历大半矣。

初六日(9月27日)，仍住巨源。托巨源寄上海恒安栈信一函，道谢照拂。

初七日(9月28日)，仍住巨源。

初八日(9月29日)，由巨源搭有记海味船往吴城。午刻登舟，船钱二千文。舟人姚丑劲。是日未开船。

初九日(9月30)，子刻，东北风大作，渐至狂风。卯刻行舟，离九江城三十里泊。

初十日(10月1日)，大风不息，仍泊不行。

十一日(10月2日)，至卯刻行船，风渐息。巳刻至(壶)[湖]口县，有厘金卡查船凡货船，在九江府货船既已完厘，而至此卡名查船销票。然货到此卡，无不溢于局票之数者，至此补抽，名补漏。盖此卡之权衡，如每百斛轻于厘局之权衡五斛，是局秤大而卡秤小。卡秤不能与完厘时之局秤符，势必然也。至此又复补抽，商贾骚扰，可胜言哉？夫捐厘所以助饷，而稽查之卡不过以调剂委员各省候补试用人员薪水无资，每讨一厘卡之差，倚为活计。以细民之血本，供若辈之贪饕。厘捐一日不停，则商贾一日受累。兵燹之后，元气何由而复乎？惟冀封疆大吏不惮艰难，力图别款，尽止厘捐，则民力纾而康阜有素矣。未刻，过鄱阳湖，东北顺风，顷刻已过。所经鞋山、大孤山诸胜，如走马看花，不遑注目。酉刻末，至吴城三十里泊。

十二日(10月3日)，辰刻至吴城，欲觅船至南安，而沙扒及官板各船皆过大，于浅水不宜。乃雇一小舟至南昌再觅船，船钱一千三百文。酉刻，过船，赏水手酒钱一百三。

十三日(10月4日)，辰刻行船，西北顺风。申刻至南昌，泊滕王阁下，觅上南安船，未得合式者。

十四日(10月5日)早，到黄其中船行，雇天官翎船上南安。船尾有篷翘起似翎枝，故名。又呼为“天官赐”。此船多载官差，少载货物。言定船价十五千，南昌付九千，赣州一千，南安五千。水手神福二次，每次六百文。此船三舱，后舱有木马门于左右，中有木床一架。内舱可住一人，中二舱可住四人，颇安适。

午刻，登滕王阁。今岁重修落成，阁下暖阁后屏大楷书子安序，为翁潭溪笔。序后有记，阁上后屏小篆书昌黎记。七十八老人书，忘其名姓矣。上下楹帖十数联，其可纪者有“依然极浦遥山，想见阁中帝子；安得长风巨浪，送来江上才人”，后题“商丘宋荦撰”，以此联为最。又“帝子长洲，仙人旧馆；将军武库，学子词宗”，此为阮芸台相国撰。又“我辈复登临，目极湖山千里而外；奇文共欣赏，人在水天一色之中”，此为抚豫刘公棻所撰。又“兴废总关情，睹落霞孤鹜，秋水长天，幸此地湖山无恙；古今才一瞬，问江山才人，阁中帝子，比当年风景如何”，此为抚豫刘岘庄因修阁落成撰。又“峰碣已千年，事往人来，有低徊楼观古今，山川开阖；阑干仍百尺，隔邻呼酒，且领略帆樯星斗，冠盖风云”，此为学士李若农撰。予亦妄撰一联云：“赞词枉缀三王后，高阁惟凭一序传。”夫子安序绝后超前，盖其文词独胜，非实有此风景也。古今楼阁似此者多若河沙，若无子安一序，虽帝子长洲，不易代而为瓦砾之场矣。盖地以人传也。

未刻，天官翎船过载安妥，时已薄暮，未行，仍泊滕王阁下。未刻，天官翎船进滩、出滩，赏酒钱二次，每次三百文。到南安，赏水手钱七百，赏船户钱二百文。

癸酉(1873)中秋前一夜泊滕王阁下

水落潭清露草衰，独登高阁倍愁思。临江庆读趋庭句，子安序云：“他日趋庭，叨陪鲤对。”陟岵愁吟对鲤诗。此恨正如天图极，人生最忆月圆时。里门将到非前日，闾倚无人切骨悲。

八月十五日(10月6日)，舟人以中秋节未行船，仍泊滕王阁下，风清月明。

中秋登滕王阁看月

同此冰轮地不同，危栏高欲拍晴空。此时风景难描写，千里湖山尽雪中。

中秋夜垂钓

船船同拜月团圞，儿女家家笑语喧。独坐无聊姑把钓，遣愁非惜买鱼钱。

十六日(10月7日)，寅刻行船，东北风大作，淡云胧月。酉刻至丰城县，再行五里，泊将军望。日行一百十五里。

网南昌以上，渔者横江属网，阻碍舟行

待人寸地不留余，去舸来舟道曲纡。不信细民能府海，横江竟敢绝流渔。

十七日(10月8日)，寅刻行船，午刻至樟树镇，酉刻至沙河，再行十五里泊。是日约行一百一十里。

【八月】十八日(10月9日)，丑刻行船，顺风。晚泊峡江县。是日约行一百里。自此至赣州五百三十里。

十九日(10月10日)，寅刻行船，风微。酉刻，泊三曲滩。是日约行八十里。地属吉水县。申刻，细雨如尘。

二十日(10月11日)，寅刻行船，午前微风，雨。午后晴，微风。酉刻，泊张家渡。是日约行六十里。

廿一日(10月12日)，卯刻行船，午前面风，午后顺风。酉刻，泊沿溪渡。是日约行六十里。

廿二日(10月13日)，卯刻行船，东南风。晚泊窑头塘。是日约行六十里。

廿三日(10月14日)，卯刻行船，无风。酉刻，泊万安县。是日约行四十五里。

万安舟中

此地郁桑鲜，人家种竹多。短篱参席箔，破屋补藤萝。山势随流水，波光上钓蓑。推篷看落日，黄犊下岩阿。

顽石非螳臂，江中砥此流。舟行穿蚁曲，缆引逐鸥游。雨细溪潜长，烟横岭欲浮。帆高风力弱，迟滞使人愁。

惶恐滩

传闻最险此滩头，今日扁舟澹荡游。行尽不知惶恐处，心随滩水共悠悠。

廿四日(10月15日)，辰刻行船，午过惶恐滩，上有大王庙。酉刻，已过武索滩上泊。是日约行七十里。

舟中再纪

水静多垂钓，山回屡转蓬。沙宽鸥淡荡，径僻草蒙茸。有味看奇石，多姿露半峰。秋云如有意，掩抑玉芙蓉。

万安舟中见木芙蓉

江月江花路八千，众芳姿致少天然。忽逢绝艳茅檐下，竟讶人间有绛仙。

廿五日(10月16日)，卯刻行船，午后顺风，晚泊攸镇塘。是日约行八十五里。

廿六日(10月17日)，卯刻行船，午后顺风，晚泊储潭。此地有赣关卡，差人持片子知照卡口。是日约行六十里。至此已过十八滩，其中九曲滩石最多，长二里许，水流极急，十八滩以此为最险云。

廿七日(10月18日)，巳刻到赣州，差帖请关，即开行，至下关泊。

廿八日(10月19日)，卯刻行船，东南风，雨。酉刻，至三江口泊。是日行五十里。晚，大雨通宵。以后一路，每有翻水轮筑闸坝，流颇紧，阻滞船行。

廿九(10月20日)，卯刻行船。因屡过车坝，是日约行六十里。酉刻，泊洋江坝口。

【同治十二年癸酉】九月

初一日(10月21日)，卯刻行船，午到贤女铺。酉刻，泊窝坑塘前二里。是日约行八十里。午过南康县，河旁有学宫。

初二日(10月22日)，卯刻行船，晚到大学村泊。是日约行八十余里。

南安闻鸠唤，北方无此鸟也

桑柘斜阳树里呼，长安久不听提壶。南方物性原敦朴，守拙何嫌鹁妇愚。

初三日(10月23日)，申刻到南安，住惠来行。店主人李杰臣，南海人；张嘉甫，番禺人。

初四日(10月24日)，仍驻惠来行。

初五日(10月25日)，由惠来行雇兜轿度岭，用夫四名，一千四百八十文。二仆各用二名，每轿一千二百二十文。行李每斤五文，共行李四百三十二斤。每轿到南雄，给茶钱二十四文。谢惠来行银一两七钱四分，小伙酒钱五百。卯刻启程，巳刻至梅岭。天气晴和，南薰时至。岭峻处近南北间有古梅三五株，非复昔时繁盛。地久天长，癯仙亦遭尘劫。或留缟袂，亦不免憔悴支离。然而山色依然，犹可想见十月开时横斜疏影也。酉刻，到南雄茂记行。主人为罗贞一，江西太和人；凌立峰，番禺人。

初六日(10月26日)，由茂记行搭始兴驳船，包舱二个，银三两四钱，到韶关交卸。酉刻下船。船户刘兆恩。谢茂记行银一两七钱八分，赏小夥五百文。查得该行只给船银一两二钱，此行未免欺人太甚矣。

初七日(10月27日)，卯刻行船，申刻到窑潭上五里泊，即都安水。是日约行七十余里。

初八日(10月28日)，卯刻行船，船户至始兴江口落货。戌刻，泊新庄水。是日约行一百里。

初九日(10月29日)，申刻到韶关，即着人上岸，风度楼街安昌细绫铺，浼张星岩雇船。星岩行四名耀英。是日为先慈生辰，风木之悲，更不胜哀感也。

初十日(10月30日)，辰早，张星岩到驳船晤话，云已雇得一度马门船一只，言明至龙山交卸，船价银十九员七钱，兑先在韶交银十六元，余三圆到乡交。即于午刻雇小驳船下关上大船。船户李沾秀。

此样船名南华艇，半木篷。

十一日(10月31日)，卯刻开船，西北顺风。申刻泊沙口，此处有汛地炮船。是日行一百四十六里。

十二日(11月1日)，卯刻行船，西北顺风。午过英德县，巳刻先过观音岩。酉刻泊横石墟。是日行二百六十八里。横石即稔坑、英德交界。

黄巢矶上有石凹处，俗传巢打弹丸于此。

石矶突兀峙江沿，阅尽帆樯不计年。是否黄巢曾打弹，青山如旧问无言。

清远舟中

白草丹枫夹岸明，渔舟远水细于萍。清江出峡平如掌，黄洞群山乱莫名。时有沙鸥眠水曲，已无春燕掠波轻。忍思十八年前事，曾奉潘舆此地行。

即事

白草粘天已暮秋，秋江水浅碧于油。好风明月皆清福，消受无穷是钓舟。

十三日(11月2日)，卯刻行船，西北顺风。午后风微，行稍滞。酉刻，泊芦包口。是日亦行二百八里。厘卡委员海。

本省厘捐，尤为骚扰，每卡用至差役百余人，苛求搜索。且闻货有上、中、下之分，故下等货皆视为上等，而咨报之册又以下等申详。设此名目，以图中饱。此各省所无，急宜禁革者也。

十四日(11月3日)，卯刻行船，东北顺风。申刻至紫洞，酉初至官山泊。是日约行一百五十六里。紫洞至官山约三十里。

同治十二年癸酉九月十五日(1873年11月4日)到家。

十五日(11月4日)，午刻到乡。船泊排涌，即登岸，到家，诣灵前哭踊。晚即在云林山馆住。

十六(11月5日)早，诣寄园谒柩。

廿四日(11月13日)，寄京信一函 交安荣寄。十五日(11月4

日)到乡,接京信一函,八月二十(10月11日)寄,至此回信。

廿九日(11月18日),雇艇开狮前上排涌渡往省。艇钱三百六。渡船包舱二个七钱二分,另计客一住一钱二分。因跟随者二仆,共三人也,银八钱四分。另菜饭二钱四分。共用银六两。

三十日(11月19日),辰刻到省,寓仓边街惠竺寺大河四宅,租为试馆,暂借住耳。

十月

十月,家居守制。

【十月】初七日(11月26日),晤松浦,语予借居五百罗汉寺华林寺。又晤陈古樵,又晤安荣、崔约之。

初八日(11月27日),着人问勤安和尚可借住否,得信可借住。

初九日(11月28日),宜记过一次,对友失言。

初十日(11月29日),移寓华林寺方丈堂南厅。是日主持邀晚饭。

华林寺题壁

手不能文怎送穷,米盐仆赁日匆匆。蒙师借我禅房宿,不比阇黎饭后钟。

赠勤安上人

周游寰宇十余年,龙藏真言敕赐全。仰异瞻奇敕赐全部藏经,奉旨还山。至城之日,士女倾城出睹。倾士女,劳轻诚重跋山川。东垂法雨从今注,南燃心灯到此传。玄奘要文施未遍,赖师宣布粤南边。

创建琼楼度秘经,勉承师愿费经营。建万佛楼,其师祇园之志也。已看赐宝朝天返,又见孤标拔地成。万里祥云驮马背,十年雪迹滞燕京。悲予腰经栖禅院,往事重教细与评。

同治十二年(1873)九月,南韶连总岳方耀因办理潮州所属抢掳械斗案件,广督瑞麟为其奏请赏穿黄马褂以示优异等语。夫既曰以示优异,此乃出自特恩上谕之言,岂可在臣下口中先说?太阿倒持,莫过于此。

十四(12月3日),晤长乐初将军、张石洲廉访、颜夏庭掌院。

【十月】十七(12月6日),接肇京信一函。云九月十四(11月3日)有托次苏带回信。十月初四(11月23日)寄此信,到得甚快。

赠翘心上人

细腻风光霁月新,不空不相了无痕。有缘一似曾相识,偶见何非是夙因。夷惠之间参佛性,羲皇以上见天真。聪明智慧前相定,净土干城寄此人。

赠篆经上人

前世冰壶寄此身,莹然心镜契情神。并工和缓宏施济,素擅剪裁本夙因。俗吏有缘参妙臂,儒林得此亦奇人。春风杨柳天怀畅,座有吾师便辟尘。

书迹删和尚《咸陟堂集》后

胜朝遗庶入兴朝,净土潜踪意避嚣。佛土莫非王土地,微求未必到螟蟭。

廿二(12月11日),接肇京交次苏带回信并籐镯、铅梳。由乡寄来,九月十九(11月8日)寄。

廿七日(12月16日),晤冯子立首府,时署运司。三十日(12月19日),子立到寺回拜。

廿七日(12月16日),寄肇京信一函,汇银二百两京平。另水七两十[钱],由安荣汇。

【十二年癸酉】十一月

【十一月】初一日(12月20日),署运司冯子立属盐务公所送关书,请予勷办外场事务,每月送修金夫马银三十两。外场不用办事,即干束脩也。

初七日(12月26日),由万安渡回乡,包舱三钱六分。二仆坐丝舱,连饭菜,每人一钱八分。九点钟,由华林寺肩舆至新矶西街,雇小艇上渡。十二点开行。

初八日(12月27日),子刻,万安渡至沙头泊。晨早挑行李过基，即雇小艇三百文，已刻到排涌。

十二日(12月31日)，雇紫洞艇，每日一两零五分。往勒楼讨廖秋堂之欠。秋堂已早故，其子海珊庠名玉成不敢晤面，只令一管家者出见。又往访廖伯夔，不晤。十四早，即往访麦翰园，托其约同廖莹石、六兰拍合。午刻即返棹，申刻抵至。

十四日(1874年1月2日)，申刻，由勒楼抵乡。

十五日(1月3日)，先大父神主附善甫祖祠。

【十一月】廿二日(1月10日)，巳刻，四叔仙逝五十八岁。廿五(1月13日)，殡于寄园。

廿七日(1月15日)，巳刻，奉太夫人灵榇于凤凰山。初卜廿八(1月16日)窀穸，因地圹开锄未竣，改于十二月十一日(1月28日)午时。并安葬黄夫人。

十二月

初三日(1月20日)，买舟往勒楼，仍催廖家欠数。

初四日(1月21日)，到勒楼乡约晤廖陆兰、叔文。

初五日(1月22日)，仍到乡约，经陆兰、蓉川、叔文说合还银百两作完。

初六日(1月23日)，卯刻，由勒楼开船，午刻至容其涌口，以潮退未能入涌。待至申刻，始到桂洲文塔下泊。即遣仆至围基局访廉泉胡观察，即雇肩舆造其别业廉泉寄庐晤谈。酉初返舟。

初六(1月23日)，接到肇京十月廿七(1873年12月16日)寄来信。要买丝线、肥儿膏。

初七日(1月24日)，午刻，廉泉登舟晤谈，遣人送予菲仪百两，报予前赠七十金之恩情也，令人感其豪爽。予甫言拮据，廉[泉]即答言可通融矣。申刻，复邀到寄庐晚饭，星岩亦在席。戌刻，趁夜潮退时，移舟出容其涌口泊。大寒后，而连日南风，船窗晴暖，舟行颇不闷也。

初十(1月27日)早，请李植三往收廖姓欠账。至晚，植三回。

十一日(1月28日),午正三刻,安葬先慈李太夫人。辰、巳大雨,至下圹之际,已见太阳。吉事有祥,其昌可卜也。黄夫人同时附葬,先慈之右另为一穴。

【十二月】廿五(2月11日),接肇京十一月廿二(1月10日)寄来信。由赖仁山来,云有信十一月十二(1873年12月31日)交安成寄,今未到。后已到。

廿六(2月12日),寄肇京信一函。交赖仁山翁转寄。

廿七(2月13日),接肇京十一月十二日(1873年12月31日)寄来信。由安成付渡。

潘任卿太史书案面壁,悬大镜于前,日与相对。予过访,遂为一联粘于其旁。联云:"本来面目全无失,如此头颅却可观。"

同治十三年甲戌岁(1874)日记

正月

初四(1874年2月20日),寄京信一函。肥儿饼一箱,内并五色线、皮鞋仔、丝筒、回春丹,托张镜寰之令弟思从带。信皮写初八日(2月24日)。初十(2月26日)又搭信一函,字□并桓石信、植庭信。

初六日(2月22日),接肇京上年十二月初一(1874年1月18日)寄来信。由仁山来。

初十日(2月26日),寄肇京信一函,并书一包,交周云篆兄带。初十,为拣庭写何相山信一函。

二十日(3月8日),接肇京上年十二月十四(1874年1月31日)寄来信。由安荣来,知上年十月廿六(1873年12月15日)所汇银收到。

廿八日(3月16日),接肇京上年十二月廿三(1874年2月9日)来信。由仁山来。

廿九(3月17日),寄肇京信一函。交安荣。

二月

十四(3月31日),寄肇京信一函。交安荣。

二十日(4月6日),接到本年正月廿三(3月11日)肇京寄来信。由安荣来,又林树云一函。

廿二日(4月8日),接垣石一函。正月廿三(3月11日)寄,由赖宅来。

廿七日(4月13日),先慈茔域工竣,请巫师放焰口。

三月

初二日(4月17日),接荣女交大河阿仙五姑带回信,并杏脯一包。云有口信,因是日搭排浦渡往省,未得晤阿仙。

初三(4月18日)早,抵省,寓华林寺,值勤安上人下乡。

初三(4月18日),午刻,接肇京二月十二(3月29日)寄来信。由安荣来。

初四(4月19日),华林住持僧请晚饭。

【三月】初七(4月22日),寄肇京信一函,汇银二百两,交安荣汇。水六两五十[钱],三月廿八(5月13日)到京。

初十(4月25日),晤张西山中丞于抚署,又晤长乐初将军。

再赠翘心上人

闻道参方事可哀,一瓶孤春苦心裁。已经石壁多年面,忽见莲花十丈开。阅世尘缘归梦幻,往时跋涉证如来。江南历遍红羊劫,愿洒杨枝水一杯。

【三月】廿六(5月11日),接肇京二月廿七(4月13日)寄来信。知张、赖二月十五(4月1日)到京。云篆未到。

廿七日(5月12日),寄肇京信一函,交安成。

四月

初三(5月18日),接肇京三月初十(4月25日)寄来信。云篆三月初三(4月18日)到京,书已交。又接三月十一(4月26日)信并会试名单。

初九日(5月24日),寄肇京信一函,交安荣。

华泉姓霍茂才画单小引

盖闻换鹅以字,笔不徒劳;将酒酬诗,肠宜先润。况倪黄顾绿,总集毫端;六法三长,齐奔腕下。如华泉茂才者,擅无双之翠管,实今世之龙眠。绘水有声,描花欲语。当明窗净几,虽云聊以自娱;然韦树郭山,允宜公诸同好。惟五日石而十日水,劳双眼之欲昏;则大酬璧而小酬缣,岂一毫之不拔。湘纨本殊布帛,须知长短不同;曹马何异韩鹰,爰作丹青之引。

十四日(5月29日),由赐经堂辰刻搭万安渡回乡。

十五日(5月30日),巳刻到乡。

十七日(6月1日),寅刻,奉李太夫人神主升座,并先大夫神主,改题合主。请少坡翁点朱,即留早酌。

十九日(6月3日),由万安渡往省。包舱一个,银三钱六分。二仆住丝舱,每人一钱八分,连饭并菜。如住大舱客身六分,饭二分五厘。

二十日(6月4日),早晨到省,仍寓华林寺。

代华林寺挽罗椒生大农

仰维后代宗风,星贯南天,九重未免动容,不尽恩膏贻桂子;

闻是前身罗汉,神还西竺,三乘原无住相,犹将法雨护华林。

二十二日(6月6日),与月海禅师泛舟游海幢寺,观舍利于净堂。请禅门日诵一卷于经坊,香资一钱八分。申刻返棹,至觞咏园赏茗。

廿五日(6月9日),接肇京信一函,三月廿九(5月14日)寄。

五月

初三(6月16日),寄肇京信一函。侣房一函。

题华林寺某和尚像

现世昙萼,结为宝相;金粟流光,玉毫示象。卍字胸宽,兜罗手仰;纵使僧繇,描摹奚当。仰瞻遗像,如展波菱;如水如月,一片空明。仰测幽遐,一辞莫赞;如望汪洋,徒闻兴叹。穆如作颂,名无能名。微乎妙矣，仰视太清。

代勤安和尚寄冯少詹展云书

先师塔铭，尚未勒石；前蒙鼎诺，许寿贞珉。今涑文观察撰文，曾经脱稿；奉恳于校衡之暇，俯赐拈毫。一俟奉到玉音，当即寄呈格式。倘得洒金壶之墨汁，可当玉版之丹书。用选良工，钩摹上石。将见圭峰无恙，借率更令而长存；元秘有辉，籍柳银青而不朽矣。

十六(6月29日)，接肇京四月廿四(6月8日)寄来信。由安成。

十七(6月30日)，寄京信一函交安荣。十八(7月1日)又一函。

放生会记

尝闻天地之大德曰大生广生，菩萨之宏愿曰度尽众生。未有不由好生以立其体而能宏其用者。此造物圣神，生生之妙，或未可以律恒人。若人而欲扩其好生之德，则莫若即其几于不可生者而生之。此放生之事所以不容已，而放生之举率行者贵得其人也。且夫物本自遂其生也，忽而罗之网之，陷阱而笼缚之，以俟刀匕之供、鼎俎之用。鳞者赪尾而饮泣，飞者垂翼而哀鸣，走者觳觫而待毙。于此而睹其状、闻其声，而不为一引手援者，莫惟悖天地生物之心，伤菩萨好生之隐。其于善之易为者且不为，而自问亦太恝矣。乃一旦即罗网者解之、陷阱者脱之、笼缚者释之，是几于不能生者而生之，使造物之生机，洋溢于宇宙之内；人心之生理，郁然于方寸之间。斯时也，即不言积善余庆之说，而太和翔洽之气，已足翦乖戾而致休祥。然此道不明久矣。

有旷闲法师者，华林之领袖也，集大众慈悲，倡大生法会。时则有若朱公煦堂、樊公昆吾、梁公星藩、潘公南洲、余公�松、余公仰山、黄公弼廷起而佽之。解囊橐以结众生之缘、酬三生之愿。寿之贞石，垂之无穷。程子有言："一命之士，苟存心于济物，必于世有补。"况合儒释之为众所推许者而为之倡率哉。将见属而和者千百人，久之属而和者亿万人。使含负之伦，永庇乎安所乐生之宇，由是而天地大生广生之德，菩萨度尽众生之愿，祈合无间矣。若古来放生之明验，云栖之文、天台池之记，详哉乎其言之无庸剿说雷同也。邓华熙谨记。

放生与戒杀不同。考从来放生文字，大都作成戒杀文者居多。此文注意在“几于不能生者而生之”句，则放生之于戒杀又是另一层工夫，比戒杀者似尤为当务之急。理或然欤？愿以就正有道者。脱稿自记。

西来丈室夜望

头陀未许我皈依，廿载闲曹今始归。莲社缔交缘偶合，草心怀憾意全违。

居忧未获参琴旨，多暇频来访昼师。烛烬禅房还不寐，懒云劝我莫踯躅。

六月

初二(7月15日)，接肇京五月初八(6月21日)寄来信。又接肇京四月十四(5月29日)、十七(6月1日)交赖、张带回两信。食物二包、靴折一个。张桓石、赖寔甫、璧藩、絅裳由到省。是[日]张桓石、赖寔甫诸公访予于华林禅室，(泛)[沉]李浮瓜，以消烦暑。

初八(7月21日)，由华林移城里惠竺寺暂寓。连暑热异常，夜不成寐，欲僦屋而居，苦无合式者。因主僧勤安丁忧回乡。

十一(7月24日)，由(竺惠)[惠竺]移寓伍子升花园。晚，子升邀吴槐卿比部小集。

十二日(7月25日)，馈子升、伍比部慈禧太后御笔《百福百寿图》朱拓及苹果脯、杏脯、鹿角胶、枇杷露等物，致辞云：“奉上《百福百寿图》等物，不辞亵渎之识者，其旨远也。百字御书乎福寿，恰颂萱闱；多子莫若乎枇杷，合征兰阃。鹿苹既歌于早岁，燕杏定卜乎他年。借微物以占祥，幸雅人之哂纳。”

题华林寺祇园和尚画像

粤峤有神僧，钟毓胥江沚。将诞一夕前，异兆惊邻里。老树发奇香，三晨犹未止。稍长见头陀，自云心所喜。慈命托禅门，七龄悲失恃。齠龀遂离尘，栖息宏圣始。昙莩稚且瘫，抱疴恒不起。大士化春婆，现世为调理。供养足烟云，病魔去如驶。明姿水月松，彗性毗卢海。祝发课诵时，已洞庄严体。入室授衣资，提振西来旨。梵行动公卿，因缘集如蚁。鸿迹楚江先，参方志弥矢。继作吴越行，名刹周临履。飞舄上终南，曳杖历巅址。雁宕及天台，跋涉胝足趾。阿罗示梦缘，叹诧畴能已。誓志堟金容，经营无闲晷。辉煌五百尊，罗汉堂成矣。塔铸庄山铜，阿育当中峙。法象蔚云霞，道风播遐迩。举庆力无遗，仁寿兴颓圮。瓶钵再游燕，志叩瑶阶戺。为请中秘藏，来镇三摩地。宏愿未图成，西竺催旋轨。岁宿木牛临，示寐长椿里。梵乐众同闻，旛盖车南指。翘公染薙徒，净土长城倚。东渡又传灯，一苇复来此。法嗣号懒云，云懒非其意。诚重劳亦轻，十稔留京邸。竟吁天门开，赐藏承师志。琳宇荷龙光，四八尢端伟。示我丽缘图，镜光瞻尺咫。世人泥色相，只解题原委。道蕴造精微，非愚所能纪。

十四日(7 月 27 日)，接肇京五月廿五(7 月 8 日)寄来信。云西宾请何坚石，八两，自膳点心十六千。六月廿四(8 月 6 日)进馆。

十六(7 月 29 日)，寄肇京信一函。交安荣。

寄内二月作

离京几许又春来，官舍桃梅次第开。稚子呈文凭雁寄，荆妻举案盼鸿回。还家转作思家梦，内顾方知内助才。有约归期今不远，黄花时节莫须催。

阅邸抄湖北五月奏牙厘一款，自同治十年(1871)至十三年(1874)四月，连钱银总算，共银五百余万两，为款甚巨。一省如此，各省可知。此时动用纷繁，万难裁撤，惟于粮食、棉花、棉布、麻布、柴炭为小民衣食所资，相应请旨饬行各直省一体免厘，以体恤百姓。至洋烟、洋药、烟叶、烧酒等项，非民间不可少之物，而且有害于人者，无妨加重抽收以裕饷需。同一物件，往往有上、中、下之分，相应改为一律，以杜诸弊。

湖北省督李翰章、抚郭柏荫自同治十年(1871)四月起，截至十一年(1872)三月底止，共收银五十二万一千五百四十二两，零钱一百九十三万九千串。又自十年(1871)至十二年(1873)三月,银五十六万八千八百七十两,钱一百九十一万四千三百串。又自十二年(1873)四月起至十三年(1874)二月,银五十六万零六百五十两,钱一百七十三万三千三百九十三串。统计三年按时价银钱并算,约共银五百十一万二千二百二十九两有奇。除拨解京协各饷、直隶赈济、万年吉地工程并长江水师饷项,余倾数解军需局,由该局报销。

同治七年(1868)遵旨裁减厘卡以后,入款顿减,出款较增。近年通商子口洋货经过局卡免厘放行者,复日见其多,收款即因之减色。而奉拨之京、协各饷,并本省水陆留防各营、长江水师等饷,皆属万不可少之需,舍厘金无以周转。

廿九(8月11日),接肇京六月初七(7月20日)寄来信。云何西宾改初八(7月21日)进馆。

题画集唐人句为华林澹依和尚题其画册之一,七月初三日(8月14日)

清明时节雨纷纷,两间茅屋一溪云。寒鸦闪闪前山去,把酒相看日又曛。

七月

十一日(8月22日),寄肇京信一函。交安荣。

十二(8月23日),接肇京、秋荣六月十九(8月1日)寄来信。

【七月】廿三(9月3日),寄肇京信一函。并安荣汇银京平二百两,汇水六两八十钱。

廿四日(9月4日),辰早,自伍园搭万安渡回乡,是夜子刻到万安。

廿五(9月5日)早,雇驳船到排涌,巳刻到。

八月

初三(9月13日),接肇京七月初八(8月19日)寄来信。安荣自省寄乡。

初四日(9月14日),先严冥寿。晚,新婿黎如侃号次袁,字秉刚来叩见,留膳。

初六日(9月16日),由万安渡往省,寓高第街番邑绸缎行会馆。该陈少泉显勋值事系吴立卿荐租,每月银六元,另头一月打扫银二元。

十三(9月23日),寄肇京信一函,又何坚石西宾一函。

廿一(10月1日)早,冯子立都转来访。

廿二(10月2日),接肇京七月廿六(9月6日)来信。

廿六(10月6日),接肇京八月初六(9月16日)来信。

廿八(10月8日),寄肇京信一函。

廿九(10月9日),造张西山中丞、张石洲廉访辞行,俱晤面。俊质堂方伯出署,未晤。又造羊城书院,访罗石渠比部,托其明年办服阕文书,据云费廿五员,履历已交石渠。

九月

初一日(10月10日),张廉访石洲来送行,未会。

初五(10月14日),张中丞西山来送行,俊质堂方伯来送行,卢杏樵来访。

初六日(10月15日),因夏间积受热气,至此时天气干燥,因食滞而发热。自开元参、麦冬等一剂,热尚未除。至初八(10月16日)、九(10月17日),周身四肢俱见红疹,服何小尹秦艽、六曲、厚朴、黑枝等一剂,更觉燥热。越日,何小尹误开参术二术等,而热愈炽。初九日(10月17日)夜,大热。是晚请关瑞良先生,初用枝子豆豉汤加减。生服黄芩、钗斛等清解之剂而热始退,加生地、麦冬、天冬皮、竹叶、丹皮、泽泻、赤芍、甘草等而胃渐开。至十八(10月27日),饮食如常矣。关瑞良先生,南海九江人,医道稳当,亦有工夫。

十四(10月23日),接肇京八月十三(9月23日)来信。知七月汇银二百收到。

廿五(11月3日),定李阿兴河头船,言明到南雄船银三十三元,另神福二次,银二元,共三十五元。说共重二十四两五钱,即交定银十四两。

廿五(11 月 3 日),汇银六十两,交南兴汇交菊舫。还左紫石四十两,和英廿两。

廿九日(11 月 7 日),交安荣寄肇京信一函,并汇银一百两水七分。交安荣汇京银七百两。汇水七分,不立汇票,安荣有信交表带京收取。

三十日(11 月 8 日),寄肇京信一函。是日接肇京九月十一(10 月 20 日)来信。

十月

初一日(11 月 9 日),午刻登舟,泊靖海门外。心田弟到船送行,并携行李登舟。未刻,温飏园世丈到船送行,吴立卿亦来。申刻,心田、绍宗俱在船晚饭,后回高第街寓所。是日交船银廿元,重十四两,下余十三元。九两一。

初二日(11 月 10 日),晨早,绍宗到船。十点钟开船,四点泊佛镇。是晚,因船户李阿兴夹带荒唐,通夕思量,不能假寐。初二到佛山。

初三(11 月 11 日)早,未行船。饭后即到元兰烟铺,唤李阿兴来,令其交回船价十八元,退船登岸,即起行李,上元兰驻。

初四(11 月 12 日)早,着绍宗弟与船中阿丙同往省雇船。是日寓元兰。

初五(11 月 13 日)早,元兰启琨回乡。八点钟,绍宗由省来,雇得钟二河头船一张,至南雄船价三十四元,在省先交定银三元,在禅又交银十八元,共交廿一元,下余十三元。三点钟申刻,由元兰登舟,秀廷、阿冠到坐。戌刻,林树云之弟日南十兄即葆瑭有信交沙口扒船梁香林兄即保泰,请其拨船护送。

初六(11 月 14 日),辰刻行船,巳刻至沙口汛。该处有护帮船,即发牌拨扒船护送,其牌沿途交替。申刻至西南,酉刻至三水,有卡查船。是日东北风。是日约行八十八里。

初七(11 月 15 日),卯刻行船,东北风。酉刻泊芦苞。有盐厘卡。是日约行六十余里。

初八(11 月 16 日),卯刻行船,东北风。申刻泊石角。有盐厘销票卡。是日约行七十余里。

初九(11 月 17 日),卯刻行船,东北微风。酉刻泊白庙。有盐厘卡。此是清远峡口,船户在此做神福。有盐、厘两卡新设。是日约行七十三里。

初十(11 月 18 日),卯刻行船,西南风甚微。辰刻出清远峡,申刻至大庙峡,戌刻泊黎洞。是日约行一百二十里。

盲仔石

江干常独立,笑我往来频。归岂不能步,缘无善相人。

十一日(11 月 19 日),卯刻行船,东南风。巳刻至连州江口,有盐卡,又名黄石。午刻至浈阳峡,有石鼓、石狮,形极肖。戌刻至英德县。是日约行一百里。

十二日(11 月 20 日),卯刻行船,东南微风。申刻至观音岩,戌刻泊龙头影。是日约行七十八里。

十三日(11 月 21 日),卯刻行船,东南风,午后颇劲。戌刻泊界滩。是日约行八十里。四更微雨,十四晨早晴。

十四日(11 月 22 日),卯刻行船,天明雨止,西南风。戌刻泊河西尾塔脚。是日约行七十六里。护帮船至此止,过关另起牌。

十五日(11 月 23 日),卯刻行船,辰刻至太平关,巳刻开关,泊关上。酉刻移船至沙头泊。锡连号倡瑚,行七到坐,求书对联二副,又送水礼。是日行十里。戌前东南风,戌刻后转东北风。

十六日(11 月 24 日),卯刻行船,东北风,天阴。晚泊石塘,上有挂榜山。是日约行七十余里。如自韶起护帮牌亦无长龙随送,只派巡丁二三名在岸上行走。如至晚间不到巡船湾泊之所,则要在官船食宿,殊属不便。到韶不请护牌矣。到此大河头船不能行,须极小河头船方可,且要轻载。

十七日(11 月 25 日),卯刻行船,东北风,时或细雨濛濛,颇寒。晚泊新庄水,有小圩。是日约行五十里。

十八日(11月26日),辰刻行船,东北风。早微雨,午微雪,下午天有霁色。酉刻泊始兴江口。是日约行四十里。滩多水浅故也。

十九日(11月27日),巳初行船,东北微风,午后见太阳。酉初泊斜潭,是日约行四十里。

二十日(11月28日),卯刻行船,东北风,晴。晚泊新角塘下。是日约行五十里。早起霜重,甚寒。

廿一日(11月29日),辰刻行船,东北微风。至鼓禄少泊。即塘角。午刻再行。戌刻泊白营。是日约行廿余里。

廿二日(11月30日),申刻至南雄,寓茂记行。申初刻,遇铁香船于三峰塔。铁香由京来,彼此过船叙话。谢行四元二两四。鸣西弟来。

廿三日(12月1日),晨早,由茂记行起,转度岭。抬山虎□干物每斤五文,押夫五百文。未刻至梅岭顶,两崖峭壁宽两丈余,关渡约百余步□寺。天气晴和,午饘。酉初,至南安惠来行。早间鸣西弟来店。廿三,度岭到南安。

廿四日(12月2日),戌刻在惠来行,晚饭后登舟。此船户刘洪衡。天官赐一度马门船,到南昌,船价廿六两。在南安先交廿一两,余五两后交。神福二次,每次水手每名一百文。谢行四元,二两八。天气晴和。

廿五日(12月3日),巳刻开船,东北风,晴暖。酉刻泊二塘新田上。是日约行七十余里。离南安十里,龙母庙前有厘卡。

廿六日(12月4日),卯刻行船,东北微风,晴暖。酉刻泊新城塘水口塔下。是日约行八十里。申刻,至新城墟买菜。

廿七日(12月5日),卯刻行船,东北微风,晴暖。午过南康县有厘卡买菜。酉刻,泊洋江口。是日约行百里。

廿八日(12月6日),卯刻行船,东北风,暖极。戌刻,泊黄金铺高楼,离赣州五里。是日约行一百里。戌刻,北风渐大渐寒。

廿九日(12月7日),巳刻抵赣州。申刻,晤许星台观察于道署。晚泊关上。

三十日(12 月 8 日)，仍泊赣州。申刻，许星台观察请晚饭，同席者有李翥云明府南海，戊辰应鸿、黄朴斋明府德溥连州人，卸署安远县，均同乡。亥刻，散席回舟。

十一月

初一日(12 月 9 日)，往拜黄朴斋、邱小芃、邓三峰峣增，库使。晚到观察署便饭，亥刻回舟翥云未晤。东北风，微雨。朴斋、小芃送点心。仍泊赣关上。

初二日(12 月 10 日)，午刻，许星台观察送程仪，又交信与吉安守特罕卿、庐陵令马晓郛、湖口镇丁燕山、苏松道沈仲复各为照拂。午后，东北风，行船。酉刻至储潭泊。此地有关卡，许十一在此稽查，即差帖问候。是日行二十里。早间黄朴斋、邱小芃俱拜会，朴斋赠茶叶二包安远九龙山茶。

懒云有信交郑耀东广西知府，问太古洋行便知，问其昌行亦可。又有勤安交伊发润荣信，又有吴肇基书记交太古轮船新栈转交吴菊初信。

初三日(12 月 11 日)，卯刻行船，自水口塘入滩。早东北风，晚回南风，大雾。晚泊良富口，有盐、厘两卡。是日约行一百里。

初四日(12 月 12 日)，卯刻行船。晴暖。申刻泊万安县。行一百五里。此已出十八滩。四更雨，天明晴霁。

初五日(12 月 13 日)，卯刻行船。午后南风，暖甚。晚泊泰和县。是日行九十里。

初六日(12 月 14 日)，卯刻行船，晴暖。酉刻泊吉安府。是日行九十里。

初七(12 月 15 日)，仍泊吉安。午刻，访太守特罕卿于署，又晤庐陵令马。俱来回拜马令送程仪。特克申布，号罕卿，现官吉安府转运使。马芸田，号晓郛，现官庐陵县。丁义方，号燕山，记名提督，现官湖口镇总兵、壮勇巴图鲁。沈炳垣，号仲复，现官苏松太道。

初八日(12 月 16 日),仍泊吉安,未行。

初九日(12 月 17 日),午刻开船,东北风颇劲。酉刻泊三曲滩。日行四十五里。

老虎矶补作 曲江道中

怪石形如虎,山巅作势来。难将威武屈,独惜困蒿莱。

初十日(12 月 18 日),卯刻行船,戌刻泊仁和埠。日行一百里。

十一日(12 月 19 日),卯刻行船,晚泊沙河市。是日行七十余里。半夜大风暴作。

忆客岁同治十三年十一月十二日(12 月 20 日)夜泊勒楼乡对洲

去年此日住扁舟,冷雨凄风泊勒楼。却忆联床谈彻晓,客岁此日,与心田、芙溪弟夜泊勒楼。于今分袂别深秋。九月,心田来省送行。大庾蹑履探芳信,至庾岭寻梅,未放。赣水停桡访旧游。至赣州访许星台观察。屈指京华春便到,欣看桃杏满枝头。

十二日(12 月 20 日),卯刻行船,早犹大风,未刻,风微。至樟树镇少泊,再行三十里,泊扬子洲。日行七十里。

十三日(12 月 21 日),卯刻行船。大雾,对面不见,巳刻晴霁。晚泊市汊河。日行九十里。

十四日(12 月 22 日),冬至,东北风劲。巳刻始行船,风稍减。戌刻至南昌泊。是日行六十里。

十五日(12 月 23 日),雇船未得,仍泊。申刻,雨,大风。

十六(12 月 24 日),大风雨,颇寒,仍泊。

十七日(12 月 25 日),晴寒,雇船未得,仍泊。

十八日(12 月 26 日),仍泊。午刻,雇得湖北瓦杪船一支,至九江交卸。船价钱十九千文,先交定钱一千,船户王邵富。立票徐锦堂、行帮保叶洪盛。在风团公所立票,言明十九日过载,神福一次。是夜大风雨。

十九日(12 月 27 日),申刻,瓦杪子船过载。晨早晴暖,酉刻风息。

二十日(12 月 28 日),晴暖,仍泊南昌。

廿一日(12 月 29 日),晨早,在南昌开船。二十里至桃花铺,大江、浙河在此分路。申刻,大风,微雨。酉刻泊樵舍。约行五十余里。

廿二日(12 月 30 日),大风,仍泊。

廿三日(12 月 31 日),大风,晴霁,仍泊。

廿四(1875 年 1 月 1 日),未刻风息,开船。酉刻泊头望。行十余里。

廿五日(1 月 2 日),卯刻行。至巳刻,风稍大,少泊。未刻,复行。戌刻,离吴城四五里泊。日行五十余里。

廿六日(1 月 3 日),辰刻至吴城泊。大风,未行。

廿七日(1 月 4 日),晨早开船。巳刻至珠玑港,进鄱阳湖。申刻,风稍长,泊定江王庙前鹰子口。左有蠡山堂。云"彭蠡既潴",即此湖也。约行五十余里。

廿八日(1 月 5 日),大风,仍泊。

廿九日(1 月 6 日),午刻风稍减,仍泊。

三十日(1 月 7 日),卯刻行船,未刻至姑塘交船钱五千。船户纳船税后,仍泊。约行六十里。

十二月

初一日(1 月 8 日),午刻行船,东南顺风。酉刻,至湖口县对江泊,地名将军套。日行四十里。

初二日(1 月 9 日),晨早,北风大作,仍泊。

初三日(1 月 10 日),大风,仍泊。酉刻风息。

初四日(1 月 11 日),巳刻,往访丁燕山军门,时为湖口镇总兵,驻湖口县。湖边乃石钟山,上有楼阁。未刻开船,去湖口十里,泊十八抛。出湖即是长江,东去南京,西去九江府、黄州、汉口等处。

出湖口

鄱阳北望出长江,江水东流疾似泷。回首石钟山近郭,西瞻彭蠡岫排窗。去秋渡岭随征雁,今岁迎寒泛楚艭。泛楚北瓦杪舟。天堑频年几遍历,汉皋谁解珮环双。

初五(1 月 12 日),午刻至九江府居停,主人为郑耀东太守思贤。晚在郑斋小酌。夜,微雪。

初六(1 月 13 日)早,在寓自膳,晚饮耀东寓斋。

初七(1 月 14 日),大雪六七寸。午间,晤江礼三于裕祥号。曹朗川太守来访。

初八日(1 月 15 日),大雪,郑耀东名思贤执贽来见。

初九日(1 月 16 日),耀东寓所晚饭。

初十(1 月 17 日)、十一日(1 月 18 日),雪霁,天阴。

十四日(1 月 21 日),晴明。申刻,付轮舟往沪。舟名南京,属其昌行。耀东属本船买办顾勉夫招呼周到。耀东、郭万山、凌留生、周桐轩、江礼三均上船送行。酉初开船。

十四日(1 月 21 日),由耀东寓坐轮船。记写耀东名片。

十六(1 月 23 日),到上海,入太古公司轮船账房暂住。本系耀东有信交其兄陶斋为居停,适陶斋回家,不晤。惟杨桂轩、郑豫堂在寓郑玉轩同年之弟。

十六(1 月 23 日),到上海,九江关上饷由银号接收,三日一缴。倾销火耗每百六两。

十八日(1 月 25 日),晤郑玉轩同年于机器局。寄肇京信接心田、绍宗来信,交恒安泰代寄。

十九日(1 月 26 日),闻国丧。法界太古。

十九日(1 月 26 日),阅洋报,惊悉皇帝殡天,以醇王子入继大统。为国家多故之秋,两朝少主,实中外大小臣工所寝馈难安者也。

十三年甲戌(1875)以后光绪。

光绪元年乙亥(1875)日记二月止,三月在下卷。

正月

十三(1875 年 2 月 18 日),寄心田信。又绍宗信,着其来江南制造局当差。

十九(2月24日)，寄肇京信一函交佛照楼寄安成转交。

以后回京日记。

二月

初三日(3月10日)，由太古洋行上恰便轮船。酉刻。是晚二点钟开轮。每位十五两，小孩半之。

初八(3月15日)，申刻至天津，住佛照楼新栈。

初九日(3月16日)，在佛照楼雇黄刳子船一只上通州，钱七千五百文。申刻，其舟泊津关下。南风。

十三日(3月20日)，酉刻至通州，住恒东店。

十四日(3月21日)，十点钟，着黄升进城套车来接，并致信多介春兄照拂入门行李。

甲寅、乙卯之间，洪匪倡乱，执戈以卫桑梓，今忆而记之癸酉(1873)二月作

枌乡曾记靖萑符，卅队貔貅一夕呼。专阃书生犹白面，跳梁小丑尽黄狐。操刀略试烹鲜手，献馘争传在泮俘。岂敢贪天蒙上赏，廑怀桑梓且驰驱。

早起壬申(1872)十月作，补录于此

残月朦胧欲曙天，儿曹分枣语堂前。铜炉未炽新乘火，玉茗犹调隔宿泉。不卷绡帘兰室暖，尚留瓷盎菊花鲜。挑灯检点今晨事，饱睡何堪日八砖。

小孩吞铁物方

剥新炭皮研为末，调粥三碗与小儿食，其铁自依。方试之，果炭屑裹铁钉而出。见《苏沈良方》。苏、沈者，苏东坡、沈存中也。二公皆好讲医，宋人集其所论为此书。

华林寺方丈对联

溯禅宗西竺来初，衣钵前踪，遂开兰若；

论佛法曹溪最后，梁陈历劫，不坏菩提。吴荷屋中丞撰并书。

杂记

凤翼山左角，太夫人暨黄夫人佳城坐向。俱是棺放圈肚中间。

坐丙向壬兼巳亥三分。丁巳、丁亥分针，内外同局。坐翼宿三度，向室宿三度。

凤翼山右角，先大夫鹤俦府君佳城坐向。乙巳年葬，内外同局，棺放圈肚左边。

坐丙向壬兼巳亥。坐翌宿七度，向室宿七度，此于同治十三年(1874)定，恐拦口石及拜台石日久有走闪，不知与当年结山时合否原线。

偶成乙亥正月十三(1875年2月18日)

万事浑如一局棋，输赢全仗斗心机。天工古亦称人代，岸傲今难与世宜。河鲤无泉忧涸辙，濶蝉得翼上高枝。儿童堪笑绐容易，袖出饴饧乐不支。

即事

珠帘才揭异香来，不识芳名费我猜。绿酒未斟心已醉，银筝初按齿徐开。背灯度曲羞何事，暗地牵人意隐谐。老眼看花花不眩，明珠何处赎金钗。

题壁乙亥二月望日(1875年3月22日)次通州

去年今日穗城东，禅室枝栖听晓钟。莲社偶游娱暇日，松柯不改耐隆冬。安居莫若心田广，沧海频经眼界空。北望京华明日到，欣发桃杏倚窗红。

同治十二年五月廿一日(1873年6月15日)报丁忧呈底

具抱呈家人邓升呈为报明事：小的家主刑部山西司郎中邓华熙，系广东顺德县人，由咸丰元年(1851)辛亥科举人，遵例报捐员外郎，签分本部。六年十二月(1857)到部，七年(1857)四月告假，八年(1858)六月销假到部。十年(1860)十一月，巡防大臣保奏，奉旨赏加四品衔。十一年(1861)正月，学习三年期满，奏留。同治五年(1867)十二月，《实录》全书告成，奉上谕，著免补员外郎，以本部郎中无论题选咨留，遇缺即补。六年(1868)十二月，奏补今职。今于本年五月二十日(1873年6月14日)接到家信,家主亲母李氏于本年四月二十二日(1873年5月18日)在籍病故。家主系属亲子,例应丁忧,理合取具同乡京官印结呈报。家主于六月初八日(1873年7月2日)由京起程回籍守制。伏乞中堂大人恩准照例办理,为此上呈。五月廿一日(1873年6月15日)呈。

刑部行文移报吏部底

刑部为知照事,据抱呈家人邓升呈称云云,伏乞恩准照例办理等情,相应将该员原呈印结片送吏部查照办理可也。其文内亲母李氏于本年四月廿二日(1873年5月18日)病故,误写廿三日(1873年5月19日),后又由本部行文吏部更正。

刑部贵州司片行吏部更正日子底

刑部为知照事,所有本部山西司郎中邓华熙前报呈内"亲母李氏于本年四月廿二日(1873年5月18日)在籍病故",文内误写"二十三日(1873年5月19日)"。相应片行贵部查照更正可也。六月廿八日(1873年7月22日)行。

于九月呈报到籍。

本籍呈报丁忧顺德县详文底闰六月廿九(1873年8月21日)出详

署顺德县为申报事,现据家人邓升禀称:窃家主现任刑部山西司郎中、举人邓华熙履历云云,兹家主有亲母李氏于本年四月廿二日(1873年5月18日)在家病故,家主系属亲子,并无过继,例应报明丁忧守制。籍内并无抗粮、匿丧、缘事、被讦、违碍等弊,理合取县户邻甘结禀缴。叩乞转报详咨,并咨请饬知家主回籍守制。再,小的固料理丧葬事务,是以禀报稍迟,合并禀明等情到县。据此,卑职覆查无异,除将缴到甘结盖印外,理合具文申报宪台察核详咨为此备由同甘结五套具申,伏乞照验施行。

一申 藩宪 同治十二年闰六月廿九日(1873年8月21日)

在本县报到籍详文底

署顺德县为申报事,现据家人邓升禀称履历云云:家主系属亲子，并无过继，例应丁忧回籍守制。当经在部呈明回籍守制，并无经手未完事件。即于六月在京起程，九月十五日(1873 年 11 月 4 日)到籍。籍内并无匿丧、抗粮、缘事、被讦、违碍等弊。其户邻甘结前由籍内报丁忧时业已备缴外，所有到籍守制日期理合九江府巨源洋货店翼尧、礼三出具亲供，禀乞转报详咨。再，家主到籍后，因觅地葬亲，是以具报稍迟，合并禀明等情到县。卑职覆查无异，除将缴到亲供照例盖印外，理合具文申报宪台察核详咨。再，该家人于同治十二年十二月初九日(1874 年 1 月 26 日)具禀到县，卑职于是月十一日(1874 年 1 月 28 日)具文申报，并无迟逾，容并声明。为此备由同亲供五纸具申，伏乞照验施行。

同治十二年十二月十一日(1874 年 1 月 28 日)，吏房承报到籍。由县十二年癸酉十二月十一日(1874 年 1 月 28 日)出文，二十二日(1874 年 2 月 8 日)到藩司衙门。文书于三十日(1874 年 2 月 16 日)到藩房，约开印日详抚出咨。

报到□□□回详抚文稿

为据报丁忧到籍日期事，据广州府顺德县申报，据卸任刑部山西司郎中邓华熙家人邓升禀称云云：到司据此所有顺德县人、卸任刑部山西司郎中邓华熙闻讣丁亲母忧到籍守制日期情由，相应转详，伏候宪台查核咨明吏部暨咨刑部查照。再，亲供内系已年，年月、年岁合并声明，为此同亲供供纸具呈，伏乞照详施行。

卷三

光绪元年(1875)三月至五年(1879)己卯,共五年。

光绪元年乙亥(1875)、三月起,三月以前在卷二。二年丙子(1876)、八月补御史。三年丁丑(1877)、四年戊寅(1878)、五年己卯(1879)

光绪元年乙亥(1875)日记[①]

正月

十三日(1875 年 2 月 18 日),在上海寄心田信,又绍宗,着其来江南制造局当差。局系郑玉轩同年总办,拟给宗弟每月薪水八元。

在上海寓太古洋行。

十九日(2 月 24 日),寄肇儿信一函交佛照楼寄安成转交。

二月

初三日(3 月 10 日),由太古洋行戌刻上恰便轮船。客位十五两,小孩半之。是晚丑刻动轮,郑豫堂、杨桂轩皆上船送行。

初八(3 月 15 日),申刻至天津,住佛照楼新栈。

九日(3 月 16 日),由佛照楼雇黄刳子船一张上通州,钱七千五百文。申刻登船,泊津关下,南风。

十三日(3 月 20 日),酉刻至通州,驻恒东店。

十四日(3 月 21 日),十点钟,着仆黄升入京套车来接,并致信多

---

① 按,此年二月十四日前内容与前卷重复。

介春兄照拂入门行礼。时介(川)[春]兄之尊人英中堂为崇文门监督。

十五日(3月22日),黄升自京带车来。

十六日(3月23日)早,由恒东起车进城。未刻,抵椿树二胡同寓宅。

【二月十六日(3月23日),回京寓椿树胡同。】

十七(3月24日),行李入门。衣箱五个,税银十二两。另门钱十吊,务上科房十吊。

二十日(3月27日),阅邸报,嘉顺皇后升遐。

廿三(3月30日),接伯裳信一函写正月初三(2月8日)寄,又接黄茂祺信,知正月十三(2月18日)寄绍宗之信收到。

廿四(3月31日),寄心田一函,汇银八十两,阿美出阁用。寄石渠函,银二十两,起复文书费用。寄夔生一函,拣庭、杏樵各一函。

三月

初一(4月6日),接耀东信。耀东信:江西九江府西门外慎昌当内候补府正当。初四(4月7日)复。

十一日(4月16日),接心田二月十六(3月23日)来信,说芸弟二月六日(3月13日)起程往上洋。三女三月十二(4月17日)纳征,十五(4月20日)行聘。溶弟正月十九(2月24日)得一子。

十四(4月19日),寄郑豫堂信。外益母膏廿罐、狗皮膏廿贴、光明眼药三十瓶,托铁香行李送行□之仆带去。

在申汇志一堂到收银一百二十七两四钱八分,信于二月廿四日(3月31日)发安成收取。汇一百两回粤,交心田八十,交罗石渠代起咨费二十。有信托安荣拙庵翁代为妥发。

十九日(4月24日),寄郑豫堂一函又托转寄耀东一函,交□□寄。代杨纶照由附生捐贡生饷平银三十六两二[钱]。

廿五(4月30日),寄檀浦一函、召民一函、勤安一函。

廿七(5月2日),寄上海太古行郑豫堂一函,内冯竹渔一函、玉轩一函、顾竹城一函、绍宗一函。铁香四月初三(5月7日)出京,托带。

四月

初四(5月8日),接豫堂信一函。三月十五(4月20日)寄。

初十(5月14日),寄檀浦交乐初将军一函、冯子立太守一函。寄心田交赖香屏一函。寄芙溪交瑞南星昌一函,荐芙溪阅卷。

二十日(5月24日),收到郑豫堂四月初十(5月14日)寄来信,并汇票协成乾京平银五十两。信三叶,物未收到。

廿一日(5月25日),接到罗石渠比部来信,知汇起咨文费廿两收到。

廿八(6月1日),寄郑豫堂信一函。

五月

十二(6月15日),杏樵由上海带来绍宗托交蟒袍二件,又麹臣一函,心田、芙溪各一函。

十八日(6月21日),寄津海道黎召翁一函,【十八】接玉轩四月十四(5月18日)来信。

廿一日(6月24日),寄耀东信一函,寄知保察奉准交福兴润信局。

廿二(6月25日),接豫堂信一函。

廿三(6月26日),寄豫堂一函、耀东一函、恪生一函。

为肇儿纳监加足四成实银四十三两库平,原正项公砝市平银二十六两五[钱]。

六月

初一日(7月3日),肇儿乡试,赴国子监考到。十八日(7月20日)录科。

初十(7月12日),接耀东信一函。五月廿四(6月27日)寄,协兴昌记信局。

十一(7月13日),接冯竹渔一函,汇银五十两。煤市街兴隆店协诚永。

十九(7月21日),接召民观察十四来信。由侣房来。

廿一日(7月23日)，接豫堂寄信。内云有耀东托其汇协成乾银五十两，交盛藻裳兄带来，六月十三(7月15日)寄。

廿八日(7月30日)，接郑豫堂交盛藻裳带来耀东托汇协成乾银五十两、信。

七月

初九(8月9日)，接心田六月二十(7月22日)来信。

十五(8月15日)，接李芸斋一函，托求万师写信交质堂方伯求监院。邱明府荫梅带来，号炳南。

十七(8月17日)，寄郑豫堂一函。

苦热乙亥七月初旬(8月1日)至十五(8月15日)热极。

郁蒸人似釜中投，扇不停挥汗不休。大暑入新凉爽快，恍如热病霍然瘳。

廿一(8月21日)，杨升初纶照茂才到京。接郑豫堂信一函并交贡照与杨升初。

廿二日(8月22日)，寄九江郑耀东一函。

八月

初四(9月3日)，肇儿进试寓，与赖寔甫昆季同住。初八(9月7日)第一场，题为“有德者必有言”四句、“陈其宗器”三句、“老吾老”至“于掌”。十二日(9月11日)二场经题“其德刚健而文明，应乎天而时行，是以元亨”、“同律度量衡”、“八月(萑苻)[萑苇]”、“齐人归郓、讙、龟阴田定十年”、“儒有”至“以为干橹”。主考毛旭照、崇绮、徐桐、殷兆镛。

十一日(9月10日)，接耀东来信，托查知府捐双月户部何时咨到，又托交江西正、副考官家信。王宫詹先谦、潘太史峄琴。

十八(9月17日)，寄罗石渠一函，并汇银五两补交起文之费，托安成汇去。

十九(9月18日)，接到郑豫堂代耀东汇来银京平松江四百两票，系协成乾八月初五(9月4日)自九江寄。

廿四(9 月 23 日)，接星台许观察来信。

廿五(9 月 24 日)，寄豫堂一函，又寄耀东一函、竹渔一函、恪生弟一函。交信局。

九月

十五(10 月 13 日)，托杨升初带交豫堂纨扇一柄、折扇一面。

二十(10 月 18 日)，寄薰琴信一函，交黄效存带，内帽一件、靴一对。

二十七(10 月 25 日)，寄心田一函、芙溪一函、上洋寋甫一函。托奖朋寄石渠一函。寄祝郑豫堂之父介樵岁贡寿联：

［东］里祝耆儒，筹深福海；北宸裒硕德，庆洽循陔。

十月

初二(10 月 30 日)，交杨兄光鼎托人带交豫堂寿屏十二幅、寿联一幅，又送联一副。又托寄耀东仿格十余本。还豫堂银四两九钱十七分。

铜墨盒铭

白圭之玷尚可磨，丝染之缁不可洵。似铜之行道，则坚而且高。莫笑胸中无宿客，为虎勿为猪，而徒餍乎粕与糟。

【十月】初八(11 月 5 日)，接罗石渠兄信一函，云起复咨文已详到司，曾致函催鼎臣方伯，方伯回信亦付来。

初九(11 月 6 日)，寄九江郑耀东一函交福兴润。

初十(11 月 7 日)，寄罗石渠一函、崔拙庵一函交安成。

十七日(11 月 14 日)，着仆妇随同余介臣兄由轮船回乡，交盘川银四十两。又带交陶斋、豫堂同一函，又恪生弟一函。

廿七日(11 月 24 日)，接耀东十月十八(11 月 15 日)寄来信，并峄琴、王先谦家信，即已送交。

十一月

初一日(11 月 28 日)，寄罗石渠一函，交安成代寄。接郑豫堂十月十八(11 月 15 日)寄来信，屏、联尚未收到。

十一日(12 月 8 日),接实甫来信十月十九(11 月 16 日)寄安成,实甫十月十六(11 月 13 日)到乡。

十二日(12 月 9 日),寄罗石渠一函。

廿二(12 月 19 日),寄耀东一函交福兴润。

□□日,接石渠十月廿六(11 月 23 日)寄来信,又接耀东十一月初八(12 月 5 日)寄来信。

十二月

初五(1876 年 1 月 1 日),接崔拙庵翁十一月初八(1875 年 12 月 5 日)来信。

初九(1 月 5 日),寄罗[石]渠一函。

十二(1 月 8 日),接罗石渠一函。

十二(1 月 8 日),寄石渠一函。仆妇十一月十四(1875 年 12 月 11 日)到省。

十五日(1 月 11 日),托生和泰寄石渠一函。取回,未寄。

十七日(1 月 13 日),区鹤洲兄来信,云起复文书已于十一月廿八(1875 年 12 月 25 日)到吏部。

廿三(1 月 19 日),接冯竹渔来信,并寄梅花诗五十韵。

廿五(1 月 22 日),接长乐初来信。

廿八(1 月 24 日),接黎召民书寄梅花三十韵。

光绪二年丙子(1876)日记在京

正月

初五日(1876 年 1 月 30 日)丁酉,成日进署。刑部山东司办事。

十二(2 月 6 日),接罗[石]渠一函十二月十七(1876 年 1 月 13 日)寄并奖朋信。

十三(2 月 7 日),接郑[耀]东一函十二月十七(1876 年 1 月 13 日)寄并潘峄琴、王益吾信。

廿一(2月15日),接耀[东]一函去年十一月廿七(1875年12月24日)付万。

廿一日(2月15日),又接耀东一函黄莘泉孝廉带来。

二月

初七(3月2日),寄竹渔、玉轩、恪生、耀东、陶斋各一函。

初八日(3月3日),接心田一函、余介臣一函。

初九(3月4日),收耀东一函刘良璧带来。

【二月】十八日(3月13日),本部堂官奏留,奉旨依议。

【二月】二十一日癸未(3月16日),为长男定聘张□林乔芬之长女。其后未来守节。

廿七(3月22日),寄耀东一函。

廿九(3月24日),接恪生由上海寄来一函,并洋挂灯一枝,陈凤俦兄带来。

三月

十三(4月7日),寄耀东一函内写初十(4月4日),峄琴托寄济东信并付。

四月

初一日(4月24日),接耀东一函,又代交卓延龄信。

初七日(4月30日),寄耀东信一函。

初九日(5月2日),西席周云瑑兄来启馆。

十四日(5月7日),接陈荔秋兄一函由杨容甫兄来。

廿五(5月18日),寄耀东一函,并王益吾托寄由峄琴交来各信。

闰五月

去年九月起无雪无雨,至今年闰五月初十日(7月1日)微雨,十一日(7月2日)滂沱,然旱灾已成矣。

二十日(7月11日),初伏,甚热。寄心田、芙溪、恪生信内写五月初一(5月23日)。

苦热闰五月廿二日(7月13日)

烦恼城中日似年,朝阳即盼夕阳天。清茶亦令汗如雨,凉簟移时热似煎。气焰逼人殊可畏,冰霜到此亦无权。但求菩萨杨枝水,洒向人间遍大千。

六月

十一日(7月31日),未时,子肇京殇逝。□于去年七月初七日(1875年8月7日)因受暑热,不觉误食冰少许,是晚吐血一口。由是晚间吐二三唾,三日而止。以后间月或一见红。至本年四月初九(5月2日),吐稍多,亦三二口即止。至五月廿七(6月18日),又吐未止。闰月初三(6月24日),遂大吐。由是潮热不退,继以谵语昏迷,以至不起。此子性情纯谨,勤俭力学,惟性颇拘泥,不能达观,或因此而不永年也。惜哉!痛哉!

七月

初一日(8月19日),接耀东信。云六月间由上海有信并茶寄来,未见到。

初五日(8月23日),又接耀东六月初五(7月25日)来信,并茶叶、笋片等件,分送潘峄琴、黄泽臣。泽臣出差,尚未分送。物件由伊五弟交来。

【初五日】(8月23日),补授刑部江西司郎中,验放王大臣派出礼王世铎、董恂、黄倬、麟书。

廿三(9月10日),寄伯裳、心田各一函安荣寄。

廿四(9月11日),寄耀东信一函。

八月

廿六日(10月13日),吏部以汉御史一缺带领引见,即日奉旨补授江南道监察御史,拟陪者沈铉户中、戈靖礼中。

九月

初二日己未(10月18日),午时,进都察院衙门上任。团拜晚膳,主人为朱公以增号研生、唐公树楠。是日午刻,初谒台长贺公寿慈、景公廉、惠公林、童公华。

初五日(10月21日)，寄赖仁山一函、心田一函、温藻裳一函。

初七日(10月23日)，寄豫堂、恪生、竹渔、玉轩各一函。

初九日(10月25日)，奉旨派丙子科稽查分卷磨勘直省乡试朱墨卷官。

十一日(10月27日)，进天安门外朝房稽查分卷磨勘顺天乡试卷。

十三日(10月13日)，奉旨派丙子恩科武会试内帘监试官，总裁为袁小午保恒少司寇、徐季和侍读学士致祥。知武举为童眉岘副宪华，取中武进士张忠祥等一百七名，十七日(11月2日)开榜。

武闱监试偶成

孰能扛鼎孰抡元，不少颜高秉六钧。徒向空文求武健，除非天上下将军。

沉沉棘院战无闻，貔虎熊罴耀鲤门。慢说修文先偃武，放刀还觅捉刀人。武举多不能书，必求代书者。

今朝云是第三场，抛下干戈与戚扬。十指马箠椽笔大，孙吴果否写能详。点写《武经》，以《孙》、《吴》等七书为限。

十八日(11月3日)，过部会谳劫盗贾三等十名。

十月

廿三(11月8日)，接郑耀东信一函。云前有莲子、茶叶交解九江饷委员吴重棣转交。

廿四(11月9日)，接赖实甫并左竹宾信，汇来敦雅堂炭金银八十两，交安荣汇。

【十月】三十日(11月15日)，磨勘山东、山西、河南、陕西稽查分卷。

十一月

初八日(12月23日)，收到郑耀东交吴少甫重棣带来信并莲子、茶叶。

本月轮派稽查南城安国寺饭厂，两月，至十二月。又轮派稽查部监。

奏免谷米抽厘疏光绪二年十一月十五日(1876年12月30日)上

奏为谷米抽厘,有妨民食,恳恩饬下各省一律停止,以恤闾阎。恭折具陈,仰祈圣鉴事。窃维国以民为本,民以食为天。凡水旱偏灾,必籍流通接济。即收成丰稔,亦须益寡裒多。盖地方有肥沃产米之区,有硗瘠薄收之土。要在懋迁于平日,不徒转运于临时。若灾荒已形,而始免厘议赈,不特动糜帑项,诚恐缓不济急。民之因饥而为匪徒所煽惑者,尤可虑也。臣恭阅邸抄,江西抚臣刘秉璋奏因水灾停抽米厘数月,可见免厘之处方能召集米商。查各省厘局,有抽谷米者,有不抽者。臣愚以为厘金所入,不尽在谷米一端。与其择地抽取,而米厘仅获助于涓埃;何如一律免抽,使民食有无穷之乐利。就广东一省而言,以本省所产之米,原不敷本省之食。自督臣阮元奏免外来米税之后,数十年来,纵遇歉岁,亦无乏食之虞。岭南百姓,至今赖之。即此一方,可为明验。合无仰恳天恩,饬下各省督抚妥议章程,凡谷米之属,有关民食者,一概免其抽厘。俾贩运转移,畅行无阻,则民食充而民心愈固矣。臣区区愚见,伏乞皇太后、皇上圣鉴。谨奏。

得旨:"交户部议奏。"于十二月初十日(1877年1月23日)覆奏,于明年四月止,各省谷米一律普免厘捐,奉旨依议。

十二月

初六日(1877年1月19日),寅初,进内,吏部以礼科给事中一缺引见二十三人,予名列廿二。奉旨第三名许廷桂补授。

初八日(1月21日),进天安门朝房稽查磨勘江南、浙江、两湖、甘肃、广西六省乡试朱墨卷分卷。

抄录户部覆奏

户部谨奏为遵旨妥议具奏恭折仰祈圣鉴事。窃臣等承准军机大臣字寄,光绪二年十一月十五日(1876年12月30日)奉上谕:"御史邓华熙奏谷米抽厘有妨民食,请饬各省停止一折,着户部妥议具奏,原折着抄给阅看等因。钦此。"钦遵寄信前来,并将该御史原折抄交到部臣等公同阅看。据御史邓华熙原奏内称云云等语，该御史奏谷米抽厘有妨民食，请饬各省停止一节，臣等查本年因筹办灾赈，江西、山东、两湖等省暂免抽收谷米厘金，均由各该督抚先后奏准。江西巡抚刘秉璋原奏内并声明通饬各属召集米商，源源贩运，各卡厘金暂免至明年四月底止。当经奉旨允准。由臣部行知遵办在案。兹据该御史奏请，凡谷米之属有关民食者一律免其抽厘，俾贩运转移，畅行无阻等因，自系为体恤闾阎起见。惟商贾惟利是视者，于米价平减地方，漫无限制。任其纷纷贩运出境，则平减者亦将转而昂贵，顾此失彼，于民食不无妨碍。且厘金入款所损，亦复不少。第查本年各省水旱偏灾，地方较广，小民生计维艰。臣等公同商酌，自应量为变通。应请旨饬下各该督抚，除已经奏准免抽谷米厘金等省不计外，其余各省一律援照江西省奏准免厘章程办理。凡谷米杂粮，有关民食者，截至明年四月底为止，概行暂免抽收厘金，以广皇仁而裕民食。至明年四月以后，仍令遵照章抽收。所有臣等钦遵妥议缘由，理合恭折具奏。伏乞皇太后、皇上圣鉴。谨奏。

光绪二年十二月初十日(1877 年 1 月 23 日)具奏。本日奉旨：“依议，钦此。”

光绪三年丁丑(1877)日记

正月

初三日(1877 年 2 月 15 日)，寄实甫竹宾、麹臣、纪云、心田芙溪、星翁各一函，交安荣寄。

初四(2 月 16 日)，接心田、蕃熙、芙溪信各一函。寄冯竹渔、郑玉轩、陶斋信各一函交福兴润。

初五日辛酉(2 月 17 日)，祈谷于上帝坛，在天坛东。旨遣礼亲王世铎恭代。寅初，诣坛监礼。

梅某巨公以腊杪初度，画梅并诗寿之。

腊杪春回见一枝，冰霜历炼几多时。乍晴霖雨黄初熟，正与和羹鼎鼐宜。

竹

叶贯四时恒不改，座中佳士此为邻。虚心直节能容物，叶叶相承一个臣。

十三日(2月25日)，接黎召民观察贺岁信并炭赀三十，由蔡侣房来。廿三(3月7日)回信。

十六日(2月28日)，接冯竹渔观察贺岁信并炭赀四十。十七回信，交蔡转寄。

十八日(3月2日)，进天安门朝房磨勘广东、云贵、四川、福建、江西六省试卷，稽查分卷。

补记：十六日(2月25日)寅、丑初，诣太常寺救护月食。寅正二刻，复圆。

廿三日(3月7日)，寄召民观察一函交侣房兄寄。

二月

初九日(3月23日)奏稿：子初诣内廷，丑正收折，卯初得旨留览。

奏为厘务日久弊生，请旨饬行整顿以裕饷便民，仰祈圣鉴事。窃以抽厘之设，原属不得已之方。既于饷需有裨，正宜设法以杜其弊，从未有任滋蠹蚀，而可以裕饷而不扰民者也。闻去年厘项，比年前年减收百万有奇。固因丁役骚扰所驱，商贾多行外海，亦由民情趋向，时势今昔不同。曩缘军务输厘，犹望事平裁撤。今已肃清海宇，仍然不免抽收，加以胥吏苛求，安得不人怀观望。且近日广东、云南各有卡员舞弊之案，若不亟行整顿，以广招徕。万一或有急需，深恐厘捐难恃。兴言及此，岂容再事因循。惟筹饷先在便民，斯立法可期久远。法弊则酌更其法，官弊则慎择其官。官民得宜，斯能有济。

约举其弊，并求杜弊之法。谨就臣管见所及而缕陈之。一弊在假手丁役也。丁役之作弊，固显而易知；委员是否通关，则隐而难测。

商船到卡报税，若未满丁役之欲，则百计留难，有旬日不放行者。商贾趋市，物价数日不同。小民每苦赔累，改而他适，势所必然。至于士民行旅往来，明非货载，不甘向丁役使费者，则多方搜索，稽留讹勒，不令移船，动辄发炮迫击，往往酿成事端。若其一于走私者，盈船满载。既通吏役，不拘晨夜，立即放行。大约一年之中，走私者十之五六，归官者不及十之五。敛怨于民，中饱于下，究于饷需无补，而百姓均受其害矣。一弊在章程太繁也。繁则有所藉端，作弊尤易。一物也，而有上、中、下等之分。当抽收之时，以下等之物抽上等之厘，则商民亏损；及详报之日，以上等之厘报下等之数，则藉饱私囊。一卡也，而有上关收厘，下关销票之烦。收厘有外费，销票又有费。且收厘时权物之衡重，销票时权物之衡轻，先重后轻，分两必溢，所溢分两，指为匿私。抑勒之炎，殆不可问。故有厘之境，人皆视为畏途，而收款日形短绌矣。

欲祛其弊，以裕饷源，则必遴选卡委员，淘汰丁役，简条目以防藉端之患，亲验放以绝勒索之萌。夫额设钞关，数百年来不闻骚扰者，盖因章程既得要领，启闭又有定时，委员亲诣河干，逐一验放，丁役有所顾忌，不能为奸。是宜遵仿钞关，略加通变，其不能泊船处所，则量为迁移。积习湔除，来源自旺。相应请旨饬下各省疆臣，力求整顿，务期条目简明，委任择人，毋使附之丁役，则经费裕而舆情亦洽矣。臣愚昧之见，是否有当，伏乞皇太后、皇上圣鉴。谨奏报。奏上交军机处参酌，以曾经叠下，谕旨不再谕云云。

十四(3月28日)，奉旨派丙子科直省举人覆试。内帘、监试官午刻进贡院阅卷，大臣为左都御史全庆、刑部左侍郎袁保恒、左副都御史童华、通政司副使夏家镐。是科覆试举人一千一百七十九名。题为“多闻阙疑”三句，诗题“春风起棹[歌]得“春”字”。拟取一等八十名，二等四百名，余归三等，四等四名。于十九俱封进呈。十八日出场。

丙子科直省覆试举人共计一千一百七十九名。

廿四日(4月7日)，奉旨派稽查本年会试考官及执事各员入闱时刻。

三月

初一日(4 月 14 日)，派帮办南城饭厂两月。

初六日(4 月 19 日)，午门听宣后，赴贡院稽查考官及各官入闱。至四点钟，各官入闱毕。

初七日(4 月 20 日)，具折覆命。奉旨:“知道了。”

初十日(4 月 23 日)，奉台劄派署巡视南城。原巡南城周声澍入闱监试。又派署山西道事务，因楼誉普入闱。又派署河南道事务，因张观准入砖门稽查。

奏为确访本籍阵亡殉难绅民团勇，吁恳天恩准予旌恤以维风化而励忠节，恭折仰祈圣鉴事。窃自军兴以来，各省阵亡殉难绅民，一经访寔具奏，无不立荷恩施，仰见圣朝表扬忠义，微细不遗之至意。臣籍隶广东，见凡经贼扰之区，其绅士之读书明理者，固能见危授命，无忝纲常。即乡里平民，亦不肯苟且图生，或临阵捐躯，或从容就义，均足验感化之深。兹谨将臣见闻所及，询访最确者，分别简明事迹，开列清单，恭呈御览。合无仰恳天恩，饬部援案旌恤，并准于各该原籍地方自行捐赀建祠，俾死者共沐皇仁，则生者益资激劝矣。至单内所开职员陈文熙、监生崔毓玫二名，打仗最力，死事尤烈，可否特饬下部从优议恤之处，出自逾格鸿慈。臣为表扬忠义以励风俗起见，是否有当。伏乞皇太后、皇上圣鉴。谨奏。

【三月】二十日(4 月 23 日)，上本日奉上谕:“御史邓华熙奏访闻广东阵亡殉难绅民团勇开单恳请旌恤一折。广东阳江厅等处前被逆匪窜扰，该绅民等或临阵捐躯，或从容就义，均堪悯恻。该御史籍隶广东，见闻较确。所有单开之从九品衔陈文熙等五百五十一名，均交部查明。除业经得有恤典外，余俱照所请，分别旌恤，准其自行捐赀建祠，以彰忠节。该部知道单并发。钦此。”

本日又片奏

再窃查贱役子孙，不得朦捐冒考，所以清流品而重名器，法至严也。臣恭读同治十三年六月二十六日(1874 年 8 月 8 日)上谕:"御史邓承修奏贱役冒籍瞒考请旨斥革一折。候选直隶州知州黄天锡,即黄翰斋,又名黄寿田,曾在两广总督署内充当门丁,辄敢冒入番禺县籍,朦捐官职。复令其子黄章俊朦混应试,幸列优生。贱役朦捐冒考,亟应严行惩办。黄天锡及其子黄章俊均着即行斥革,交两广总督、广东巡抚饬令地方官追缴执照,按律惩办等因,钦此。"臣闻此案奉旨后未经惩办,是以此辈相率效尤。今又有番禺县人现充门丁之何炳南,即何菊屏,曾充南海、番禺、东莞各县门丁,令其子何伯麒朦考入学,并捐主事,竟欲分部。士论沸腾,不与出结。光绪元年(1875),又令其次子何骏声朦考顺天乡试。经京官察知,不准其应试。何骏声遂改名何瑞荣,冒入顺天籍,幸中丙子科顺天乡试举人。今闻顺天京官亦经查知,在部呈明有案。查何炳南既已身充贱役,胆敢令其子朦捐冒考,实属不安本分,于风俗人心大有关系。相应请旨,将何炳南即何菊屏并其子何伯麒、何瑞荣分别惩办斥革,以警效尤而清流品。理合附片具奏,伏乞圣鉴。谨奏。

本日奉上谕:"御史邓华熙奏贱役之子朦捐冒考请旨斥革惩办等语。广东番禺县人何炳南即何菊屏迭充南海、番禺、东莞各县门丁,胆敢令其子何伯麒朦考入学,并捐主事;又令其次子何骏声改名何瑞荣,冒入顺天籍,中式丙子科乡试举人。实属不安本分,亟应严行惩办。主事何伯麒、举人何瑞荣均着即行斥革,交刘坤一、张兆栋将何炳南即何菊屏一并按律惩办,以警效尤而清流品。该部知道。钦此。"

【三月】十四日(4 月 27 日),奉上谕:"朕奉慈安端裕康庆昭和庄敬皇太后、慈禧端祐康颐昭豫庄诚皇太后懿旨,醇亲王奕淙[譞]等奏遵旨相度太庙中殿位次请饬廷臣会议一折。据称我朝自顺治初年创定庙制,迄今列圣庙享中殿龛位已与九间之数相符等语。穆宗毅皇帝、孝哲毅皇后神牌升祔供奉位次巨典攸关,着王大臣、大学士、六部九卿、翰詹科道诣太庙敬谨相度后,会同醇亲王奕淙[譞]等妥议具奏。钦此。”谨遵礼部知照。于廿五日(5月8日)辰刻虔诣太庙,敬谨相度中殿九楹,已与列圣供奉神牌九位相符;后殿九楹,中四间供奉肇、兴、景、显四圣,东楹尚余二间,西楹尚余三间。

四月

初一日(5月13日),派太庙孟夏时享后殿监礼。

十三日(5月25日),奉命赴午门稽查缙译会试听宣人员职名,黎明赴午门听宣事毕,随赴贡院稽查考官等入闱时刻,于十四日(5月26日)具折开列清单覆奏。奉旨:“知道了,钦此。”

缙译会试向例于会试揭晓次日举行。

十七(5月29日),周瀛樵侍御出闱,请假五日,本日已满。予即于是日望城后交卸。

十八(5月30日),寄恪生一函并皮马褂。交赖瑟庵、张留淇带至上海交。

五月

十一日(6月21日),诣内阁会议太庙升祔事,仍未定议。

十二日(6月22日),巡视东城。张秋生侍御报满,请派署。奉台长派署东城事务。向例:拟正补此差者,先行派署,俟奉旨后,然后拜印。满员亦同日派署朗山侍御景维。

十五日(6月25日),礼科给事中员缺,由吏部带领引见。寅正伺候,五点奉旨,掌浙江道李宏谟补授。

二十日(6月30日),到东城视事,俟奉旨后拜印上任。

丁丑五月十八日(1877年6月28日),钦命稽查各仓。

汉科:郭从矩、王道源、马相如。

汉道:李桂林、王立清、刘锡金、张道渊。

六月

初一日(7月11日),寄郑耀东一函。

【六月】初五日(7月15日),都察院保题巡视东城考语:“才具优长,办事敏练,堪以拟正。”其拟陪为河南道胡聘之。

是日(7月15日),赴内阁画太庙位次奏稿,拟并定升祔,以穆宗祔宣宗之室,分昭穆也。

初九日(7月19日),奉旨:"巡视东城事务着邓华熙去。钦此。"卜吉于十五日(7月25日)拜印。

【六月】初六日(7月16日),奏为粤东省北水潦为灾,吁恳天恩饬下督抚查明具奏,并速筹赈抚以恤灾黎,恭折具陈仰祈圣鉴事。窃查粤省北江有长堤绵亘,为清远、三水、南海、顺德诸县之屏蔽,农桑赖以无虞。今闻于四、五月间,霪雨连旬,江河泛滥,石角围堤决口百数十丈。此外各县河堤溃决,复有十余处之多。小民荡析离居,淹毙无算。汪洋巨浸,早稻一空。又闻连州于五月初旬山水陡发,水高于城,居民奔逃不及,淹毙万余人。该州学训导为水漂流,不知下落。四野田庐屋宇,荡然无存。颠沛情形,殊堪悯恻。窃思年来粤省盗风未靖,而又加之以灾歉,若不速筹赈抚,在在堪虞。相应请旨下督抚臣查明被灾处所,分别奏请恩施,蠲缓钱粮,妥为抚恤,并速筹堵筑河堤决口,以卫农桑。虽秋稼未能播植,而来岁春耕可望有成,灾黎不至失所,而地方亦赖以安静矣。臣籍隶广东,理合将省北被水大概情形,据寔陈奏。伏乞皇太后、皇上圣鉴。谨奏。

又同日片奏

再查广州府城立有惠济义仓,向由绅士经管。因连年丰稔,久未动用,闻积存租息银不少。目下亟需赈恤,与其别筹他款,何如此项现成。相应请旨下抚臣酌提此项为办赈之需,交公正绅士经理。庶几得惠济之实,不徒虚有其名。并停免由邻省入粤谷米厘捐;严饬厘厂不得创立名目,擅抽米船船头银;禁止省城私设米埠,把持粮价诸弊。则谷米流通,可期补救灾歉矣。谨附片具奏。伏乞圣鉴。谨奏。

本日,奉上谕:"御史邓华熙奏广东省北被水大概情形,请旨饬查妥筹赈抚各折片。据称广东北江长堤绵亘,为清远等县屏障。闻本年四、五月间雨水过多,江河泛滥,石角围堤决口百数十丈。又此外河堤复溃塌十余处。又闻连州于五月间山水陡发,居民淹毙万余人,训导康赞修漂流不知下落，四野田庐均被淹没等语。著该督抚即行查明详悉具奏。并即勘明被灾轻重，妥筹抚恤，毋任一夫失所。一面将河堤决口速筹堵筑，以资捍卫。至所称广州府城立有惠济义仓，请饬酌提租息银两以为办赈之需，交公正绅士经理；并停免由邻省至该省谷米厘捐，严饬厘厂不得创立名目，擅抽米船船头银，禁止省河私设米埠，把持粮价诸弊，均着该督抚酌度办理。钦此。”

七月

初三日（8月11日），内阁奉上谕：“前因御史邓华熙奏广东省北被水情形当经谕令该督抚查勘抚恤。兹据张兆栋奏称，本年三、四月间广东清远各县因雨水过多，围基冲决，田禾村落，间被淹浸。现已饬属周历查勘，设法赈济等语。着该督抚仍凛遵前旨，将河堤决口速筹堵筑，以资捍卫；并勘明被灾轻重，妥筹抚恤，用副朝廷轸念灾区至意。钦此。”

【七月】初六日（8月14日），寄何制军小宋一函，托蔡侣房兄寄。

八月

初六日（9月12日），寄心田、竹宾未、实甫未、杏樵未各一函。

十七日（9月23日），接郑耀东贺秋节信。

十八日（9月24日），疏言广东贼情：

奏为广东盗贼蠢动，请旨饬下督抚密缉首匪，整顿捕务，以遏乱萌，仰祈圣鉴事。窃以广东盗风之炽，持械强劫重案层见叠出，不可胜数，已为闾阎之害，然犹未关大局也。今闻匪徒十百成群，结盟聚党，曾在顺德陈村等处墟场市肆白日打单。夫贼至打单，则必有头目为之主谋。沿户勒写银单，敛取钱财，以为蓄积资粮之计。其乱萌之见端，与咸丰三（1853）、四年（1854）无异。譬之养痈已成，但未溃决。万一窃发，必至势若燎原。且近省如广西、湖南、江西，会匪仍复不少，山鸣谷应，在在可虞，于大局殊有关系。而东省捕务之废弛，几于莫可挽回。土匪之亡命者投充勇丁，勇丁之匪类者阴为寇盗，勇与贼通同一气。将领又因情面，固纵不拿，故盗贼竟如附骨之疽。地方亦见其无法可施，但事因循，得过且过。此其患所以日养而日深。若不及早图之，听其溃决，则扑灭难矣。臣愚以为今日之计，必先将各处著名贼目，密令设法擒拿，则首恶既诛，党与必暂时解散。即趁此时整肃捕务，获贼者必赏，纵贼者必刑，令出惟行，力图振作。在乡里则重惩包庇，在市镇则严查窝藏，逐渐搜除，或不至酿成巨患。相应请旨饬下督抚臣严定缉捕章程，慎择贤能将弁。首擒巨憝，次缉逋逃。选士厉兵，破除瞻徇。实心实力，重戒因循，则盗风可期敛戢矣。臣为遏乱萌而顾大局起见，理合恭折具陈，伏乞皇太后、皇上圣鉴。谨奏。

本日，军机大臣面奉谕旨："寄信广东督抚遵照办理。原折抄给阅看。钦此。"

廿三日(9月29日)，寄龙山乡约一函，实甫、竹宾、杏樵各一函，藻裳、桓石仝一函，交安荣寄。

九月

十三(10月19日)，寄龙太常一函，交鲍轩寄。

十四日(10月20日)，派署山东道事务。掌山东道周鹤升礼科，刘曾转掌。

十月

二十日(11月24日)，接心田一函，赖实甫一函。

十一月

初七日(12月11日)，接耀东一函，并炭金一票，由太古行来。

初九日(12月13日)，又接耀东一函、茶叶二箱。由胡庚堂送来，解饷委员。

十五(12月19日)，寄冯子立太守一函。

二十日(12月24日)，寄耀东一函、貂帽一件、鹿胶一斤、缎靴一双，交胡庚堂带。

廿三日(12月27日)，接实甫信并敦雅堂炭金六十两。廿两留心田，共八十两。又心田信。

十二月

初六日(1878年1月8日),寄实甫一函、心田一函、杏樵一函、龙兰翁青云社一函,寄东湖一函。

奏免由广西来东米厘疏丁丑十二月初八日(1878年1月10日)上

奏为广东民食维艰,恳恩饬免由广西来东谷米厘捐,便两粤食货相资,以通济运而苏民困,恭折仰祈圣鉴事。窃查广东户口殷繁,产粮不敷本省之食,向藉外省接济。广西土田宽广,民多务农,而百货不足。向运谷米来东,易货回西,彼此均受其利。自广西设立厘厂以后,来东谷米,节节抽收,路近者每百斛抽银二三钱,路远者抽至四五钱不等。比到东省,则厘金、水脚每百斛约费银六七钱之多。以广东谷米常价而论,米百斛直银一两三四钱,谷百斛直银一两上下。除厘金、水脚、耕本及一切费用外,略无赢余。民多辍耕而田畴荒弃。于是广西谷米遂少东来,而广东米粮有不得不藉资于外洋者矣。溯查道光年间,所到广东洋米,虽值歉岁,不过数十万石。自厘捐既设,广西米贩不前。十余年来,所销外洋米价少则七八百万金,多则竟至一千三百余万两。夫以内地之资财,不能互相流蓄,任令大利之趋于外洋,窃恐粤省之银日耗、民日穷而势日弱,此则广东之隐忧也。

臣闻广西米厘一项,即极旺之岁,不过七八万金。若酌定其数,由广东筹拨广西银数万两,于广东烟丝、烧酒、海味、燕窝、珠宝、玉器之属,一切无关民食之物,酒加厘金,使足抵拨粤西之数。而为粤西计者,或恐拨款拖延,必至有名无寔,而不虑此者。广西即督臣兼辖,驻于广东省城,无难随时拨解,则于粤西之军饷既无所损,于粤东之厘务亦无所妨。在粤东赖粤西之谷米为转移,可无谷贵之患;在粤西得粤东之谷价为贸易,可无谷贱之虞。且贸易百货回西,粤西之厘课必因而增长,则军需民食,两得其宜。不然,西粤土旷民顽,若不藉谷价以劝农,则田野荒而游民日众,难保不滋生事端。粤东又以粒食之艰,专恃外购洋米。而外洋岂无歉收之岁,海疆或有道阻之时,洋米不来,仍须仰给于西省。是粤西之粮道,实为东粤之咽喉,必令畅通,方能有济。闻现时两省疆臣皆颇关心民瘼，为地方求久远之途，当不至顾此而失彼。合无吁恳天恩饬下两广督抚臣会商妥议，永远停止由广西至广东谷米厘捐，便食货相资，群生有赖，则两粤臣民感戴鸿慈，永沦肌髓矣。□□□□，[是否]有当，谨缮折具奏。伏乞皇太后、皇上圣鉴。谨奏。

本日奉寄谕："两广督抚筹商办理，钦此。"

初十日(1月12日)，寄黎召民廉访信一函交黎锡臣大恩带津。

廿五(1月27日)，接乐初兄一函、炭金廿四两。《芝隐室诗集》一套、《经史四书证》一套、《庄毅公年谱》一套。

廿七(1月29日)，接冯子立太守一函，炭金十六两。

廿九(1月31日)，接顾竹城大令一函南汇县，炭金廿四两。

光绪四年戊寅(1878)日记在京

正月

元旦(1878年2月2日)，进内朝贺。是晚到长芦饭食，银三两二钱。

十三日(2月14日)，灯城之期。午刻，在花儿市大街火神庙放告办事，酉刻回家。

初六(2月7日)，入黎召民廉访炭敬银三十两、信一函。

廿二(2月23日)，来黄植庭前辈炭敬银十两、信一函。

廿七(2月28日)，入王补庵炭敬银十两、信一函。

痛殇二月初十(3月13日)，第七女殇；三月初三(4月5日)，第六子殇。

儿女情难慧剑挥，思量往事不胜悲。春来乳燕双归去，寂寞虚巢画阁西。生时宿京家之西偏。

二月

廿四(3月27日)，分有云南大理府一缺，轮选到班。到吏部验到。

廿六日(3月29日),寄耀东一函交李香泉寄。

廿八日(3月31日),钦派王大臣在午门验看。

三月

初五日(4月7日),钦派王大臣验放。

初六日(4月8日),覆奏,奉旨补授。

初七日(4月9日),具折谢恩,召见养心殿。午后,谒恭亲王。

召见奏对。皇太后问:"外间饥民安靖不安靖?"对曰:"还安靖。"又问:"你那一科的?"对曰:"臣辛亥科举人。"又问:"你在刑部是那一司?"对曰:"臣在山东司办事。"听太后辞气,似有疑处,缘履历系载补缺司分,即续对曰:"臣初补缺,是山西司。"又问:"你在都察院几年?"对曰:"一年零五个月。"又问:"你巡东城粥厂有几处?"对曰:"官厂三处,私厂二处。"又问:"领粥多少人数?"对曰:"每厂有五六百人、八九百人不等。官厂是赈饭,私厂是赈粥。"太后又曰:"现在时事艰难。大理乱后,元气未复,你须认真办理。"对曰:"臣到任后尽心竭力,认真整顿,不敢辜负天恩。"太后又曰:"你有稽查州县之责,不要受他们蒙蔽。"对曰:"是,谨遵圣嘱。"又问曰:"你几时起程?"对曰:"赶紧四月出京。"又问曰:"打算由那一路走?"对曰:"打算由轮船至上海,上汉口,由汉口、常德至贵州。"才说至此,太后曰:"你们须先到省城。"对曰:"是。由贵州镇远起旱至云南省城。"至此便无话。少歇,太后曰:"下去罢。"

十四(4月16日),寄心田、实甫各一函,接恪生一函。

十五(4月17日),寄耀东一函。交福兴润。

廿二日(4月24日),托云丰泰寄云南督抚司道通禀。督—署抚—署藩—署臬—粮道—首府—首县—学台—迤西道—署守—和县。

四月

初二(5月3日),寄上海郑陶斋一函、恪生一函交福兴润。

初四(5月5日),寄乐初一函。

初九日(5月10日),接恪生一函玉轩带来。

初十日(5月11日),接耀东一函由李香泉来。

十五(5月16日),接苹弟一函。

二十日(5月21日),午刻,到吏部画阅文凭。文限七月二十六日(8月24日)到任。

二十一日(5月22日),午刻,到礼部文选司领文凭。昨在朝房,先将文选司领凭,嘱画押,本日无庸赴选司。廿二日(5月23日)巳刻,选司书吏将文凭送来,交其验到、验看、验放等费,共银廿六两。书吏蒋静川。又赏吏部长班钱六十千,合银三两;又吏部内长班赏二十千,合银一两。

廿六日(5月27日),揭云丰泰记银一千两京市平,订六个月,加三,交还单写一千三百两,在滇还。五月初一(6月1日)立单,十一月初一(11月24日)到期。如过期迟还,月行息二分,生和泰作保。即至生和泰立单滇平比京市平每百两大一钱。

赴滇行程记携仆四人,仆妇三人

五月

初四日(6月4日),携眷巳刻由椿树二胡同寓所启程,行李车随眷属车前行。余承同里潘京兆丞斯濂二十五人饯于乐椿园。家子俊孝廉饯□,区盉簪户曹饯以□。午刻,饮毕,登车出东便门。眷属馆定福庄候齐。余车申正至此,同行。戌初,至通州东门外恒泰店驻主人王香圃。

初五日(6月5日),辰早,雇定艕子船二只通钱十八千。申刻,晚饭后登舟。余携眷属七人同坐一船,殊嫌狭窄。天气颇热。

初六日(6月6日),卯刻,先饬舆夫驱带车马由通起程,赴津伺候佛照楼少主人胡云卿为舆夫先导。坐船于辰刻放行,约行十五里至牛庄,暂泊。饬仆周升回通州添雇艕船一只十六千,午刻放至牛庄。余与儿辈坐此船,颇觉宽展。酉刻,泊小屯。晚凉如水。

初七日(6月7日),卯刻行船。时南漕粮剥络绎不绝,两岸麦穗青黄相间,晨气清润,为之心旷神怡。晚泊河西务。戌刻,大雷雨,滴沥(蓬)[篷]窗，通宵不断凉意，竟忘中夏也。

初八日(6月8日)，卯刻行船。侵晨密雨如丝，至夕滂沛，入夜不断。酉正，泊杨村。

初九日(6月9日)，卯刻大雨，至辰刻行船，乍雨乍晴。酉刻，夕阳西照，天末雨云四垂，晴霁尚未可卜也。至西沽村即泊。凉如秋末，可衣重棉。

初十日(6月10日)，卯刻行船，烟雾迷濛。辰刻，至紫竹林。巳刻，上佛照楼。饭后，往谒黎召民方伯，随又往访招商局廖君，未晤。

十一日(6月11日)，仍住佛照楼。午刻，再过黎召翁闲谈。

十二日(6月12日)，仍住佛照楼。

十三日(6月13日)，仍住佛照楼。

【十三日】(6月13日)，至生和泰号取来京平元宝银三百两，又托其汇上海银七百两。

十四日(6月14日)，召翁赠以干果。午刻，往拜李少泉伯相，未晤。未刻，再过召翁闲谈。仍住佛照楼。

十七日(6月17日)，至招商局访唐景星观察，托其函上洋局中招呼。又往黎召民方伯辞行。酉刻，上保大轮船，局先为定船尾房，颇宽展。戌刻，黎方伯、唐观察均到船送行。唐观察并致函汉口招商局招呼，又送食物，甚为殷勤可感。登舟后，即将带来车马送黎方伯。

上海招商局副总办徐雨之润、正总办唐景星廷枢，汉口招商局正总办周云卿家骏、副总办唐德熙若凤。

十八日(6月18日)辰刻，保大轮舟自紫竹林启行。申正，至大沽海口，风平浪静，足以游目骋怀。

十九日(6月19日)，午刻以前如昨日，申刻以后，渐至山东大洋，风浪颇作，儿女辈不免眩浪。

二十(6月20日)早，过黑水洋，仍觉风浪眩混。

廿一(6月21日)早，入吴淞口，八点钟抵上洋，住洋泾浜谦益栈。

云丰泰寓上海洋泾浜抛球场后首兴仁里内，司事梁吉第星垣，行六。

廿二日(6月22日)，恪生弟自机器局来见。

廿三日(6月23日)，晤郑陶斋、桂轩、黎云生、陈宝渠司马福勋于会审公署。访李春生太守、龙镜帆大令，未晤。

廿四日(6月24日)，寄耀东一函。

廿六日(6月26日)，寄黎召翁一函。是日，郑陶斋邀往聚丰园晚酌。

六月

初六日(7月5日)，署关道褚心斋兰生观察遣役将免税单送来。

初七日(7月6日)，由谦益客寓上江靖轮舟往汉口，每人船价六两。晚间，陶斋到船送行。仆李升私自逃走。二点钟，开行。

董雅堂托带信件。督标左营副将奚松亭一函，物一包。广西候补县李虹舫一函，又交伊家物一包。

初八日(7月7日)，八点到镇江。

初九(7月8日)，四点钟过金陵，十一点到芜湖，六点钟到大通。

初十日(7月9日)，早四点钟到安徽，一点钟到九江。耀东已往上海。凌□□到船晤谈。遣人送物四种与耀东。五点半到武穴。

十一日(7月10日)，早九点钟到汉口。即遣人雇得巴杆船一只，舟人陈健仕，船价四十四两。神福四次，赏犒四次。五点钟，由轿过载。是晚，仍泊汉口。江靖船总办刘吉六吉六款待极为周匝。以严芝楣小照两幅属题，率笔成而归之，一为《感蓼废吟图》："人生到此最堪伤，棬杯手泽恨茫茫。拈毫怕写兰陔句，废卷空怀菽水香。定省偶违恩不匮，鸡豚弗逮憾偏长。按图正羡忠移孝，翟服重封五鼎光。"一为《荐芹思报图》："悯臣孤弱过亲生，伏忆重闱涕泗横。纯孝至诚宜锡类，壮年继志早扬名。从今不读刘殷传，此日徒怀李密情。欲报昊天天报汝，丹鸾衔诏下瑶京。"

到滇记寄徐雨之、刘吉六光廉、唐景星等信。

吉六之弟启良。

周家骏号云卿，汉口招商局总办。

十二(7月11日)、十三日(7月12日)，泊汉阳府西门外。

十四(7月13日)，以讨船关票未行。午刻，将船关票领来。

十五日(7月14日)早，行船，十点钟过船关，至卷口泊因无风，行三十里。

十六日(7月15日)，子刻来风，行船廿五里，至大金山泊。五点钟，西北风，行船五十里，泊花口，去汉口一百五里。

十七日(7月16日)，卯刻行船。西北风，微雨。时至酉刻，泊文家港。行七十里。

十八日(7月17日)，卯刻行船。西南风，甚微。行十五里，泊流子口。午刻后大雨自夜徹晓。

十九日(7月18日)，卯刻行船。东北风。午刻晴，申刻泊茅铺。行五十里。

楚江晓行

侵晓开帆去，船南水向东。雨余江雾重，晴浅树阴浓。村妇临溪浣，山农踏碓舂。橹柔行缓缓，细看楚乡风。

大江望左蠡山

□□神禹泽悠哉，阳乌安居蠡水隈。终古寒云流不尽，有源活水去还来。豫章乔木森森出，吴楚高峰面面开。竟日舟行青未了，钟灵磅礴蕴奇瑰。

二十日(7月19日)，卯刻行船。西北风。晚戌刻泊棉花港。行一百十七里。

廿一日(7月20日)，卯刻行船。南风。行五里，泊城陵矶。

廿二日(7月21日)早，南风。申刻东北风，行船约七八里，泊南津港。

廿三日(7月22日)，西南风，仍泊南津港，未行。

廿四日(7月23日)，西南风，仍泊南津港。

廿五(7 月 24 日),是日起热甚。

廿六日(7 月 25 日),云南解协饷委员候补同知杨宗泗号道南、候补知州黄宏章号伯□来见。

廿六(7 月 25 日)、廿七(7 月 26 日),南风,仍泊南津港。

过洞庭湖

曾历东洋海,西湖藐洞庭。洞庭以西湖最广。远山犹见岸,浅水尚扬舲。但说吞云梦,何曾浸渺溟。圣门惟未睹,当愧眼如萤。

廿八(7 月 27 日)、廿九(7 月 28 日),仍泊南津港。

三十日(7 月 29 日),卯刻行船。里半,西南风,泊大南津港。至申刻,风息,摇橹开行。戌刻,至金浦港泊。行廿五里。

七月

初一日(7 月 20 日),卯刻行船。东南微风。戌刻,泊黄茅港。行四十里。

初二日(7 月 31 日),卯刻行船。午刻少歇,申刻复行,戌刻泊。行六十余里。

初三日(8 月 1 日),卯刻行船。午刻少歇,复行,晚泊虞公庙。行七十五里。

初四(8 月 2 日),西南风。仍泊。是日起天气渐凉。酉刻,大雷雨。

初五日(8 月 3 日),仍泊。申,西南风大作,大雷雨。入夜,南风愈狂。

初六日(8 月 4 日),仍泊。大南风。

初七日(8 月 5 日),仍泊。西南风甚大。午后雨。

自汉口初七日(8 月 5 日)至此,行五百七十余里。

初八日(8 月 6 日),大东南风,卯刻行船。申刻,至沅江县泊常德属。行九十里。是夕新月晴朗,清风徐来。

沅江晓行七月初九日(8 月 7 日),明日立秋。

沅水秋将至,萧疏绕树林。回环如入画,潇洒正披襟。浅渚渔舲聚，孤村茅舍深。推篷欣暑退，纳爽且长吟。

初九日(8月7日)，卯刻行船。东南风。午刻少歇。行四十五里，泊茶关。

初十日(8月8日)，立秋，卯刻行船。东南风。午刻少歇。晚泊沧江。行一百二十里。

十一日(8月9日)，卯刻行船。午后，乍晴乍雨。戌刻，泊德山。行七十四里。

十二日(8月10日)是日末伏，卯刻行船。辰刻，六里到常德府。午刻，饬人雇得麻阳船一张，神福六次，每次一千文。至贵州镇远府船价银五十两。因水手未齐，仍未过载。自汉口至常德，水程约九百一十余里。

十三日(8月11日)，上麻阳船，移泊麻阳船马头。

十四(8月12日)，遣家人诣武陵县呈报风水阻滞行程。县令为舒启，安徽人。

呈略云："本年四月廿一日(5月22日)，在吏部领凭赴任。六月初一日(6月30日)，行抵洞庭湖地方，阻风阻水，泊船候至七月初十日(8月8日)，始得解缆前往。十四日(8月12日)，行抵湖南常德府武陵县。理合照例在沿途地方衙门报明，伏祈照例申详。"

十五日(8月13日)，午刻开船。行三十里，泊大鸡口。

十六日(8月14日)，卯刻行船。六十里，泊桃源县。自此以德江水急流，时有沙滩。

十七日(8月15日)，卯刻行船，晚泊清水溪。行五十里。

桃源县舟行

武陵渔父时时有，惟有桃源路已迷。两岸蝉声嘶不断，画船徐过浅深溪。

尽日看山浑不厌，收将画本入诗囊。此行不负云林意，过目奇峰写不忘。

最爱新秋爽，兰桡傍晚停。雕樯筛月影，凉枕近滩声。

几处渔灯小，孤村牧笛清。夜游何用烛，水色自生明。

十八日(8 月 16 日)，卯刻行船。午过沅溪，水曲山深，恍惚桃源世界。天然图画，足以游目骋怀。晚泊界首，行六十里。

十九日(8 月 17 日)，卯刻行船。午刻，过瓮子洞。滩曲折而长，缆路悬崖一线，人力难施，挂铁索于石壁为扶手。适值水长，洪流疾趋，牵绳中断，船顺流而下，再牵乃得上。申刻雷雨，少歇。晚泊缆子湾，行四十余里。

二十日(8 月 18 日)，卯刻行船。午刻，过清浪滩。滩长三十里，势若建瓴，乱石满江，水激而险，非牵力最足不能行也。晚泊滩口，约行三十里。

廿一日(8 月 19 日)，卯刻行船。晚泊双窖，约行五十余里。

廿二日(8 月 20 日)，卯刻行船。午刻，过横石大滩。酉刻，过九溪大滩。晚泊九溪脑，行四十五里。

廿三日(8 月 21 日)，卯刻行船。巳刻，至辰州。申刻，行数里，泊辰州下关。约行三十余里。解饷委员船未行。

贺五月廿五(5 月 25 日)沈八月十六(9 月 12 日)师母、九月初五(9 月 30 日)老师、万十二月廿三(1879 年 1 月 15 日)、宝十二月廿八(1879 年 1 月 20 日)。

书卫国公李文饶诗后

念念平泉思不遗，一花一石殚心机。子孙世守谆谆诫，此老聪明实太痴。

廿四日(8 月 22 日)，卯刻行船。午刻，西北大风雨。酉刻，泊杨国脑。行七十里。

廿五日(8 月 23 日)，卯刻行船。午刻，至浦市离辰溪县三十里。酉刻，至塔湾泊。行四十五里。

廿六日(8 月 24 日)，卯刻行船。晚泊西峰滩，行六十余里。与刘镇远守恩濬船相遇，彼此过谈。

廿七日(8 月 25 日)，卯刻开船。行五十里，晚泊仙人湾。

至此约六百三十五里。

廿八日(8 月 26 日),卯刻行船。晚泊兴龙河,行六十余里。沅州属。

廿九日(8 月 27 日),卯刻行船。申刻,大风雨,泊黄石洞。约行三十五里。

八月

初一日(8 月 28 日),卯刻行船。晚泊沙湾,行四十五里。

初二日(8 月 29 日),卯刻行船。未刻至洪江湖南靖州直隶州会同县地方,行二十里。自此至镇远约七百余里,自常德至此已行八百里。

初三日(8 月 30 日),午刻行船。晚泊风水滩,行五十里。

初四日(8 月 31 日),卯刻行船。晚泊红梅窑,行五十五里。

蓼花

水边篱落几枝疏,泽国秋来露气多。正似晓妆凉怯甚,深红浅白衬轻罗。

【八月】初五日(9 月 1 日),卯刻行船。晚泊枫木塘,行五十五里。滂沱达曙,水涨丈余。榜人夜起维舟,喧不成寐。

初六日(9 月 2 日),以水涨流急,仍泊。

山泉

汩汩来无尽,源头自远岑。出山违本色,撞石自成音。洗砚人来少,烹茶客竞寻。怀清原性在,抱一见天心。

初七日(9 月 3 日),水退,卯刻行船。午过仙人桥,石梁跨涧,广八尺,长约三四丈。桥底门洞天然,造物之巧,诚不可测。对河有石如鸣鸡,昂首翘尾,长七八尺,高六七尺,象形惟肖。晚泊崖头塘,约行四十五里。

初八日(9 月 4 日),卯刻行船。酉刻,至沅州府。有大桥横江桥柱十五。船到此,将桅卸下方能过桥。晚泊桥之上流,行六十里。

初九日(9 月 5 日),众水手求歇一天。申刻,移泊沅州府城对河。

初十日(9月6日),辰刻行船。至此,滩更多。晚泊恶滩,行二十八里。

十一日(9月7日),卯刻行船。晚泊满天星滩上。此处乱石满江,故云。且居民累石为堤,蓄水捕鱼。其流自高而下,故愈急难上。是日行五十里。

清浪滩

清浪如建瓴,晴空走雷雨。进难退可虞,稍纵即千里。

十二日(9月8日),卯刻行船。早过黄河滩,浪高流急,牵力须足。晚泊晃州厅直隶通判,行四十五里。

十三日(9月9日),卯刻行船。晚泊鲇鱼塘,贵州思州府玉屏县属。行四十里。

十四日(9月10日),卯刻行船。晚泊狗子滩,行四十里。

十五日(9月11日),卯刻行船。晚泊杨坪,行三十五里。

十六日(9月12日),卯刻行船。申刻,过清溪县。晚泊鸡鸣关,行三十五里。

十七日(9月13日),卯刻行船。晚泊清平滩,行四十五里。

玉屏道中贵州思州府县名

端阳离赵北,秋仲玉屏行。石出溪逾浅,江流月有声。水禽多异色,山果不知名。渐入滇南境,将何慰众生。

十八日(9月14日),卯刻行船。晚泊大王滩,下行三十五里。

十九日(9月15日),卯刻行船。二十五里,申刻至镇远府,泊城外对河。着人上岸看店,未定。自湖南常德府至贵州镇远府,共计水程一千四百四十三里。

二十日(9月16日),巳刻,自船起行李,入徐同兴客栈头牌。居停系徐紫亭,江西人。

廿五(9月21日),访署镇远太守吴献廷,即锡琛,云南昆明人。会晤,谈及伊子吴清号石泉,癸亥(1863)举人,在兵部供职。

廿六日(9月22日),申刻,献廷太守到晤。

廿八日(9月24日),自同兴栈陆行,辰刻升舆。大轿二乘,每乘用夫六名;小轿四乘,用三名。下人九龙兜六乘,每用二名。抬行李夫三十九名,押夫四名。共用夫七十九名,用驼马十四匹。夫每名价五两三钱,马每匹价银八两零五分。全呢轿十五两,半呢轿六两,小轿二两,兜架七百廿文。午刻,馆刘家庄。戌刻,驻施秉县。

廿九日(9月25日),卯刻升舆。巳刻,馆滥桥。申刻,驻黄坪州行台。抬夫领包封一个,每名二钱。

九月

初一日(9月26日),卯刻行三十里,馆崇安江,晚驻大风洞。

初二日(9月27日),卯刻起行十五里,馆清平县,晚驻羊脑行台。

初三日(9月28日),馆马厂坪交包封,驻黄丝。

初四日(9月29日),馆贵定县,驻吴成桥。

初五日(9月30日),馆新安塘,驻龙里县。

初六日(10月1日),馆谷脚,晚住贵州省城。

初七日(10月2日),谒黎简堂中丞、林贞伯方伯。申刻,林方伯到谢步,交带李臬台菉洲信一函。又晤卢太守经。

初八日(10月3日),自贵州省城起行,馆狗厂,驻清正县行台。贵州吏目梁祖荣禀安香山人。

初九日(10月4日),馆二铺芦荻塘,晚驻安平县。

初十日(10月5日),三铺打馆应在石板坊,驻安顺府。

十一日(10月6日),馆腰铺,驻镇宁州。

十二日(10月7日),馆黄河哨,驻坡贡。

十三日(10月8日),馆丁孝,驻朗岱厅。抬夫求歇一日。每名赏三十文,夫头百文,领包封。

十四日(10月9日),未行。

十五日(10月10日),卯刻起行。未至半坡塘数里,有峭壁,勒

“岩疆锁钥”四大字，为俞□□书。复行数里，至山脊最高处，有驿馆，颜“去天尺五”四字。至此则群峰在地矣。是饘半坡塘。未至毛河口数里路旁，有石如莲花，油画“莲花岩”三大字。申刻，驻毛河口。

十六日(10月11日)，饘阿都塘，晚驻花贡塘。

十七日(10月12日)，饘白沙汛，驻贯子窑。

十八日(10月13日)，饘上寨塘，驻杨松。

十九日(10月14日)，饘刘官屯行台，驻两头河。

二十日(10月15日)，饘海子铺行台，驻亦资孔行台。

廿一日(10月16日)，抬夫求歇一日，未行。

廿二日(10月17日)，辰刻，在行台早饭后起行，晚驻平彝县，属云南曲靖府。

廿三日(10月18日)，卯刻起行，十五里，饘多罗铺。晚驻白水站。

廿四日(10月19日)，在白水站早饭起行，晚住沾益州。

廿五(10月20日)，饘缅店，晚驻马龙州。

廿六日(10月21日)，未刻，到东板桥廿里打饘，晚驻易隆汛。

廿七日(10月22日)，饘河口行台，晚驻杨林东门，颜止庵故里。

廿八日(10月23日)，在杨林起行，饘长坡，晚驻板桥。先着仆周升进城定公馆。

廿九日(10月24日)，午刻，到云南省城，寓萧家巷，系坐省潘汉卿所定公寓，熊观所荐。申刻，饬人到两院四司道禀到并请假三日。

十月

初一日(10月26日)，往拜首郡毛太守庆麟。

初二日(10月27日)，辰刻，谒见署藩司崔尊彝、臬司李德莪。谒盐道钟、署粮道胡，未见。

初三日(10月28日)，辰刻，谒杜中丞瑞联、刘制军长佑，随谒盐、粮道，俱晤。申刻，赴首郡署晚酌。

初四(10月29日)，上各上司衙门。自初见日，以三日为率。

初五(10 月 30 日),往拜藩台寿,呈缴文凭。

初六(10 月 31 日),藩署牌示饬赴任。馈各上司土仪。

初十日(11 月 4 日),寅刻,诣五华山行礼,随同上司祝慈禧皇太后嘏。申刻,接奉藩署行牌,饬赴本任。

十五日(11 月 9 日),诣各上司辞行。

十八日(11 月 12 日),由寓所启程赴任。晚驻安宁州。

十九日(11 月 13 日),饘城西乡,晚驻老鸦关。

二十日(11 月 14 日)晚,禄丰县县令杨逢春摆仗来接入城。

廿一日(11 月 15 日),杨令送行出城,晚驻舍资。

廿二日(11 月 16 日)晚,驻广通。

廿三日(11 月 17 日)晚,至楚雄府。积太守寿,号星田摆仗出城,迎至旅馆。协戎李文益、县令惠山、都司李维仲均来拜。随即回拜。

廿四日(11 月 18 日)晚,驻吕舍。

廿五(11 月 19 日)晚,驻沙桥。

廿六(11 月 20 日)晚,驻普淜。

廿七日(11 月 21 日),饘木关铺。云南县差人在此备办午饭。晚驻云南驿。云南令鸣秦,号升九预备旅馆,迎于郊外。驻旅馆。回拜出迎诸官。回馆晚膳。

廿八日(11 月 22 日),鸣令出送于郊。午刻,至清化洞。鸣令备午膳。膳迄,鸣令送轿后回署。晚驻红岩。有总汛陈开基来接。此处赵州界。州牧赵敬熙,号摺丞派差来接,备旅馆、晚膳。

廿九日(11 月 23 日),饘大哨塘,亦赵州牧备午膳。晚驻赵州,州牧出郊迎接入城。旋即回拜州治各官。

十一月

初一早(11 月 24 日),自赵州启行,州牧送于郊外,午饘下关、太和县界。县令秦寿彭述先差人迎接,备午膳。申刻,至大理城南门。郭太守焜垣怀礼率同在城文武属员迎于南门外。胡军门差帖来接。申正,至城内金箔街剑川会馆寓所,县令以下皆来见。酉初,出寓谒胡军门元廷，即中和。旋至迤西道署报到。缘观察熊照镜蓉塘公出，晤其文郎梅伯□□，并拜刘幕友惟清号少直。回寓晚膳。

初二(11 月 25 日)，晤郭太守。缘其现考府试未完，故未能交印。

初三(11 月 26 日)，胡军门邀晚酌。

初十(12 月 3 日)，未时至府署。先行拜门礼；次更朝服，望阙谢恩；再更花衣，行拜印礼；次升公座，用印。县令以下俱来，接见毕，回寓。嘉字一千八十号印，嘉庆十八年(1813)四月。是日早，郭守先已派人捧印送至寓所，行交印礼也。

十一日(12 月 4 日)，辰早，诣文、武庙文昌庙、城隍庙、龙神祠、炎帝祠拈香毕，登南门楼阅城，由城墙绕至东门下城，回寓。

十七日(12 月 10 日)，接心田九月十三(10 月 8 日)来信。

十九(12 月 12 日)，寄心田一函、实甫一函由云丰泰寄生和泰转寄。

十二月

初九日(1879 年 1 月 1 日)，由剑川公所移进考棚署。榆城收复后，道府衙署荡然无存。因学政巡试，不能不先葺考棚，非试期则作为府署。

十九日(1 月 11 日)，卯刻，行朝阙礼毕，升堂封印。县令以下升堂拜贺。旋出署，诣巡道署及提督署，称贺，又回贺诸将官暨各属员。

成和祥寓佛山北胜街茂泰行，又寓兴隆街奕昌棉花行。

光绪五年己卯岁(1879)日记

正月

元旦(1879 年 1 月 22 日)，署中祝神拜祖。卯正出署，诣万寿亭朝贺毕，坐班礼毕，诣各庙拈香。旋即至各官署道贺。

初二日(1 月 23 日)，办贡苓十个，申藩、宪转达两院。

拟考棚署楹联

十里古榆城，七属同瞻典郡，莫教惭表率；

廿年香案吏，一麾出守借居，犹得住蓬莱。

光绪戊寅岁(1878)，由江南道监察御史出守榆城。兵燹之余，衙署未遑葺复，借学使考棚为郡署，复题三十二字挂壁以志之。

二月

初六日(2月26日)，科考云龙州府试。首题“禹，吾无间然矣，非饮食”，次题“非谓有乔木之谓也”，诗题“第一功名只赏诗”。

初覆题“以能保我”一句，经题“野无遗贤”；诗题……

再覆“内省不疚”。

三覆“小子何莫”一句，《书》“执礼”至“言也”。

批首：杨麟定二、李坤、赵国卿、尹遇汤、黄德盛、尹纲、解时俊、解时举、解汝稷、杨汝翼。

初七日(2月27日)，寄宝相国、沈相国，景秋坪、贺云甫二尚书，万藕舲师，桑白斋师，王少宗伯夔石，冯少宗伯展云，潘少尹莲舫，张副宪霁亭及同乡诸旧好各信，托潘任卿太史、蔡侣房农部分送，交云丰泰寄。贻王夔翁百两，任卿三十两，杜石笙、蔡侣房数同。又交侣房买物三十两。

十五(3月7日)，自考棚迁寓对门宾川公馆。因学使将按试大理，让出考棚。

十七日(3月9日)，敷文书院观风。生题“岂不尔思”至“夫何远之有”，童题“而亲仁，行有余力”，诗题“五风十雨岁丰穰”。

【二月】廿六(3月18日)，接云省第九号包封，藩、臬批回，二熊带。

三月

廿二日(4月13日)，由公廨回考棚。

廿九(4月20日)，接云省升字十二号包封，内文七件。

闰三月

十二日(5月3日)，托云集祥汇云丰泰银京市平二百两，寄京捐加二级并履历附。

十五(5月5日)，又汇四百八十两交云丰泰补捐加二级之款。缘减成例已截止，须交兑寔银每级三百二十两由外官四品捐，另加□□费。

十七(5月7日)，接玉轩同年一函。

二十(5月10日)，寄玉轩同年一函。交□□递。

李润均警斋。

四月

初三(5月23日)，接云丰《京》《申报》闰三月十二(5月3日)来。

【四月】初五(5月25日)，收奉来第十四号包封。

【四月】十一(5月31日)，接云丰泰《京》《申报》，并罗次侯信一函。

【四月】十五(6月4日)，接云丰泰并《京》《申报》。

云丰泰接侯直三班司事马相成号济美。

【四月】十五(6月4日)，接心田一函二月初五(2月25日)寄。

五月

还清在京揭云丰泰银一千三百两，加息银一百三十两。

六月

初七日(7月25日)，接郑陶斋兄一函由董雅堂带来。

十六(8月3日)，接赖实甫一函。三月十七(4月8日)寄，知三月初九(3月31日)接去年十一月十九(1878年12月12日)寄乡信。

又接蔡侣房兄一函春间寄。

七月

初五日(8月22日)，寄郑陶斋一函，并交云丰泰还陶斋□□银一千两。

雨中漫兴

水云如墨压檐牙，吹落洋红满地花。静坐衙斋无一事，心随霖雨到田家。

甲戌(1874)在籍守制，寄居于伍比部子升花园，眷属犹在都中，有怀偶成六句。己卯(1879)于叶榆郡署检书得前稿，因续成之，凄然伤感

燕台路隔八千余，漂泊萍踪不定居。水馆孤灯人静后，穗城新雨

夜凉初。瓜壶引蔓思官舍，京寓有一园，每至秋初，瓜壶累累结实。蝼蝈吟秋忆卧庐。京师及秋初，竹篱□蝼蝈悬于窗外花间。回首韶光才几日，京华兰蕙萎三株。丙子(1876)六月，大儿殇；戊寅(1878)二月殇一女，三月殇一儿。

【八月】

十九(10月4日)，申何制军小宋、岑宫保彦卿各一函，驿递。

廿一(10月6日)，接任卿、兰台、彦武、侣房并银箱、翰池各函，星使李果仙带来。

是日，鸣西到榆。接心田一函。

廿三(10月8日)，书寄任卿、侣房各一函，交李星使带茯苓一箱四枚。

廿四(10月9日)，寄任卿、侣房各一函，又召民廉访一函，交云丰泰寄。

廿六(10月11日)，令鸣西回乡，送盘川五十两。

九月

初六(10月20日)，托庆农陈庶常带京任卿、侣房各一函。

书张大令寅叔滇游草后

名传循吏复能诗，风度融合与世宜。泉洁不嫌官舍冷，琴高岂望仙人知。岁穰屡祷怀慈惠，风木常悲永孝思。我欲云蓝钞万本，寰中散与牧民司。

铨曹三载别庭槐，自挈书囊万里来。宦味愿如甜尾蔗，乡心频说陇头梅。苍山洱水供吟料，花县琴堂屈大才。笑我十年香案吏，借居犹得住蓬莱。郡署毁于兵，借住学使考棚。

十一月

十五(12月27日)，接蔡侣房兄七月十六(9月2日)寄来一函并《申报》。

十二月

初七(1880年1月18日)，接耀东信一函。

卷四

光绪六年庚辰(1880)至十二年丙戌(1886)二月卸云府任,引见。

光绪六年庚辰(1880),在大理府任。七年辛巳(1881),大理任,七月调首府。八年壬午(1882),署云南府任。九年癸未(1883),云南府任。十年甲申(1884),补云南府。十一年乙酉(1885)正月,护盐道。十二年丙戌(1886)三月卸任赴京,卓异引见。

日省录光绪六年庚辰、辛巳、壬午、癸未、甲申、乙酉、丙戌。

光绪六年庚辰(1880)日识大理府任

正月

元旦(1880 年 2 月 10 日),诣万寿亭朝贺后,各庙行香。

二月

廿二(4 月 1 日),寄沈相国、宝相国、景大农、王少农各炭敬百金,潘任卿、许筠翁各四十金,均信一函。蔡侣房兄三十金,信一函。交云丰泰乾盛号分汇。又万师信一函,五十金;张给谏秋生、黄宫赞芝圃各一函,十六金。李警斋水部一函,十二金;尹寅斋太史一函,十二金;叶兰台一函,廿金。陈卓庭一函,十金;杜石笙一函,三十金;蔡……

廿九(4 月 8 日),接任卿兄上年十一月初八(1879 年 12 月 20 日)寄来信一函云丰泰来。

接侣房九月初七(1879 年 10 月 21 日)来信一函,内张霁亭诗印一函。又《申报》，卢学使带来。

三月

廿五日(5月3日)，寄任卿信一函，托郑玉轩寄。同日接耀东一函。

寄侣房信，寄广东。省城西荣巷宝亨银店、佛山汾宁里协安银店。

三十(5月8日)，交提标差官寄京潘任卿一函交李锡山。

四月

廿三(5月31日)，接任卿上年十二月初七(1880年1月18日)来信云丰泰来。

病中

案牍劳形病见侵，门前高盖屡来寻。白须多情老太守，枕边犹自撚髭吟。

病中步萨雁门京口寒夜和葛秀才床字韵原韵

珊珊弱质本非强，少壮犹能耐风霜。白发南游风土恶，烟瘴山多海复长。

榆城水热小臣病，谢客一月不下床。门外高车频枉顾，来看枳棘栖鸾凰。

七月

廿五(8月30日)，接任卿四月廿九(6月6日)来信，万老师、张秋生、尹寅斋、叶兰台、李润均、陈卓亭、杜石笙、冯咏蒨、潘任卿各银收到。张瑞卿已放道，十六两存任卿处。侣房俟迟日作奠仪，交三十两，买物九两。

万户古榆民，抚字关心，守土为何称父母；

十年香案吏，风尘鞅掌，借居犹得住蓬莱。

后改用：

十里古榆城，七属同瞻典郡，莫教惭表率；

廿年香案吏，一麾出守借居，犹得住蓬莱。

戊寅春，由谏垣出守大理。郡署毁于兵燹，借住学使考棚，因题三十字于楹以志之。

八月

学使来榆岁考。

十二日(9月16日)，自考棚迁太和公馆和公祠，十月十三(11月15日)搬回考棚。

【八月】十二(9月16日)，接任卿一函，又接郑陶斋一函。蒋观察专人带来，并书籍、时□辰表、洋画、朝裙等物盘费五十两。

十一月

十五日(12月16日)，接任卿一函，并朝裙、靴、皮帽等物，提标差带来。又接许筠翁一函。

刘制军长佑奉旨巡阅营伍，仲冬来榆。予于十一月十八(12月19日)赴云南驿大理边界迎接，遵定例也。十八日(12月19日)申刻到赵州，驻州牧署内。十九日(12月20日)，驻红崖驿。二十日(12月21日)到云南驿。廿一日(12月22日)未刻，制军停节于此。予出驿三里迎接，至行台谒见后，即驰往云南县署驻宿。署离云南驿五十里，至时已近亥刻。县令胡德镛仍在云驿待送制节，不克回署款予。予廿二(12月23日)辰刻由县署遄行，午刻行四十里至红崖午饭，疾驰六十里至赵州署，时已戌刻。赵牧敬熙亦留红崖待送制军。予于廿三(12月24日)辰遄行，巳刻至下关午饭，未刻回署。

廿四日(12月25日)，未刻，制军至西云书院行台，迎入谒见。所有行台大堂以内供具，皆由本署供办。

廿五日(12月26日)，制军莅演武二亭阅兵。至廿八日(12月29日)，官弁皆试迄。

廿九日(12月30日)，即在行台阅各营兵杂技。未刻，退堂，定于十二月初一日(12月31日)还节。予仍拟赴云南驿拜送，即于申刻驰赴赵州，戌刻抵州牧署。赵牧署门迎接，因雨雪未能出郊也。

十二月

初一日(12月31日)，至红崖驻宿。适委员董振轩同到，偕住行台。

初二(1881 年 1 月 1 日)早,启行。午刻,至清花洞,胡牧率教典来迎。申刻,至云南驿。该处店铺房稀,住一破店楼上,鳞瓦露天,酸风刺人,竟夕不寐。凌晨迁于楼下,稍避寒飙。申刻,制节临驿。出驿二里许迎接到行馆,谒见后回寓。晚与各委员送行。

初三(1 月 2 日),辰刻,出驿三里敬送制节后,即驰回红崖住宿。

初四日(1 月 3 日),住赵州,州牧出迎如前。

初五日(1 月 4 日),行至下关。晌午未刻抵署。此行也,每至馆站,赏办站人役银六钱,住站一两。其行台供具一切,约费银三百两有奇。

送客有感庚辰十二月廿七日(1881 年 1 月 26 日)送某总戎

民事从来缓不宜,未闻饯客亦虞迟。鸡鸣而起缘何事,貂帽冲寒冷不支。跸路昔年随御仗,郊亭今日送归师。牧猪屠狗何庸辨,世态逢迎便合时。

【十二月】廿九(1 月 28 日),藩司来文:五年正月初一(1879 年 1 月 22 日)起至九月底止,全廉除扣减平臬幕笔帖式等款并抵五年(1879)贡费外,余银一百七十七两三钱。又五年(1879)冬季,廉拟寔银二百二十八两九钱九分六厘。又六年(1880)春,全廉银四百九十六两二钱三分四厘,共银八百九十六两三钱六分。除拨六年(1880)贡费银六百两,存银二百九十一两三钱六分。光绪六年(1880)夏季算准,尚有四年分,冬季未算。

光绪七年辛巳(1881)日记

正月

十二日(1881 年 2 月 10 日),晋省仪儿随侍。午刻,由署启行,各州县教佐至南关外敌楼拜送,至观音塘拈香。申初,至下关行台。少坐,午饭毕,起行。酉初刻至赵州,赵牧出郊迎入州署驻宿。是日行六十里，晴明。

十三(2月11日)，辰早，由赵州署起行。未正，至大哨塘胡家寺。饭毕，起行。酉初，至红崖驿行台驻。是日行六十里，晴明。

十四(2月12日)，晴明，大风。由红崖驿辰正起行，至清华洞三十五里。云南胡令德镛与学官、典史来迎，迎入行台。午饭毕，游清华洞。再行三十五里，驿云南驿。

十五(2月13日)，辰正起行，晴明。二十里至沐滂铺，时甫巳正。胡令派役备午饭。饭毕，行二十里，至水盆铺税卡房少坐。再行二十五里，酉初初刻至普淜驻。

十六日(2月14日)，辰初起行，约二十里，风雨交作，片刻晴霁。再行二十五里，饘鹦武关。遇熊大令盛明因奉委往邓川查粮务，倾谈移时。午饭毕，再行四十五里，驻沙桥，时正申刻。是日行九十五里。

十七(2月15日)，辰正起行，三十里，饘镇南州，时方午初。饭毕，行三十里。未正三刻，已到吕合住站。是日行六十里。天气晴明。

十八日(2月16日)，辰正起行，三十里至大石铺。饘毕，再行三十里，至楚雄府城，时甫未初刻，驻城外长兴店。申初，往拜楚雄太守荣承轩恩。旋，荣太守来回拜。托荣公交递文一角回署内家报。

十九日(2月17日)，辰正三刻起行，三十五里至小腰站。遇杨大使应骆来谒，回云龙井住。午饭毕，再行四十里，至广通县广发店驻，时刚申正三刻。

二十(2月18日)，辰正起行，三十里至龙津铺。午饭毕，再行三十里，至舍资驻。天色晴明，午后觉热。

廿一日(2月19日)，辰初二刻起行，五十里至六里箐。午饭毕，再行四十五里，至禄丰驻。晴明，午颇热。

廿二日(2月20日)，辰刻起行，四十里至腰站。饘毕，再行四十里，俟老鸦关。是日行八十里。

廿三(2月21日)，辰早行四十里，饘青龙哨，毕，行四十里，三点钟至安宁州。天气颇热。

廿四(2月22日)早，辰行四十里至碧鸡关。馆毕，行三十里，四点钟至省城，驻粮道街鸿升店。差人诣两院、藩、臬、盐、粮禀到。伍霞村同年过访。

廿五(2月23日)早七点钟，谒刘制军荫渠长佑、杜中丞瑞联鹤田、升方伯竹珊泰、李廉访蓼生德莪、崔观察小江尊彝、钟盐道念祖。午正回署。

廿六日(2月24日)，拜各同寅。送杜中丞土仪，又获唐伯虎《饮中八仙》图卷，价八十金。此卷神气毕肖，呼之欲出，不必问其真赝，洵然名手不能。又获《古佛图》一卷，磁青纸描金，细画精工，须眉毕肖，后题"待诏梁楷敬绘"，价亦八十金。均馈杜中丞，兼金珀朝珠一副。

廿七日(2月25日)，钟观察见惠肴馔五种、点心二色。余亦馈土物数种，升方伯、崔观察、李廉访同。

廿八日(2月26日)，杜中丞衙期，进谒，回寓。刘制军惠肴馔九种、点心二色。余馈土物数种。鸣大令泰、曹大令廷铨皆以肴馔见贻。晚，潘汉卿邀饮张家花，同席为石观察俊、崇观察缮。

廿九日(2月27日)，升方伯见贻肴五种、点心二色。伍霞村同年邀饮其家。

二月

初一日(2月28日)，省中诸同寅均已拜毕。升方伯奉来京简用之命。

初二日(3月1日)，李廉访接署藩印，石观察接署臬篆。卯至藩署参贺，至石家道喜，至两院禀辞。

初三日(3月2日)，至藩、臬署并各道禀拜毕。午正，两粤会馆团拜，送旧题喜银四十金。是日团拜份资三两。

初五日(3月4日)，自省城午初起程，酉初至安宁州。竟日晴明，大风。拟明日游览温泉。

初六日(3月5日)早，仍住安宁州店。微风，阴雨，以为温泉之游必不果也。乃至午初，天气晴霁，薰风袭人，爰命肩舆乘兴而往。出南门，循螳川而行约五六里，稍折而西，陟土岗，松阴夹道，风声谡谡，如入山阴道中。又二三里许，路旁石壁绵亘，奇形万状，岩洞谽谺，玲珑穿透，处处奇峭，目不暇给。壁尽处为云涛寺，兵燹之余，颓废殆尽。由寺后复折而西为温泉，外颜“天下第一汤”，为杨升庵所题。泉旁建观音庄严立象，白衣长垂。庵联云：“我是一片婆心抱个孩儿送汝；你做百般好事积些阴骘与他。”写作俱臻绝妙，后书“明启载立题”。庙西二厢即温汤浴室，中为方池，池中设石床。床上石墩二，一方一圆，以便浴者坐于其上。予畏风，不敢脱上衣，只解裳而浴。浴毕，觉竟体舒畅。相传温泉可以瘳病，当不谬也。既洗濯清虔，乃礼拜大士像，酌清茶，登舆而返。至店，甫申正，犹未晚也。是日，仪儿随而游。

初七(3 月 6 日)，辰早行四十里，馆青龙哨，再四十里，住老鸦关。巳初大雨，未初晴霁。

途中雨霁

前山雷歇后山闻，云脚新晴一抹痕。万顷秧田宽望眼，雨余新绿净无尘。

初八日(3 月 7 日)，辰初行，馆大腰站。宿禄丰，申初到。是日晴明。

螳川安宁州

万树桃花夹岸明，行鱼可数一溪清。此游欲遍螳川胜，每遇山樵问寺名。

初九日(3 月 8 日)，辰刻，行四十五里，至六里箐。馆毕，行五十里，驻舍资。竟日春阴，山花遍路，游目骋怀，不觉道途之况瘁。

辛巳仲春由昆城回署途中口占

万紫千红锦绣堆，春山如画去还来。野花开落无人管，不比衙斋手自栽。

初十日(3 月 9 日)，辰刻，行三十里，馆龙镇。再行三十五里，驻广通公店，至时未初。

十一日(3月10日)，驻楚雄。是半阴半晴，轻寒轻暖。

十二日(3月11日)，驻吕合，未初到店。午后晴明，颇热。

温泉补作

素有冰壶在抱中，温汤未浴气先融。臣心似水原来淡，讵肯趋炎拜下风。

十三日(3月12日)，驻沙桥，未正到此。

十四日(3月13日)，辰初，行五十里，馆英武关。再行四十里，驻普淜，到时申正。大风，晴明。

山行

春山日日笋舆行，晓雾晴岚足底生。桃李正开梅已落，野花看遍不知名。

十五日(3月14日)，辰早行。未初，四十里，馆沐滂铺。申正，至云南驿。行十里，胡庆笙大令差人来接。

普淜道中

茶红李白柳深青，路转羊肠见绿塍。独石远疑耕犊蹲，仆松犹作卧龙形。戍楼十里房空峙，阅伍三边路此经。却忆滇南韦节度，胸罗兵甲粲如星。

十六日(3月15日)辰早行，午刻至清化洞。云南县令胡君德镛来谒。午饭毕，行。申初，至红崖行台。赵州赵牧敬熙差人备膳迎候。

十七日(3月16日)，巳初行，未正至胡家寺，赵牧差人在此备午饭。饭毕，行，酉初至赵州。赵牧出郊迎入署驻。

十八日(3月17日)，辰早行。午正，至下关行台。太和张令差人备来迎，备午饭。毕，行。申初至近城十里之敌楼，诸学官并陪令寅生、委员等在此迎谒。茶毕，行，申正到署。

【二月】廿三日(3月22日)，发何制军一函，内付黎太翁信。发陕西冯中丞一函，发梁檀甫翁一函。

廿六(3月25日)，交乾盛亨汇潘任卿兄银京平六百二十八两。

内送任卿炭敬四十两、宝中堂一百两、景秋坪大农一百、王夔石少农一百、万藕师四十、许筠翁四十、张秋生给谏十六，尹太史萧怡十二、叶兰台农部十六，又圆圆小像二幅，杜比部石笙三十。又委任买物，并饬仆人来滇盘费并门礼等银一百三十两。

滇南杨观察春樵解组归来掌教西云书院，辛巳(1881)，喜值院中牡丹盛开，设筵邀赏，即席成四截句

昼锦堂开蜀锦张，繁荣阅尽紫罗裳。解将金带归林下，不住长安住洛阳。金带围，牡丹名。

一朵祥云捧玉皇，春官桃李传班行。上方昔赐铜盘露，留得红霞玛瑙觞。

沉香亭北晓妆寒，玉貌盈盈隔水看。富贵风流终不俗，每携红袖倚阑干。

六郎虽比莲花艳，输却魁梧气象庞。谁似渥丹颜不老，士如国色本无双。春樵年逾七十，颜如渥丹，气象魁梧，老而弥健。

张寅叔大令以和杨春樵观察牡丹诗见示，率步原韵酬答

偷闲池上洗红尘，裙屐风流不老春。火热心肠嘱我辈，云看富贵果何人。蚁浮熟酒初开瓮，狼戾余粮喜满囷。莫笑眉山馋太守，唱酬篇什又翻新。

开遍山崖与水涯，花之寺好怀京华。京师花之寺牡丹最盛。见君今日如前日，以宦为家不当家。学画未能胸有竹，看诗休道眼无花。同寅治有山阴谱，岂但才高赋落霞。

原唱

养花天气雨如尘，欣赏名园一日春。林下风流推老辈，尊前冠盖聚诗人。莫嫌地僻沽无酒，且喜年丰户有囷。难得群公悬彩笔，擘笺酬韵斗清新。

旧游朋辈渺天涯，薄宦劳劳感岁华。清白臣心原似水，艰难客况奈无家。折腰羞乞风尘米，妙手难开顷刻花。何日买田阳羡去，狂吟招隐卧烟霞。

三月

初九(4月7日),接潘任卿一函。并《申报》由乾盛亨交潘太来寄。

德盛公交到内书十月十七(1880年11月19日)寄。

读诸君咏道署牡丹诗即成四截句呈熊观察

春来瑞气绕华堂,解愠风和锦绣香。闻道莺迁先有兆,花王报与紫薇郎。

五色祥云捧太阳,欣欣百卉向荣光。红绯金带天门出,蓉塘观察,湖北天门县人。一品衣披觐玉皇。

貂蝉象笏本传家,桂树庭前已茁芽。天予韶华恒不尽,牡丹开又到兰花。

粉署叨陪阅八年,后尘犹记步花砖。昔官部曹,常与观察进内廷候旨。冰台今又瞻风采,宦海萍踪有夙缘。

食蕨

味甘如荠滑流匙,山产原殊隙杞桋。忽忆前贤旋废箸,首阳非藉此疗饥。

文武

身诰堪谋一醉回,将军天上每飞来。羔裘个个丝紽緎,未必登高尽赋才。

四月

初七(5月4日),交乾盛亨汇任卿兄买貂皮大褂等银一百三十两、一函。

皮大褂尺寸二分尺,身长三尺三寸五分,不算风毛。袖长二尺五寸五分,领口一尺一寸三分,腰身一尺八分,坎肩一尺二,领一尺二寸七分。

滇省请旨,道、府八缺,部选并计州、县同通九十七□,□□佐杂连盐务共一百三十八缺。

题画

风帆如马去如龙,万顷桑田一碧空。别久归心如箭急,东皇且为助东风。

题石画

水色微茫夜未央，秋山平远月昏黄。渔舟一叶江如练，照见芦花白有霜。

渔舟欸乃各西东，月暗峰头剪剪风。满眼秋光书欲寄，江干何处觅飞鸿。

题石画

茆山三叠又天平，个个芙蓉插眼青。雪骨云臕松翠黛，自然图画本天成。

题石画删改十竹斋作

突兀影疑动，谽岈势欲颠。古云封半面，怪石奋如拳。晴日饶明翠，深宵生冷烟。飞来何处是，移向米家船。

题石画

春树横空却有情，云潭印出一轮冰。莼鲈晚饭江乡味，不脱蓑衣卧月明。

题石画删改清湘老人作

青山绿水自悠悠，水色微茫接素秋。残月已沉三楚恨，乱云初散九疑愁。平沙雁落潮初退，野渡船归客倦游。欲采蘋花恨无伴，美人迢递隔沧洲。

题石画

杨柳依依属好春，白云流水净无痕。唤船何事忙归去，诗在青山却待人。

题石画

斧凿无痕墨气流，南宫拜此合低头。收将赤壁归拳石，月小山高一片秋。

题石画

不鸣默默恐惊人，石燕前身有夙因。林下待飞风未起，姑留爪印在云根。

倦飞天际早知还，出岫无心意在山。悦性山光机活泼，夜来明月照松间。

题圆石屏

飞来皓月证前身，白玉为台阙是银。万古常圆无缺憾，三峰特立见精神。却疑大地山河影，似带寒宫桂树春。天上嫦娥原不老，人间冰鉴喜长新。

七月

十三(8月7日)，接省潘汉卿来信，知藩署初六日(7月31日)挂牌调余署云南府，因毛芷卿入都引见。其署大理缺则委朱太守一泉。

题石屏观音像

何年吴道子，永北有唐吴道子画观音石刻。写意绘真容。石壁天生巧，烟痕墨气浓。南宫瞻下拜，北苑画难工。一片婆心现，诚知色是空。

题龙虎石影

盛朝鱼水君臣日，开创风云际会年。□见巧衔乾有象，变文尤喜大人占。

【七月】廿二日(8月16日)，接到藩台吴委牌，调署云南府知府，委牌初九日(8月3日)发。

闰七月

初八日(9月1日)，辰刻，将大理府印信交与署任朱即一泉候补守接收，即是日卸事。

二十日(9月13日)，午刻，自大理启程，用夫一百八名、马四十六匹。是晚住赵州。

廿三(9月16日)，至普淜，又添夫四十余名。因阴雨路烂，廿四(9月17日)在普淜坐一日。

廿七(9月20日)，至楚雄。

八月

初二(9月24日)，至禄丰。

初三(9月25日)，住禄丰一日。因前一日仪儿住大慈寺，未能赶到。

初六日(9 月 28 日),未刻,进城,即谒四司道。公馆在华国寺巷。

初七日(9 月 29 日),谒两院。

十二日(10 月 4 日),卯时,接印即进署。因前任毛芷卿未出署,先住西花厅后层小院。

九月

初二日(10 月 24 日),毛太守启程,茶饯于南门外官厅。

初七(10 月 29 日),迁进正房。

抄录调署夹片

杜瑞联片:"再云南府知府毛庆麟大计卓异,应行送部引见。所遗员缺,察有大理府知府邓华熙才识明练、为守兼优,堪以署理。递遗大理府知府缺,察有候补知府朱一泉老成稳重、办事安详,堪以署理。据藩、臬两司会详前来,除分别檄遵外,谨会同云贵总督臣刘长佑附片具陈,伏祈圣鉴。谨奏。"军机大臣奉旨:"知道了,钦此。"

忆京华

忆昔金銮御案旁,五云多处效趋跄。口含鸡舌抒辰告,面对龙颜拜未央。晓漏听残花底散,御炉归带袖中香。明朝又听宣监试,检点衣装进举场。

七月中旬,接任卿六月十一(7 月 6 日)来信。

八月廿三(10 月 15 日),接任卿七月十六(8 月 10 日)来信。

十二月

初七(1882 年 1 月 26 日),施济航到省。接任卿八月初四(1881 年 9 月 27 日)来信并貂褂、手卷、画幅等件,并珊瑚记念。

书沈意文观察玉笙楼诗后

继武丹阳尹,如椽笔一枝。篇章人脍炙,才望我师资。慷慨陈同甫,缠绵杜牧之。词华兼事业,时局赖扶持。

光绪八年壬午(1882)日记云南府任

正月

廿二(1882年3月11日),接心田信一函。

廿三(3月12日),寄潘任兄、侣房兄各一函并记查加级纪录,交贡差带。

丰孝女行

潇湘江水何汤汤,缠绵曲折源流长。衡岳峰峦何崿崿,接舆郁积气磅礴。磅礴之气生伟人,缠绵至性钟闺阁。多材惟楚竞联翩,莫若松阳大令贤。道济量沙佐军实,班超投笔事戎旃。弱息相随在□屋,晨昏定省温而淑。曹娥碑古暇时临,列女传多尝遍读。而翁帷幄运筹劳,聚米成山胜算操。士马饱腾军壮盛,精神殚竭病肓膏。蔆术无灵忧似灼,目睫不交逾数朔。深宵摸拜吁天哀,愿减韶龄增矍铄。何期二竖苦相要,竟赴修文玉宇招。深闺摽擗伤何□,长路追随志不摇。几度叮咛诸弟妹,唤别娘时肠欲碎。况和喷碧血倾腔,撒手尘寰殊自在。死者承颜及九泉,生者承欢树背萱。生顺死安无所憾,求仁得仁□□□。木兰代父女殉父,纯孝古今相继武。桐题从此□先茔,丰碣巍峨留万古。矧今国史广搜罗,大书孝女曰丰娥。万纸云蓝钞本传,布作人间劝孝歌。

题顾祠听雨图赠澄江王太守筱铁堃亭林先生祠在京师

昭代有名儒,鹿城钟濬哲。经济与文章,体用天人彻。著作等百王,自比稷与契。后学慕前贤,频荐馨香烈。每逢祓禊辰,冠盖灵祠谒。山川时出云,甘澍随施□。神灵示微意,苍生望汝切。慎勿忆山林,猥云高志节。雷雨待经纶,勉哉吾筱铁。

七月

廿四日(9月6日),布政使唐方伯炯出阅边防。经本省督抚奏明，札云南府代行藩司事务，惟升迁调补归臬司核办。

八月

举行云南省乡试，奏明札云南□□□理初□□□。

初一（9月12日），主考张[太]史英麟、冯太史金鉴到滇。接到任卿兄托来信并寄玉如意、玉璧、□画等件。

九月

廿日（10月31日），交……任卿一函。

【九月】廿三日（11月3日），唐方伯鄂生回省，交卸藩署日行事件。

光绪九年癸未（1883）云南府任内日记

四月

廿七日（1883年6月2日），唐方伯又奉旨出视边防，布政使衙门日行事件又奏委云南府代理。

八月

廿一日（9月21日），唐方伯升巡抚回省，余交卸藩司日行事件。

补记：三月初六（4月12日），盐道奉委往办浪穹教案，委予代任盐署事件。

十一月

初八日（12月7日），上唐中丞书。

十月二十八日（11月27日），捧诵钧函，仰见宪公大度虚怀，久操成算，不以外至者系其心，故能□□□□□莫与争能，下怀曷胜钦佩。蒙示范……永佩，以辜负谆谆训勉之至意。然前年冒渎者，第以日下谣诼之风甚炽，□知者以□□而后动，实事之是求，其不知……鼓簧之舌。此本府所谓鳃……今闻制宪言及幨帷，移驻保胜，徐相机宜，则可杜言者之口。《易》曰：“身安而国家可保。”疏解者设□右子必安其位，然后能从容措施以图国。是今日之事，与此义适符。惟宪台垂鉴焉。

附录唐中丞书

顷展惠书，述某公意，劝鄙人及时出关，具见挚爱殷拳，曷胜心感。惟目前水落河枯，兵轮不能上驶。山西一时尚无战事，而滇省各营，军火器械，都未齐备，贸贸前进，何所裨益？若专为开复地步，则可不必。鄙人赋性愚直，办事务期脚踏实地。自维谫陋，到滇一载□□，□无建树。忝晋封圻，实叨非分。今奉慈□□□□□□□□□加惕励，将边防极力整顿，实□□□□□□忱而维大局。至于给还顶戴，迟早□□□□旨，决不敢邀功躁进，稍存冀幸之心也。□□范忠宣公云："有愧心而生[者]，孰若无愧心而死。"生平服膺此二语，时以自厉，望与足下共勉之。

十一月恭逢本年计典于十六日（12 月 15 日）揭晓。蒙"端方谨饬，为守兼优。"抚。制军岑、中丞唐保荐卓异。四注："操守清、才具明、年力强、政事优。"考语："持身端谨，为守兼优。"藩。

又附录唐中丞来书

顷展惠书，承以易义相勖，具见肫爱逾恒。鄙意以谓竭忠尽瘁即安身之道，至于能安其位与否，是有天焉。徇不闻孟氏之言，行止非人所能为乎？还质高明，以为然否？

九年（1883）二月，因六年（1880）二月剿平永昌府龙保股匪尚力，抚督岑、巡抚杜保奏，请加盐运使衔，并花翎。十一月二十五日（12 月 24 日），吏部核准具奏，奉旨依议。

交许少停，卯八月廿六（9 月 26 日）丑时。

光绪十年甲申（1884）日记

六月

十二日（1884 年 8 月 2 日），蒙岑制军彦卿、张中丞月卿奏，调补云南府。考语:“老成稳练,办事实心。”司详考语:“精明干练,才识兼优。”

九月

廿八日(11 月 15 日),奉制军岑、中丞张行知准吏部咨该督等奏请以大理府知府邓华熙调补云南府一折。七月初五日(8 月 25 日),军机大臣奉旨,吏部议奏,本部于八月十四日(10 月 2 日)以是日作为调补到任日期核准具奏,奉旨:“依议,钦此。”八月十九日(10 月 7 日)抄出到部。

十二年二月廿九(1886 年 4 月 3 日),补报藩司。

光绪十一年乙酉(1885)日记

正月

廿七日(1885 年 3 月 13 日),岑制军、张中丞会檄兼护盐法道篆务,因本任道钟公调赴越营办理粮运。

二月

初一日(3 月 17 日),卯时,接盐法道篆。

十六日(4 月 2 日),两院札委兼办开采五金总局事务。

十七日(4 月 3 日),又檄兼办善后、厘金两局事务。

三月

十九日(5 月 3 日),准藩司刚毅移奉抚院张凯嵩札,开光绪十一年二月二十六日(1885 年 4 月 11 日)会同督院由驿附奏盐法篆务以云南知府邓暂行兼护一片,除俟奉到谕旨恭录另行外,所有片稿合先抄录札知,为此仰司官吏即便移会按察司分别行查照计,抄发片稿一件等因。奉此合就移知,为此合移贵护道希为知照云云。计抄移片稿一件。

再,臣接准督臣函咨以营中支发款目纷繁,必须设法节流,涓滴使归实用。盐道钟念祖精明干练,亟应调派前来,俾与营务处道员汤聘珍逐一稽核，一俟经理清晰，仍饬回任等因。查盐法道有督销催征之责，未可一日虚悬，自应委员接替。查有云南府知府邓华熙心细守优，堪以委令，暂行兼护，以专责成。又，钟念祖现办通省开采五金局务，亦即加委邓华熙接篆。除会委并分檄饬遵外，谨会同云贵总督臣岑合词附片具陈。伏乞圣鉴。谨奏。

奏案宜开履历内。

五月

初五日（6 月 17 日），准署云南布政司使念祖移开为恭录移知事光绪十一年四月廿一日（1885 年 6 月 3 日）奉抚部院张札开照得本部院于光绪十一年二月二十六日（1885 年 4 月 11 日）会同督部堂由驿附奏盐法道篆务以云南府知府邓华熙暂行兼护一片，今于光绪十一年四月十六日（1885 年 5 月 29 日）准，兵部火票递回原片后开。军机大臣奉旨："知道了，钦此。"

六月

十二日（7 月 23 日），盐道钟观察自蒙自军营回任，余即于是日交卸盐道篆务。每年于五月办理盐务奏销，六月出奏。余已一律将盐课催齐办理奏销清楚。

壬午六月念二日（1882 年 8 月 5 日）赴杨林迎唐方伯炯不至　补录

镇日看山兴未阑，为迎开府得偷闲。濛濛细雨行人滞，远远疏钟旅店寒。静夜忽思留案牍，明朝遄返拜朝端。廿六（1882 年 8 月 9 日）为万寿圣节，故赶回朝贺。神劳行役胡为者，何日桑田十亩还。

光绪十一年五月十六日（1885 年 6 月 28 日），吏部奏催卓异未经引见各员，督、抚会奏暂缓引见，办理文闱，以资熟手。八月十七日（9 月 25 日），接奉行知。

光绪十二年丙戌(1886)日记

二月

十三日(1886年3月18日),具禀,督抚藩请咨赴部卓异引见。廿九日(4月3日),藩房代做申文补报,以十年八月十四日(1884年10月2日)奉旨准调云南府之日作为实缺到任日期,以便计俸详委。澄江府知府彭泽春署云南府印务。余于三月初九日(4月12日)辰时交卸。

初十日(4月13日),诣开化,见岑彦帅。

二十日(4月23日),到开化。

廿一日(4月24日),彦帅留晚膳。

廿三(4月26日),复邀晚膳。

廿四(4月27日),由开化起行回省。

四月

初四(5月7日),抵省垣。连日,张中丞、史廉访、谭观察、钟观察饯饮。

十三日(5月16日),自滇垣挈眷启程,募护兵十二名随行。

【四月】廿一日(5月24日),驻杨松,安息二日。

廿五(5月28日),由杨起行。

五月

初五(6月6日),至贵州省城,小驻二日。

初七(6月8日)早,由黔垣起行。潘中丞派亲兵十名送到大州。

十七日(6月18日),在独山州三脚上船。

十九日(6月20日),午刻至古州,通城文武员弁均出江干迎接。未刻,至各衙门谢步,晤陶军门鹤汀、储观察鹤樵、鲁司马松岗。

二十二日(6月23日),自古州开船。陶总戎预饬练军营全管带派兵十名护送至粤省。中营古即大儒亦派外委一员、兵一名,左、右营杨、滕各派兵二名同送。以后一路，练军管带员弁及汛弁皆出江干迎接，并派兵护送。

廿五(6月26日)晚，至长安，换大棚船二只、伙食兵船一只。

廿七日(6月28日)，辰早开行。

廿九日(6月30日)，至柳州府。是晚，黎小虞表弟来见。

三十日(7月1日)，晤柳州太守熊寿山号子静、马平县左雅南明府，均先后送馔。管带柳州水师右营靳忠斋参戎派戴千总炮船护送至浔州。

六月

初五(7月6日)，自柳府开行。

初八日(7月9日)，到浔州，往晤浔州太守。

初九日(7月10日)，开行，沿途汛弁皆派兵护送。

十二日(7月13日)，至梧州，雇北流船二张过载。适有公济轮船由东到梧州，即倩其拖带。

十三(7月14日)，辰刻开行，连夜行船。

十四(7月15日)，子刻至肇庆峡。酉刻，抵羊城，暂泊天字马头。

十五(7月16日)，移泊三水马头。夜间大风雨。行李船后舱穿一洞，箱匣沾湿不少。

十六日(7月17日)，风雨时作。是日租定谢恩里内石将军巷屋房租十六元。

十七日(7月18日)，酉刻进宅。吴立卿、陈少桐、王竹南帮同照料行李。

七月

二十日(8月19日)，雇双江艇一只。函致顺德协戎利燦庭，借得康济小轮舟拖带。是日酉初，抵龙山排涌。

廿一日(8月20日)，阖族绅耆至江干迎接登岸，至四世祠，早晚具膳。

廿二日(8月21日),恭诣四世祖祠行礼叩谒。礼成,延阖族绅耆早晚膳。

廿三日(8月22日),省墓。午刻,至乡约,晤诸乡绅。

廿四(8月23日),辰早,诣善甫祖祠恭谒。礼成,敬承勉酌早晚膳。

廿五日(8月24日),辰刻,康济轮船已到乡,即登上船。酉刻抵省垣回宅。

补录途中诸作:

四月廿二日(5月25日)自滇出黔

雨后有秋意,犹然盛夏时。浅蒲鸣促织,密叶罩蛛丝。比户人衣夹,行装我表絺。道途寒复暑,日月去如驰。

滇南开化道中

三月东南道迤南、迤东,朝凉昼似煎。舆夫饥觅食,仆马渴奔泉。密叶碧桃子,满山红杜鹃。宦游何所乐,惟此好山川。

普安道中

莫嫌泥淖路难行,正喜分秧尺泽生。无限山田甘雨足,篴舆卧听叱牛声。

雨后山行

雷声已歇瀑声长,万壑争流水气凉。疏雨尚余三两点,新秧才插几多行。舆中梦醒惊泥滑,驴背人疲息道旁。历尽蚕丛无限路,计程何日泛牙樯。

咏云

置身高处是三台,敢道崇朝遍八垓。无限苍生还望汝,不多甘雨慢归来。

丙戌七月廿二日(1886年8月21日)谒祖祠联

筵几切瞻依,悬思常在数千里;

豆觞亲进献,回溯今经十二年。

父老杖扶鸠,载道远迎贤太守;

宗亲觥酌兕，登堂并醉小郎君。始携仪、元两儿回乡谒祖。

清白可居官，明月满襟风两袖；

真诚期格祖，香烟一缕收三杯。

□驴□回乡，非夸昼锦；只鸡虔告庙，并荐秋蔬。

归舟岂作莼鲈计，荐俎时升稻蟹香。

以上石琴作。

地脉接龙衢，香滋兰桂；天恩承凤阙，馨荐蘋蘩。善祖祠门联。

旧汇昌记数：庚申四月初十（1860 年 5 月 30 日），一百六十两，加水三十二两给记。辛酉二月十五（1861 年 3 月 25 日），一百，加水二十三两。辛巳十月五日（1881 年 11 月 26 日），三百，加水六十两。内二百天津船价、泊车价、零用。十二月廿六（1882 年 2 月 14 日），二百七十六两。水在内，办学用。

五号小罐

香料为细末：苍术、三奈、玉桂、排草、柏叶、乾松、荔枝皮、檀香、薄荷、茯神。

卷七　日知录光绪二十年甲午三月十四日(1894 年4 月 19 日)起,乙未(1895)、丙申(1896)、丁酉(1897)、戊戌(1898)闰三月。

光绪二十二年丙申(1896),七十岁。七月十一日(8 月 19 日)奉上谕,补授安徽巡抚。十月二十九日(12 月 3 日)接关防到任。

二十三年丁酉(1897),安徽第二年,军政查阅营伍之期。

二十四年戊戌(1898)闰三月,始奉到大阅部文。闰三月,即出巡。任安徽第三年。二十四年己亥(1899)。

光绪二十年甲午(1894)三月接日记前卷三月十四日(1894 年 4 月19 日)

三月

十五日(1894 年 4 月 20 日),卯正,海晏轮船由津展轮,东南风尚小,渐吹渐大。至夜,白浪掀天,人皆闷眩。

十六日(4 月 21 日),□犹未息,遂至呕吐。

十七(4 月 22 日),辰刻,行近茶山,风浪渐小。亥初至崇明海面,因月暗,未敢进口停轮。少顷,浮云掩月,而水面光腾,遂鼓轮进口子。初泊金利源马头。哨弁龚时绍已带普庆小轮来沪迎接。是晚,仍宿海晏。

十八(4 月 23 日)早,由上海县雇定南湾船一艘、小船一艘,遂由海晏乘轿过船,泊观音阁码头。聂廉访仲方、沈子眉、郑陶斋观察皆来晤,而上海令王爱堂及各局委员亦纷纷来谒。午饭后,即登舆答拜各客。晚饭后，一意解缆回苏宪。普庆拖带两舟，不能快捷。复至船行雇小轮一艘分带，漏夜遄行刻不停。轮迎北风而上，不能甚速。

十九(4月24日)，未刻，至宝带桥。属员迎接者诸船坌集，摒挡稍暇，船泊胥门码头已是申正。当即乘舆登岸，先谒奎乐峰中丞，并晤陈舫仙廉访。酉初回署。是日午后，细雨廉纤，通宵不歇。

廿二日(4月27日)，午刻，接印行礼如仪。

廿四日(4月29日)，诣各庙行香，循回任常礼也。

廿五日(4月30日)，祀库神，开库。

廿六日(5月1日)，拜发报回任奏折交端阳贡差徐巡捕驰递。内书三月二十五日(4月30日)。奏为恭报微臣回任日期叩谢天恩仰祈圣鉴事：窃臣因苏藩司三年任满，具折吁恳陛见。恭奉朱批："着来见，钦此。"遂即北上。二月十九日(3月25日)到京，仰蒙召见二次，训诲周详，莫名钦感。陛辞后，束装起程，取道天津，航海南下，于三月十九日(4月24日)到苏。奉督抚臣檄，饬回任。二十二日(4月27日)，准署藩司陈湜委员将印信文卷移交前来，当即望阙叩头，祗领任事。伏念臣由鄂移吴，久膺藩牧。樗才自愧，未能报称于涓埃；薇署言旋，弥切悚惶于夙夜。窃幸龙光晋接，承温谕之有加；惟当鳌戴无忘，恒懔遵而罔越。常深冰惕，勉竭丹诚。遇事禀商督抚臣，悉心筹画，以期仰答高厚鸿慈于万一。所有微臣回任日期并感激下忱，谨具折叩谢天恩。伏乞皇上圣鉴。谨奏。

贺署江苏臬司常镇通海道黄观察祖络之一品夫人寿联

慈教奉熊丸，柏府政成欢舞采；

恩荣辉鹤帔，萱闱日永庆添筹。

四月

廿六日(5月30日)，奉到报回任折朱批："知道了，钦此。"

题苏州沧浪亭戏园正厅簷柱联

为古人事迹清浊攸分，且听沧浪歌孺子；

聆今日管弦升平有象，正宜觞咏协同寅。

又拟一联

宦迹似萍踪，聚会有缘，群彦一堂欢唱和；

民风如草偃，合同而化，三吴比户遍弦歌。

羊城建合族祠顶脊联

作新庙以奠宗祊，承南阳祖泽，东汉家声，看此间瑞气龙蟠松茂竹苞成夏屋；

合同姓而联谱牒，喜簪笏相传，箕裘世绍，卜他日流光鸿远瓜绵葛藟耀云台。

祝潘伟如中丞八十寿联七月十五(8月15日)生辰，七子五孙，八十双寿

节序届中元，元老称觞，帝嘉黄发丹心，赐杖荣归，六省元黎歌子惠；

颐年期百八，八旬举案，庭植三槐五桂，舞莱欢笑，一堂八恺祝壬林。

七月

廿七日(8月27日)，官局电传。午刻。

上谕："松椿奏遵旨入都随班祝嘏请派员署理印务一折，漕运总督着邓华熙署理，钦此。"京二十六(8月26日)酉刻间抄。

仝日到钱少宗伯子密电："派署漕督，此贺闲静沁。廿七(8月27日)"

八月

十六日(9月15日)，巳刻，奎中丞乐峰来署拜会，云昨晚派署总漕部文已到。是晚，来文拟知。

先是，淮徐道谢子寿元福派汪县丞来苏迎接。至十六日(9月15日)，松峻峰总漕来，即派文巡捕典史□□锃、武巡捕右营千总安泉带戈什哈数人来迎。署淮扬镇吴安康荐该镇中营外委万福同来迎，并求充当巡捕差。徐州运河同知万青选、善后厘捐局提调候补知县周士钰俱交禀函与该巡捕带来。

十七日(9月16日)，中、左、右、城守四营付松峻帅再派来迎接之武巡捕带来公文，申呈兵册，中□□□□兵弁约皆二百七十余名。

惟城守营册开七百余名。四营兵弁总计册开一千五百余名。

十八日(9月17日)，三首县预备五舱船一艘，□舱船两艘，随带文案委员诸令可宝、查令亮采、县丞李喜荣三员。饬飞槎、飞云、大中三小轮分船拖带，并巡捕三船。未正一刻登舟。□□随侍□船安排。沿途各营排队叩送至弥渡桥，署臬司韩古农观察、候补道沈旭初、汪耕畲、丁经生、方鸿松峻在此候送晤谈。各属员亦陆续来见。首府县在宝带桥候送，并有属员十数人。接见完竣，时已钟鸣五点。行过澱山湖数里，南风稍大。六点半钟，停轮泊船。是日疏雨时来，船篷滴沥。随行门房钱福、黑子、潘钧；仆人尹明、朱升、孙□；待诏；差弁。□□时绍亲兵八名，梁寿田饬暂随往。厨役二人，分伺两船。

十九(9月18日)，未初三刻，至周太仆庙厘卡，以离上海渐近，恐属下迎接者纷纷到船谒见，饬稍停轮以便从容早餐。饭后展轮，适上海令黄爱堂来谒。申刻抵沪。刘岘帅已派福安小兵轮来申伺送，管船潘县丞来见。申正登岸拜客。阅津致江海关电，知大军于平壤失利，不觉愤懑填胸。戌初回船，泊观音阁码头。天气乍热乍凉，时来疏雨。

二十日(9月19日)，与沈子眉、郑陶斋观察等商量本年粮运等事。子眉电致天津，商之李傅相并吴广庵观察。即经回电，总以商运为妥，大概与光绪十年(1884)所办大同小异。酉初，由观音阁码头先驳行李上福安轮船。酉刻，乘肩舆上船。各营所派帷队兵役伺候者，犒赏有差。是日阴晴不定，微雨时来。戌刻寄钱少宗伯电云："廿七(9月26日)接漕篆，沪道署苏藩。"又寄苏衙电云："廿一(9月20日)展轮。"

二十一日(9月20日)，寅正二刻，自沪招商局码头展轮。日色晴明，薰风解愠。晚亥正一刻，离江阴五里下碇。

二十二日(9月21日)，寅正展轮，申正至镇江。本拟游金、焦二山，以到此日已入夕，若客来酬应，则无暇游览，是以并不泊船。生平游缘之悭，于此可见。酉正至瓜洲。漕署坐船已带长龙一艘、炮船两艘来迎。当即换船，移泊内河。赏福安兵轮管带潘县丞江紬袍料、马褂料各一，银十二元。另给人役洋廿四元。

二十三日(9月22日)，寅正三刻展轮，因善庆小轮曳带船六艘，力不足，每点钟止行数里。遂分出四艘牵缆行，带二艘驶行，遂快。于午正三刻抵扬州。运司及江、甘两县令已于接官亭迎候。旋登亭接见，随即答拜，毕，回船。适闻堤工局有普安小轮闲泊，即饬人持帖向堤工委员郭观察庆繁借用。因船上人他适，至日入时始行驶到，离扬州城约十里泊。地名湾头，有厘卡委员来见。是日阴晴无定，气候不凉。

二十四日(9月23日)，卯初展轮，午刻经高邮州，钱牧锡宾来见。未正阵雨，片时即止。申初，普安小轮人禀称现所带煤已用尽，须就此处煤局购煤六顿。地名子婴，有闸，有厘卡，有峄矿转运煤局，由山东矿局分设。煤每顿洋十圆二角零，即交煤价六十二圆与普安船。至酉初始启轮。六点半钟至汜水泊。是日约行一百九十里。

二十五日(9月24日)，卯初展轮，申初至淮城。淮扬镇总兵官吴安康、淮扬道谢元福、淮安府张球、山阳县令及文武官员均来迎接，上船谒见。是晚，泊淮安上五里。竟日阴雨，气候不寒。统领老湘合字营舒总戎来见，帮带、两营官亦进谒。

二十六日(9月25日)，巳正，舟抵(青)[清]江浦。漕帅松峻峰率淮扬镇道及文武在东门外接官厅迎迓。登堂小坐，相见后即回船。随即进城答拜松帅及镇道舒总戎。是日天阴而晴，路犹泥泞。

廿七日(9月26日)，卯初，自船登岸，至行台。拜仪门，进署。松帅委淮安府张球、中军副将松华赍关防及王命旗牌至。跪迎大堂檐下，随即望阙谢恩，持印入内署，换蟒服，发梆，拜印升堂。镇、道、参、游免参，知府、都、守以下行庭参礼，守备以下披执。松帅于辰刻起程，即往拜送，诣郭外驿亭，寄请圣安。淮安关监督常湛园恩亦来城，彼此拜往。

廿八日(9月27日)，拜发苏藩司交卸奏折。前因黄道祖络廿一

(9月20日)始行接任,余十八(9月17日)已自苏起程,未便先行发递,遂至清江拜发。折内写八月二十二日(9月21日)。

奏为叩谢天恩并交卸藩篆日期恭折仰祈圣鉴事:窃臣于光绪二十年八月十六日(1894年9月15日)接到江苏抚臣奎俊来文,准吏部咨光绪二十年七月二十六日(1894年8月26日)内阁奉上谕:"松抚奏遵旨入都随班祝嘏请派员署理印务一折,漕运总督着邓华熙署理,钦此。"跪聆之下,钦感莫名。臣当即恭设香案,望阙叩头谢恩。旋经督抚臣委苏松太道黄祖络接署藩篆,臣将经手事件料理就绪,于八月二十一日(9月20日)交卸藩篆,驰赴清江浦任事。伏念臣粤东下士,知识庸愚,由部曹补授御史,外任知府,洊擢湖北藩司,调江苏藩司。本年以任满展觐,仰蒙召见,训诲周详。懔遵时切,愧涓埃之未报,正兢惕之弥深。兹复渥荷隆施,畀权重任,受恩愈厚,报称愈难。窃思漕运乃维正之供,河务实民生所系。举凡整饬营伍、绥靖地方,在在均关紧要。如臣梼昧,深惧弗胜。惟益矢慎勤,倍加惕励,遇事与督抚臣悉心筹商,以期仰答高厚鸿慈于万一。所有微臣感激下忱并交卸藩篆日期,谨缮折叩谢天恩,伏乞皇上圣鉴。谨奏。

【九月】廿八日(10月26日),差弁赍回奏折,奉朱批:"知道了,钦此。"

二十九日(9月28日),答拜贺任各客。申刻,接总理衙门电,旨饬备陈湜勇丁车船。即饬清河县葛令预备,覆总署电,请代奏闻。电文另簿抄录。

九月

初一日(9月29日),辰刻诣文[庙]、武庙、清淮大王庙、风神庙、湖神庙拈香。午刻,新调安徽福中丞润赴任,道经袁浦,出东郊外迎迓。福少农中丞旋即来署晤谈。申刻,饬仪儿执贽往见,缘曾受其保升知县也。只收受业帖,贽仪、土物均未收受。是日晴明。

初二日(9月30日),辰早诣文昌、赞化宫即吕仙、火神庙拈香。先于寅刻往福中丞船送行。是日晴明,早有寒意。寄钱少宗伯子密信,交信局。

初三日(10月1日),辰刻,诣碧霞宫、禹王台、海神[庙]、栗大王[庙]、城隍庙拈香。是日晴明和暖。

初七(10月5日),电苏州藩署,嘱眷属束装来浦。

初七日(10月5日),午刻赴淮安,关钞使常湛园恩拜生日,少坐,即辞回船。申正到浦。

初八(10月6日)巳刻回电,安排五六日即电知。旋因署任黄幼农欲移进署,是以不来。

十三日(10月11日)辰早,迎接万寿庆典恩诏:"外官三品以上俱荫一子入监读书。"余应得二品荫生,又加一级。

补录报到署漕督任折内填八月二十八日(9月27日)。寔系九月初二(9月30日)发。奏为恭报微臣接印日期叩谢天恩仰祈圣鉴事。窃臣钦奉简命,署理漕运总督,业经缮折谢恩,并将交卸江苏藩司印务及启程日期奏明在案。兹于八月二十六日(9月25日)行抵清江,二十七日(9月26日)(淮)[漕]运总督臣松椿将钦颁漕运总督关防暨王命旗牌、各项文卷饬委淮安府知府张球、漕标中军副将松华赍送前来。臣当即恭设香案,望阙叩头谢恩,祗领任事。伏查转漕必因时制宜,修护贵迎机善恤。□兹海道多虞,河运固期推扩;虽值霜清伊迩,堤工仍切图维。至于整军经武,察吏安民,防秋以训练为先,伏莽则根株宜静。凡目前之要策,胥职分所当为。臣之庸愚,虑难报称,惟有将一切应办事宜,会商督抚臣加意讲求,实心经理,断不敢以暂时摄篆,稍涉因循。冀上副圣恩委任之厚意。所有微臣接印任事日期及感激下忱,谨缮折叩谢天恩,伏乞皇上圣鉴。谨奏。光绪二十年八月二十八日(1894年9月27日)。

【九月】廿八(10月26日),差弁赍回原折,奉朱批:"知道了,钦此。"

十四日(10月12日),由驿三百里拜发奏折一件,为湘军合字三营调回江阴南岸添募漕标新军前后两营以资填扎事。本日申刻末刻发。同日接钱少宗伯来信。

前于九月十一日(10月9日)拜发贺万寿题本并贺折专差旗牌。

十九日(10月17日),寄钱子密少宗伯一函,转致乐安一函、百寿图二十幅,密公五幅。

二十(10月18日),又寄密公一函,交信局。

廿二(10月20日),专弁驰奏八月河湖水势折,附片湖北粮道详十八年(1892)分帮津资,故奏销案内襄阳卫守备段必魁补完欠项请免议。

十月

初一日(10月29日),前于九月十四日(10月12日)由驿三百里驰奏添募漕标新军两营请拨款一折,本日戌刻退回原折,奉朱批:"户部速议具奏,钦此。"九月三十日(10月28日),户部照准具奏。本日奉旨:"依议。钦此。"十一月初五(12月1日),发回原折。

初九日(11月6日),封奏清霜安澜折。戈什常开泰十一(11月8日)起程,廿二日(11月19日)奉上谕,十一月初五(12月1日)发回原折,奉朱批:"另有旨。"

接福和笙观察来函云:"皇太后万寿,赏'寿'字一方、帽纬尺头二匹,已代为认领。"

廿六(11月23日),拜发题本一箱,又带发奏折夹板一副,内均写二十四日(11月21日)。正折报九月河湖水势。奉朱批:"知道了。"十二月廿一(1895年1月16日)回付片一件,报明添募勇二百名,均差旗牌。奉朱批:"该部知道。"

十一月

廿三(12月19日),奏淮海筹防情形并添募勇丁以足一营之数,由驿三百里驰递。十二月十二日(1895年1月7日)由驿递回原折,奉朱批:"该部知道,钦此。"

廿六日(12月22日),奏十月分河湖水势,内写二十二日(12月18日)。附片二件。

奏祀谢河神礼成。内写二十二日(12月18日)。附片二件。

以上附片共四件:一湖南粮道但湘云详荆右卫守备续完钞粮请免议,一浙江粮道郑嵩龄详十九年(1893)漕白米、银各款奏销册籍展限,一更换马队营官闪凤来以副将张凤岭充补,一更正未完漕尾曾寿麟误作后任苏嘉淦。

【十一月】廿九日(12月25日),辰刻,拜发元旦贺表题本,又付案件题本一箱,专差旗牌并付递元旦贺折。

三十日(12月26日),福观察盛由京办点景差回,赍到恩赏描金龙红绢"寿"字一方、帽纬一匣、上用八丝酱色小卷缎袍料一端、赏用石青江绸褂料一端。

十二月

廿二日(1895年1月17日),本任总漕松峻峰午刻由京抵浦,赴万柳迎接,跪请圣安。

【十二月】廿三(1月18日),发夹板二副:一副正折二件,内填十二月十八(1月13日)。一正折济漕,江督张、漕督邓、苏抚奎;一正折十一月水势,附江西奏销展限。一副奏报交卸。内填廿四(1月19日)。

廿三(1月18日),卯刻,交卸漕篆。午刻自行台启程。漕帅以下至马头送行。早间发电请总理衙门代奏交卸。先是,江宁张香帅已派小轮南瑞来浦,苏州亦派小轮来,因河冻,均不能至浦。仆人萧兴及差弁亲由陆路来。是日寅刻至淮城泊。张守球,号小堂同年率山阳令来见。竟日阴晴不定,寒冽异常。至夜子,冰凌塞河,夹舟不动。自未至戌,止行三十里。

雇二号、三号红船各一只。二号作坐船,三号船装载椅桌。又派水师舢板两只随行。松峻帅派武巡捕伺送。以冻河阻滞,且并无差使,廿四(1月19日)即遣其回浦。

廿三(1月18日),清江舟次,接到差弁赍回奏折夹板二副。

廿四(1月19日),辰刻行船。山阳令释打冰艇夹船前行。然冰自上流而来,滚滚滔滔,旋打旋合,殊滞舟行。惟晴明,寒威少减。晚泊二十里铺。

廿五(1月20日),辰刻开船,惟有船打冰而未能通,约行十余里。自此至平桥驿,计程四里。早晴晚阴。夜半,西北风大作,冰复合。

廿六(1月21日),辰刻开船。打冰船自下而上,打开一线水路程,勉强行四里,泊平桥驿连日。山阳县程令鑫督率打冰船,站立河干,实形劳苦。至是切嘱其回署,程令即告辞。是日寄苏信一函,交平桥驿递。

[廿六]寄电回苏,说知阻冰,饬平桥驿号驰递清江电局寄。

廿七日(1月22日),仍冰阻,未开船。仍泊平桥。天气晴朗,西风渐暖。冰凌稍觉销释。酉刻,童米孙大令由宝应来,略谈即返。

廿八日(1月23日),辰刻开船,敲冰不开,行约七里泊。东南风,晴暖。夜半,冰凌稍消。

廿九日(1月24日),辰刻,下游冰泮。南瑞鱼雷船及铁皮小轮俱上驶,即开行。宝应令徐增福来见。过宝应十五六里,冰凌壅塞。适有平安、永济两小轮冲开一道,然后鱼雷、铁皮乃带座船随之而上,晚泊界首。是日约行九十五里。西南风,晴暖。

三十日(1月25日),辰刻行船,东南风。午刻至高邮州,州牧钱锡宾到。见上游近城数里,河水高于湖,湖水皆赖有源之河水以资灌注。故湖水涸则河水输洩愈多。若闭闸则近湖之民不愿。河水稍浅,亦无如何也。晚泊车逻厘卡前。是日行七十五里。

光绪二十一年乙未(1895)日记

正月

初一日(1895年1月26日),迎喜神东南方。辰正三刻开船,东南风,风和浪静。酉刻至扬州湾头,有章副将其俊营盘排队出迎。戌刻至扬州城,再行十里泊。

初二日(1月27日),巳初到瓜洲。保颐庵京口都护差人持帖迎接。询知福安轮船已下碇镇江,登即饬小轮赴镇,令其起碇来瓜洲口。未刻,福轮船到。由红船搬行李登轮,余即上船开行,向秣陵进发,曳带红船于后。饬载椅桌船用小铁皮船拖带,取道江阴河口,自行回苏。钱福在船照看。是日东南风,晴暖。晚泊大河口,红船及舢板傍轮下碇。

辰刻寄电回苏,报知到扬。

登轮时,先饬舢板一艘回浦。

初三日(1月28日),巳正,福安轮到金陵下关口下碇。即将日用衣物搬移红船,乘之进口,一路阻浅阻风,至戌初始抵接官厅泊。是日自大河口开轮至此,约行八十余里。酉初,转北风,颇寒。

初四日(1月29日),辰初,往谒张香涛制府。午刻拜晤署宁藩胡云台观察、马植轩粮储。云台与植留饭,坐有彭提军楚汉,时任长江提督。酉刻申薇署散席,顺道拜客,回船已戌初矣。仍泊金陵旱西门官码头。

感事

庸人鼻观本无梁,不辨薰莸臭与香。曩日止求容立学,于今桃李愧同行。

初五(1月30日)早,由旱西门码头红船起碇,达瓜洲口。十点钟到福安船泊处,遂即登轮开行。天气晴暖。七点钟戌初泊镇江。

初六日(1月31日),吴夫人生辰,各皆叩贺。镇江道、府、县官员来见。客去,即用面饭,毕,京口都护保颐庵年遣坐船来迎。登岸,答拜各客,顺道往游金山寺。府县已先到寺迎迓。遍观禅堂及法海洞、浮图诸胜。时值西风大作,未能登其绝顶。仁庙题“江天一览”处,尚未瞻仰也。旋下山麓禅斋少坐。僧言坡公留带尚存,可奉阅。遂取圆盒子一具,开看,绦乃后来所作,长方及桃样玉板十余片缀于绦围,玉板新旧相间。僧言旧玉不全,新者后人补足。长方数片,有仁庙、纯庙御题,刻于其上。因日已西斜,急于回船,未能恭录,遂即下山。至江边，江风愈狂，白浪浮天，船小不能回至福安轮船，遂令鼓轮稍近，搭缆于轮船，牵红船至。登轮时已酉正，风亦稍息，仍泊原处未行。是日行一百九十五里。

初七日（2月1日），六点钟卯正，由镇江展轮，风平日朗。戌初泊通州海面。是日行四百四十里。

初八日（2月2日），卯正开船。迎北风而上，船行稍缓。酉初抵上海，泊招商局码头。浙臬聂廉访仲方、权苏松道刘观察康侯皆来晤。至晚，风平月朗，波静船稀，不似上洋热闹光景，缘正月新春，商贾未开船也。

初九日（2月3日），巳初早餐，乘舆答拜各客。进县城后，细雨霡霂，从人皆衣履沾濡。遂即登舟，雨犹未止。衣箱行李已由轮用驳船驶至上海。令预备之如意船，又有五舱南湾，一艘以载仆役，均泊观音阁码头。由苏所派飞槎小轮已到接，康侯观察亦派万和小轮来。入夜，严寒，听雨蓬窗，由宵达旦。

初十日（2月4日），九点钟，早餐后，即乘马车往制造局答拜潘芸轩观察学祖并聂仲方廉访并各客。未正回船，即趁潮退移出桥，泊北新马头大王庙前。雨止而湿云未敛，寒入重裘。

十一日（2月5日），卯正行船。竟日阴晴，北风甚寒。取道昆新外河，轮船颇速。晚泊高甸，离苏城三十六里。是日约行二百七十里。

十二（2月6日），八点钟行船，沿途官员舟来迎接。十一点至胥门码头。司道于接官厅迎迓。接见后，即回署。

十五日（2月9日），午时，接印。

十九日（2月13日），拜发回任奏折。搭抚院差弁，廿八（2月22日）始行。并发谢赏寿字袍套、帽纬折。

三月

初八（4月2日），差弁递回各折，均奉朱批："知道了，钦此。"

廿四日（4月18日），疏陈管见，并进呈郑友名观应陶斋所辑《盛世危言》一书，遣仆萧庆升由轮船驰递。折内写二十六日(4月20日)。

四月

十二日(5月6日)，接钱密公电，知折件十三日已呈递。

十七日(5月11日)，申刻，接密公电，奉朱批："知道了，书留览，钦此。"

【四月】二十五日(5月19日)，奉部文解清十九年(1893)甘饷议叙："江苏布政使署漕运总督邓华熙，查该员请从优议叙，应请，照例给予议叙加一级，从优再给予记录二次。甘饷议叙新军如系一交筹解，准给予封典、虚衔等项如故。一应筹解，只准给予从优议叙，以后均照此办理，以示限制。"

九月

初九日(10月26日)，第三孙戌时生，仪儿次子，名大韶。

二十二日(11月8日)，辰刻，元儿到苏，即进署。搭富顺轮船，十二(10月29日)由广启行。

二十七日(11月13日)，内人率同元儿、八女由署启行，乘坐南湾船，用飞云小轮船牵带。申正展轮赴沪，二十八日(11月14日)辰刻抵申。

二十八日(11月14日)，戌刻接上海来电，知搭广利轮船，廿九(11月13日)辰刻开行赴粤。申刻，亲兵、厨子由沪回，并得元儿信。

重阳日(10月26日)，接徐花农太史来函，言及徐少司马寿恒树铭因应诏保荐人才，以余名密登荐剡。

后接京信，知并无此事，徐花农语谎。

十一月

二十九日(1896年1月13日)，亥时，五女秋荣病殁，年三十六岁。本有劳伤之病，此次病发二十三日(1月7日)起，越六日而竟不能□，悲哉！十二月初一(1月15日)晚，大殓。初七卯时，殡出苏城收育堂。

十二月

二十三日(2月6日)，内人搭广利轮船到苏，元儿随侍。

二十九日(2 月 12 日),郑陶斋寄惠富贵花四盘,共二十四朵,鲜艳灿烂,由粤东来也。

光绪二十二年丙申(1896)日记

正月

元旦(1896 年 2 月 13 日),迎喜神西南方,诣万寿亭行礼,诣武庙拈香。

廿三日(3 月 6 日),元儿赴沪,搭富顺轮船回粤。派一亲兵随伺,派仆萧升俟上轮船回苏。

七月

十二日(8 月 20 日),辰刻,接总署张少司农樵野来□,苏州:"江苏藩台邓荣擢皖抚,大喜喧贺。桓真。"巳刻,又接官局来电,安徽局:"各宪台钧鉴:本日阁抄上谕:'安徽巡抚著邓华熙补授,钦此。'京十一申未刻。"又接苏局来电:"十一日(8 月 19 日)上谕:'安徽巡抚邓华熙补授,钦此。'"

二十六日(9 月 3 日),未刻,准江苏巡抚、部院咨,准兵部火票递到吏部咨,文选司案呈内阁抄出光绪二十二年七月十日(1896 年 8 月 18 日)奉上谕:"安徽巡抚著邓华熙补授,钦此。"相应知照可也等因。到本部院准此除札司移行知照外,相应咨会为此合咨贵部院请,烦查照施行。须至咨者右咨。新授安徽抚院邓。

二十八日(9 月 5 日),卯刻,拜发谢恩折,差弁吴有胜给盘费六十两由轮船赴津入京,并致信钱少宗伯。电寄批折。

八月

初二日(9 月 8 日),福少农中丞饬焦、邵两巡捕带戈什哈四名来苏迎接,并带来藩臬道二函。

初六日(9 月 12 日),交卸苏藩篆,接任者为吴广涵廉访承潞署理,实授者为聂仲方浙臬缉规。

初七日(9月13日),元儿自粤到苏。

十二日(9月18日),辰刻,接钱少宗伯电:"奉朱批:'着来见。'何日起程,请电示。静真。"

十九日(9月25日),午初,折差□□□。苏城接钱少宗伯二函,知谢折已经差弁交存抄处,俟余至京领取。

二十一日(9月27日),午刻,与内子率同仪、元及诸孙上船赴沪。赵中丞、庄织造健在胥门接官亭寄请圣安。赵展翁到船敏送。未初即开船。用七舱坐船一只、五舱随船三只,复用飞槎、靖鲸、敬生三小轮牵带。行七十五里,泊昆山口。是日南风,晴明。

二十二日(9月28日),辰刻到申,驻行台。天后庙东边。天色阴晴不定。

二十三日(9月29日),因□忌日,未拜客。天气暖,南风。竟日密云不雨。

二十四日(9月30日),晨光熹微,天气仍暖。辰刻出辕,答拜各客。未刻赴苏属文武公饯。席设钱业会馆。谭青崖军门领袖、上海道黄幼农观察、沪局福和笙观察皆同席。申刻,微雨,南风暖。

二十五日(10月1日),南风暖。辰刻雨,午刻见太阳。未后阴晴不定。十二点钟招商局来言新济轮船已到申。仪儿上船,号定大抬房二间。局已有信嘱船上买办司事人等照应。

二十六日(10月2日),阴晴不定。晚饭后,携同仪儿、仆从等戌刻上新济轮船。元儿同眷属仍住申行台。在沪各官均到轮船叩送。随带邵巡捕一员,戈什哈二名,跟班萧升、孙瑞、尹湘,待诏一名,亲兵二名,厨子三名,书手沈钧一名。

二十七日(10月3日),卯初五点钟展轮。北风甚细,至午初渐大。促弄早餐,食已风狂浪涌,船极摇播,仅能不吐。入夜,风未息,且雨。

二十八日(10月4日),风仍未息,时雨时晴。亦能强饭。晚过黑水洋。

二十九日(10月5日)早，风渐停，喜甚。正唤早餐，而风又起。仪儿眩不能食，余强啖半顿，蒙被稳眠。风浪尤甚。已过黑水洋及成山、(燕)[烟]台。夜十一点钟，抵大沽口外，候天明入口。

三十日(10月6日)，黎明，王夔帅所派小兵轮名飞龙已到等候，云至白塘口再换慈船小轮抵岸。幸新济尚可进至白塘口，故未用飞龙而坐慈航，即将行李各物过载开行。九点钟，泊招商局码头。托佛照楼胡植生雇南船一只，廿四两；膀子船一只，十二千五百。入夜过载，仍在慈航眠食。

九月

初一日(10月7日)，津门运司两道及在津各候补各道来见。天津令已饬备夫马伺候。拜客，晤李傅相并王夔帅，复派仙航小轮以便牵至通州。申正，王夔帅来船(搭)[答]拜，并在河旁吴楚会馆率同司道寄请圣安。礼毕即上船，仍泊，俟黎明开行。是日阴晴。将到津日，电示申江行辕。

初二日(10月8日)，卯初开船。未刻过杨村。水程几十里，停轮，庖人入村市鱼菜。酉初，泊北蔡村，水程六十里。武清辖。竟日北风，晴明。

初三日(10月9日)，卯初开行。午过河西务。酉刻泊马头，香河县辖。是日水程一百一十里，陆路九十里。浅滩处处，阻碍船行。申刻以前，北风劲甚。申后风息，竟日晴明。

初四日(10月10日)，卯初行船。北风颇觉寒冷，可御重棉。水浅，时时阻滞轮舟，至离通州七八里，胶不能行座船。舟子牵缆，抵通时已九点钟。寅初刻，即着仆人萧升赴恒泰店询问一切。是日晴明。

初五(10月11日)早，移舟，靠恒东店前泊定。起行李，入店，乘肩舆。时甫巳初。先于卯刻着仆人萧升进城函请钱少宗伯子密照拂入门，并预送简明履历、办缮牌等事。并饬萧升在城内雇夫马带迎。是日北风，晴。

初六日(10月12日)，驻恒东店。未刻，仆人萧升自京城回，接钱少宗伯信，得悉圣驾初七日(10 月 13 日)驻跸颐和园，十一日(10 月 17 日)还宫，拟于十一日(10 月 17 日)进城，约十三(10 月 19 日)、四(10 月 20 日)请安，乃为相宜。原拟初七(10 月 13 日)早进城，兹不能不稍候。是日巳刻，微雨。午后阴晴，渐起劲风，所谓“满城风雨近重阳”，节候殊不爽也。

初七日(10 月 13 日)，仍驻恒东店。北风，晴明。气寒已似初冬时矣。直隶藩司员梧岗凤林因调任陛见出京，过通，申刻来谒。通永道张绍华亦来见。金处镇林耀光来拜，未会。

初八(10 月 14 日)早，饬仆萧升送信至钱少宗伯颐和园寓所，拟于十一日(10 月 17 日)进城。辰刻答拜员梧岗。通州知州孙寿臣来见。

初九日(10 月 15 日)，酉初，萧升自颐和园回通，并带钱少宗伯信来。入门已托农部郎中孚璞孙琦招呼。十一日(10 月 17 日)进东便门。张樵野少农亦寄语入城驻其官寓。是日天气晴明。午、未间，北风甚劲。

初十日(10 月 16 日)，雇定京城坐车一辆，并顶马跟骡，日给银一两六钱，车夫工饭在内。又暂雇轿车三辆，每辆大钱六千四。手车四辆，每四千五。由通进京。轿夫两班，共大钱九千。挑夫二名。早晨答拜通永道并通州牧。

十一日(10 月 17 日)，卯正三刻，由通起轿开车。巳初至双桥。早饭毕，行至下午一点钟，抵粤东馆。接钱密公来信，得悉圣驾十二日(10 月 18 日)还宫。是日微风，阴而未雨。

十二日(10 月 18 日)，巳初，入内城拜樵野少农。值公出，晤其子仲宅。申初，樵野亦回，谈半点钟。往晤钱少宗伯，畅谈，领回请陛见原折。回会馆。适吴苏拉广祥携安折及绿牌来看，时已酉初。是日晴明。

十三日(10 月 19 日)，申刻，至少农樵野官宅待漏入朝，仪儿随侍。

十四日(10 月 20 日)，丑正入朝，暂至内务府朝房等候。少顷，入帘门内小屋。卯正传入乾清宫西暖阁。宝座前跪请圣安，免冠叩谢天恩，毕，步至御案旁跪。上问:“走了多少天?”奏云:“走了二十余日。八月廿一(9 月 27 日)自苏州启程，昨日到京。”上问:“苏州洋务何如?”奏云:“日本租界已经划定，尚无异言。惟现在辩论管理租界之权，尚难定议。日人则要专归日管，中国要归县官管理。现尚相持未定。看来似须中、日会同管理，方能结局。”又问:“商务何如?”奏云:“商务前经奏明，将息借商款作为一大公司，示谕各人将司借印票改换股票。现已建缫丝厂及纺纱两厂，并置买机器，而换股票者尚寥寥。能成功与否，方未可知。”又问铁路。对云:“闻现饬道员盛宣怀办芦汉路，筹银二千万，招股二成，借洋债八成。如果此路告成，即自强之基所由始。”又问:“教堂安靖否?”奏云:“自江阴讹诈教士一案办结之后，各处教堂尚安靖。常于见各牧令三令五申，饬其认真保护，勿任稍滋事端，全在地方官留意。”又问:“尔年纪?”奏云:“臣官册填六十七，实年七十。”又问:“尔过天津，会着王文韶未?”奏云:“会着。”上云:“精神如何?”奏云:“王文韶精神甚好，办事还耐劳。臣上船时，王文韶托臣代请圣安。”随一叩首。上为点颐，又问:“苏州年成怎样?”奏云:“今年有八九分，年成也算好的。苏州全在年成好。年成好，地方便安靖。”又问:“尔前年不是来过嘛?”奏云:“前年甲午(1894)因藩司俸满来陛见的，今已三年。”上至此未再问话。良久，说“起来”二字。余即起而退。

十五日(10 月 21 日)，巳初即乘轿入城拜客，晤孙燮臣工尚、徐颂阁兵尚、吴薰吟吏右、刚子良工尚、庆王、陈瑶圃通参、奎乐峰中丞。回寓已万家灯火，城门欲闭矣。是日晴明，出门亦早。申刻，饥渴异常，至德丰堂饭馆，面饭颇觉甘旨，饥者易为食也。

十六(10 月 22 日)，未出门。是日天阴晴。

十七(10 月 23 日)，巳正入城拜客，晤大司农翁叔平、京兆胡云楣、大仆景东甫、少宗伯钱子密。

十八日(10 月 24 日)晨早,乘轿拜宣武门外诸客。十一点钟回会馆早餐。未初,赴顺邑馆音尊公谳。具柬来邀者为太史黎君荣翰、梁君銮藻、兵部何君藻翔、礼部罗君凤华、刑部胡君蓉第、光署正罗君惇循。是日阴而不雨。亥初,北风大作,庭叶狂飞。

杨容浦少司马言有屈崔氏函,控合肥令屈承福遗弃母妻一事。原名承宁。

十九日(10 月 25 日),晨起,寒气逼人,重棉犹觉玉楼起粟。巳初入城,谒恭、礼二王。酉初赴徐少[司]马寿恒之谳。

二十日(10 月 26 日),东粤同乡公谳。即于新馆备设音尊,自午初至夜子,始尽欢而散。陈桂生少司农亦于本馆搭席见拜。

二十一日(10 月 27 日),未刻,赴许筠庵总宪、杨容浦少司马之谳席,设许家。

二十二日(10 月 28 日),辰早,乘轿拜西城各客。巳正,赴孙燮臣大司空之召。午,赴张樵野少司农之约。申刻,赴徐花农太史之谳,席设苏州会馆。十七至是日皆晴。

二十三(10 月 29 日),午刻,赴刘通参恩溥、张阁学英麟、李京兆丞鸿逵之谳,在席者为杨容浦少司马、戴阁学少怀。申刻,又赴陈伯陶、黎荣翰、梁銮藻、罗肇光各太史之邀。酉刻回寓。天气晴暖。

二十四日(10 月 30 日),至戴学士少怀寓所少坐,同赴少怀及程君有琦、区君湛森之席。天气晴暖。

二十五日(10 月 31 日),乘轿进城拜客,顺道至静默寺待漏趋朝请训。

二十六日(11 月 1 日),三点寅初,进西苑门外六项公所坐候召见。六点卯正,奏事处人员引入内朝房少坐。有顷,太监来叫头起,即趋入勤政殿东暖阁外。太监揭帘,趋入,跪御案旁右。上问:“多嘴走?”奏云:“三两天就走。”又问:“还是航海?”奏云:“仍由天津轮船至上海,顺道至江宁,与督臣刘坤一会商各事,即往安庆接印。系长江一水之便,约须十月中到任。”又问:“苏州可安静?”奏云:“地方甚安静。”又问：“洋务呢？”奏云：“八月二十五已开关，至厘捐有无减色，须办过三两月才知。”又问：“安徽到过未？”奏云：“未到过。安庆省城在大江边，往湖北武昌、汉口必经之路。来往多次，向未上岸。”又云：“安徽土匪不少。”奏云：“皖南民风还循良，皖北多强悍，伏莽难清，惟寿春镇总兵郭宝昌颇有威望，可以镇压地方。现甚安静。”又云：“吏治要整顿。”奏云：“臣到任后留心察看，应举应劾，自必秉公核办。”又云：“凡事破除情面便好。用款必须节去浮费，款归实用才好。”奏云：“臣受皇上厚恩，当尽心竭力，用度可省便省，不至以有用之财办无益之事，有负委任。”上微点首，又云：“西学应办。”奏云：“学堂必须举办，才能造就人才。”上云：“苦于无经费。”奏云：“臣到任后察看情形，设法筹款奏明办理。”又问云：“苏州有无经手事件？”奏云：“无经手未完事件。洋务、买地、划界、建关、修筑马路，臣在藩司任内承办。地界已划定买妥，各关房俱已定价开工，马路将近告成，惟关房须年底方能工竣，已交署藩司接办。”上点首云：“跪安。”即起立，趋案前跪而退，时已七点半钟，太阳已照宫树矣。回静默寺稍睡，至十点半钟起，早餐毕，乘轿拜客，至酉初出城回会馆。

二十七日（11 月 2 日），早饭后，十一点钟入城，各处辞行。申初，谒恭亲王。申正四刻，赴钱少宗伯家饮。酉初回会馆。

二十八日（11 月 3 日），午初入城拜客，晤翁大司农叔平、礼亲王。出，宣武门已将闭，大北风，颇有寒意。

二十九日（11 月 4 日），辰正，饭讫，入城访少司农樵野，未晤。往谒刚子良大司空，又造钱少宗伯子密晤谈。出城，拜大宗伯李兰荪，未晤。午，北风寒，换灰鼠皮袍套。

十月

初一日（11 月 5 日），天色晴明，未出门拜客。缮兰谱送钱子密订交。

初二日（11 月 6 日），午刻，钱子密少宗伯送兰谱来定交，亦久而敬之之义也。张少司农樵野、立少司农山豫甫同时来过，叙谈甚畅。

初三日(11 月 7 日),申刻,谒高阳李兰(孙)[荪]相国辞行,并造各同乡处。天晴,颇暖。各客或差人、或亲到送行。

初四日(11 月 8 日),暖晴。未出门。

初五日(11 月 9 日),阴晴,暖。因料理起程,未出门。

初六日(11 月 10 日),启程。辰初,少司马杨容浦、戴少怀学士来会馆送行。坐轿出东便门至双桥店。是日,行客多无憩息之所。有小茅屋,稍食饼饵而行。申正三点钟,至通州,上船。恒泰店预雇大满江红船二十五两一只等候。即上船。行李五点钟亦到齐。另雇艕子船一,以载随从员弁。

初七日(11 月 11 日),午刻开船。南风,晴暖。戌正泊杨家湾。是日行八十里。

初八日(11 月 12 日),卯正行船。早阴,晚晴。酉刻泊蔡村,水程一站半。是日行一百二十里。

初九日(11 月 13 日),丑初行船,巳初至杨村,申正三刻抵津,泊吴楚公所码头。王夔帅率同司道在此候请圣安。礼毕,内堂少坐,兴辞。随即往夔帅拜会谢步。夔帅饬令德律风往询新裕轮船何日开行,回报十一日(11 月 15 日)。又饬德律风往定大餐房二间、舱二间,回报遂办。是日南风,晴暖。

初十日(11 月 14 日),闻新裕轮船已入口,十一(11 月 15 日)可到紫竹林。午刻,移舟至招商局码头附近等候。是日早阴,晚晴。王制军送席。

十一日(11 月 15 日),新裕轮船于亥初刻抵紫竹林,即上船。是日南风,晴暖。

十二日(11 月 16 日),巳正展轮,戌刻抵塘沽,少泊,载煤。十二点钟,复开行。浪平风静,南风,晴暖。

十三(11 月 17 日),午刻过燕台,稍有风浪,至晚即平。南风,晴暖。

十三日(11 月 17 日),晚至海州,洋面风微舟稳。晴暖,不耐重棉。天明已近吴淞。

十五日(11月19日),九点钟进吴淞口,十点泊金利源招商局码头。登岸入行台,时已十二点钟。此行虽在冬初,而多南风,风微日暖,无风浪之苦,亦一乐也。林婿乐钧偕六女来申省亲。

是日,刑席陈恭斋来申,并送关束修金月一百、膳十四千。仍须回苏接眷,据云月底必到皖,先送其门徒潘君来。

十六日(11月20日)以后,连日答拜各客。至十九日(11月23日),酬应稍暇。

十七(11月21日),吕镜宇曾电致金陵支应筹防局曾仰阶观察,派威靖兵轮来申等候乘用。

二十(11月24日),往各处辞行。是日晴明。

廿一日(11月25日),巳刻,先将行李上威靖轮船。甫及半,因雨而止。檐溜丁当,达旦未已。

廿二日(11月26日),巳刻,晴。日光微露,赶将行李上钧和轮船已毕,又细雨霏霏,恐其渐大,即于午刻上船。沪军营、江宁奇兵营龙两管带皆率队排江干伺送,各犒银二十元。林婿与六女至船后,即往长发栈搭富顺回粤。申正展轮,至吴淞口下碇。是日,在申文武均至招商局马头叩送。申正三点钟展轮,北风颇劲,船甚摇播。

廿三(11月27日),丑刻展轮。午后,风稍定。连夜行,夜半过江阴、镇江等处。

廿四日(11月28日),正午十二点钟,抵江宁下关下碇。威靖未到,迟至二点钟始来。皖省吉安轮船已到,司道将弁均差人来迎。酉初,坐吉安往金陵城外旱西门泊。城内将军、制军、司道皆差人迎贺。

廿五日(11月29日),十一点钟,制军、将军以下文武百官皆至旱西门接官亭候请圣安。余即登岸。礼毕,少坐。茶毕,辞出。登舆,即进城拜客,晤将军丰绅、制军刘岘庄,畅谈一切,至五点钟。酉初,出旱西门,仍登吉安轮船回招商局马头,上钧和船,时已六点钟矣。是日晴暖。

戌刻，新授凤颍道李希杰自山东来皖赴任。适在宁，来见。

记名提督邱时成来见。曾署中军参将，湖北人，年五十九。

廿六日(11 月 30 日)，申刻至东西梁山。两面夹江如腰，稍狭，皆置炮台。四点钟至芜湖。文自徽宁池太广道袁旭以下、武自统领精健等营芜带右营补用副将赵金凯以下均来谒见。毕，即鼓轮前行。是日早晴晚阴。亥初至县。前路有浅沙，水退难行。停轮候潮，至夜四点再行。

署芜湖县万世章湖北人；驻芜收轮船米厘局、候补道方硕辅河南人。十年(1884)十二月到任，香帅委；芜湖保甲、候补府杨奎绶；署庐州府、本任太平方连轸，河南人，甲戌(1874)；署首府杨综清。

廿七日(12 月 1 日)，寅初行船，午刻过桐城东乡。未刻至太子矶。石矶立江中，上有小庙。申初至拦江矶炮台。申正至前江口炮台。晚泊马家窝子，离安庆三十里。后半日雨。

拦江矶炮台站队兵一百五十余人，前江口炮台站队兵七十五人。至安庆城外，练军统领韩提督大武率同带将弁马步炮队五营排列江干迎迓。

廿八日(12 月 2 日)，辰正展轮，十点钟到迎江寺码头。文武各官皆至寺前迎迓。午刻进东门学院行台，门有“龙门”二字，因以为名。司、道、府、县、监，本标三营、练军马步五营诸统领管带谒见毕，即往拜福少农中丞，后即答拜司道。是日轻阴不雨。

廿九日(12 月 3 日)，辰刻接篆。福中丞委中军参将齐金鳌、首府杨综清送到安徽巡抚兼提督衔银关防一颗、芜湖关监督铜关防一颗并王命旗牌等件。速即谢阙，拜印升堂如礼。是日晴明。

十一月

初二日(12 月 6 日)，拜发报到任日期折。

初四日(12 月 8 日)，诣各庙拈香。

初七(12 月 11 日)，具题到任本章。

初八日(12 月 12 日)，准直督王咨苏藩任内劝办顺直赈捐请旨奖叙，奉旨从优议叙，加一级，记录二次。

十一日(12月15日)，庚寅、乙未时，进安抚署。辰早微雨，届时晴霁。申初已见太阳。

十二日(12月16日)，四点钟，酉初，法国兵轮管带官薛猛、副管带克露尔来见，缘送费教士来此，转行护送至六安州。款以茶点，欢欣而去。是日晴明。

十四日(12月18日)，未正，出城，乘舟往法国兵轮答拜该国管带官薛猛及副管克露尔，教士亦在船。陈兵百人，邀我绕行观之，所以示强也。观毕，亦款我以茶点酒食，敬礼有加，尽欢而散。舣舟登岸回署。是日阴晴。

光绪二十三年丁酉(1897)日记

正月

十五日(1897年2月16日)，奉到御书“福”字一方。

二十六日(2月27日)，拜发谢赐“福”字折。

六月

二十日(7月19日)，元儿由粤到皖。

廿五日(7月24日)，自安庆坐商局轮船由沪进京，坐海晏轮船。旋接京电，七月初四日(8月1日)到京，住顺邑会馆。八月科场后应考荫生。九月十三(10月8日)引见，奉旨外用，例以通判分发。廿二日(10月17日)由天津乘海晏轮船到沪，廿九(10月24日)抵皖。并将仪儿捐免保及免补知县过同知班各部照带来注册。以上京官印结金均已交足，有结为凭，共用银二千九百余两。

九月

二十八日(10月23日)，因善麟考试荫生奉旨外用，具折谢恩。

十月

十二日(11月6日)，善麟乘江永轮由沪回粤。

十一月

初一日(11 月 24 日),陕甘督咨廿一年(1895)筹办甘饷请旨,奉旨交部从优议叙,加一级。

初三(11 月 26 日),拜发恩赏平定陕甘云贵匪方略谢折。

十二月

二十八日(1898 年 1 月 20 日),贡差回皖,奉到恩赐金龙朱绢“福”字一方。

光绪二十四年戊戌(1898)日记

正月

初九日(1898 年 1 月 30 日),接部文开有记录二十五次。

廿六(2 月 16 日),拜发恩赏“福”字谢折。

二月

初一日(2 月 21 日),奉上谕:“本年轮应查阅山东、河南、江苏、安徽、江西营伍之期。山东即派张汝梅,河南即派刘树堂,江苏即派奎俊,安徽即派邓华熙,江西即派德寿,认真查阅各省营伍。关系紧要,岂容稍有废弛。近来防营积习如缺额、扣饷等弊,迭经严行儆戒,不啻三令五申。各该抚身负重寄,务当仰体朝廷整饬武备之意,逐一简核。如有技艺生疏、老弱充数及军实不齐等事,即将该营将弁从严参办,毋得稍涉瞻徇,以肃戎行。钦此。”初五(2 月 25 日)电局呈。

三月

初五日(3 月 26 日),据户部咨二十二年(1896)苏藩任内筹备饷需奏请议叙,二十三年(1897)十二月奉旨:“加一级,钦此。”

闰三月

初一日(4 月 21 日),元儿辰刻到署,自粤来,并携婢、媪各一。

初二日(4 月 22 日),奉到大阅谕旨部文。

卷八　日知录光绪二十四年戊戌(1898)闰三月、己亥(1899)、庚子(1900)九月。

戊戌年(1898)安徽军政之年。闰三月二十日(1898年5月10日)启行巡阅,先到皖南。

光绪二十四年戊戌(1898)

闰三月

初一日(1898年4月21日),元儿由粤乘广利轮船到安。

初二日(4月22日),准兵、吏咨:"奉上谕:本年轮应江苏五省军政,安徽即派邓华熙等因,钦此。"接兵部咨文后,定于二十日(5月10日)启行。先向江宁借大兵轮为座船。

十九日(5月9日),刘岘帅预派威靖兵轮来省。管带官游击徐九成。届日午时登舟。适值提学徐季和理正亦到,在接官厅会晤,各官皆到送行。未初刻展轮,派澄清营带舢板八只作为亲兵船,管带参将徐印川带长龙船二只随行。三十里至马家窝,十五里至前江口炮台,十五里至拦江矶炮台,怀宁县辖。三十里至棕阳口,桐城属。四十五里至池州下夹口,四十五里至大通,铜陵属。十五里至铜陵夹。酉刻至独桥,行过大通四十里下碇。是日未刻,仪儿亲带关防上船候予。到,仍坐长龙上威靖轮船,极宽洁,且喜天气晴明,风平浪靖,信可乐也。

二十一日(5月11日),寅正二刻起碇。三十里至许家坝,三十里至荻港,繁昌属。三十里至旧县,十五里至芦席夹,十五里至白马嘴，无为州属。十五里至鲁港，入芜湖境。十五里至芜湖，停轮。关道袁爽秋昶、皖南镇黄本富及文武各官来见。午刻复展轮，至太平河口下碇，换坐长龙。吉安小轮拖带。随从换小船，进太平河。先由查委预雇船五只。酉刻至太平府码头。该守陈文騄来见，并未停轮。戌初至胡家墩泊。是日早阴，天晚微雨，行一百五十里。

二十二日(5月12日)，寅正二刻行船，九十五里至斗门，五十五里至水阳泊。宁国守桂镆来见。是日早晴晚雨，离宁国府城七十里泊。

二十三日(5月13日)，寅正开船，行七十里至宁国府城外码头泊。即登岸，驻考棚为行辕。时甫未正，顺路拜总戎黄本富后，进行台。黄总戎及府县阖城大小文武官弁均来见。

二十四日(5月14日)，辰初，诣教场，看六营阵法。镇标左、右，芜、采、池州、徽州、广德练军左、右。合操毕，考校员弁自参、游至外委。酉初考毕，回行辕。

奉到廷寄由署专发来一件、刘岘帅电信一纸。芜湖来。

二十五日(5月15日)，辰初二刻诣教场，考候补六员弁毕，随考制、练各营兵丁员弁毕，即发奖赏袍褂、马褂、荷包、银牌等件。员弁叩谢毕，回行辕，顺到镇、府、县辞行。

二十六日(5月16日)，辰正，自宁国官码头登舟开行。总戎暨文武大小官员远送十数里始回。吉安轮船亦溯流来迟，至晚未至斗门，约七八里下碇。因天暗不见纤路，不能再行。是日天气晴明。至晚，南风大作，疏雨溅蓬窗。戌刻，桂守镆、通判钱应丰、宣城陈令兆庆来见。

二十七日(5月17日)，寅正三刻行船，晚泊太平府城外数里。至戌刻，大风雨，通宵不止。

二十八日(5月18日)，卯初行船，阴晴不定。巳刻，疏雨随风而至，抵西梁山。午刻，风渐大。登炮台，阅炮，兼验工程。试放炮三尊，声力均劲，惟九十六磅二尊后镗有裂纹，不敢试放。环览台基一周，复登威靖兵轮，上裕溪，阅长江提标四营。甫演阵图二幅，大雨倾盆，兵弁淋漓，真似水中鹅鹳，不能不收队。雨稍止，阅精健两营，均颁发奖赏讫，即乘长龙，吉安轮拖带，返威靖兵轮，时已酉初。行数里至芜湖，袁爽秋观察来见。复行数里泊，天已晴霁。

长江提标水师中营芜湖、大通、裕溪各又练军精健左、右两营。

二十九日（5月19日），寅正行船，一日狂风大雨者数次。所随炮船，早间已不能拖带，各自行驶，惟带长龙二艘。吉安小轮随后。至晚稍晴。亥刻未到枞阳数里下碇，至安庆尚有九十余里。

四月

初一日（5月20日），寅正行船，至拦江矶阅看重修炮台工程。正午抵省城东门外码头旋辕。竟日晴雨间作。文武官员均在迎江寺官厅迎接，少坐，即进城回署。

五月

初一（6月19日），仪儿自署起程，坐长江轮船至申，航海入京，赴部引见。奉旨："浙江试用同知邓本仪照例发往。"仪儿领凭后，随即出京赴浙，到省八月初旬。浙藩恽松云方伯赈捐局委令解协赈安省凤、泗等属赈银五千。是十四（7月2日）到皖。

九月

十三日（10月27日），元儿赴申回粤，坐广利轮船。

两江制军刘岘庄七十寿联

南极耀星辰，本来属吏部民，应同两粤两江节楼上寿；

中流资砥柱，今兹安内攘外，宜荷九重九锡杖国延龄。

十一月

廿六日（1899年1月7日），涡阳县土匪揭竿倡乱报到，即派兵练军左右营及马队、炮队往剿。统领记名提督韩大武率营官于初四日（1898年12月16日）拔队启行，到皖北时，值败贼南窜，堵其去路，迎头截击，会合团练，大获胜仗。贼平后，分队驻扎涡阳各要地，并搜捕余匪。二旬之内，大憝歼除，不至蔓延，殊为幸事。

月　日　准　　咨所有各直省督抚俱兼总理各国事务大臣。

光绪二十五年己亥(1899)

正月

□日(1899年2月□□日),拜发赏“福”字谢恩折二件。

二月

□日(3月□日),以剿平涡匪办理迅速,奉旨从优议叙,具折谢恩。

二十九日(4月9日),元儿到皖,由粤乘龙门轮船来。

三月

初四日(4月13日),仪儿回浙江,取道上海。

四月

十二日(5月21日),兼署安徽提督学政,午刻接印。因学使少司马徐季和致祥出缺,照例巡抚兼署。

五月

廿二日(6月29日),新简学政绵文到。太平府委员直州英华送印交新任学政,即奏明是日卸学政署任。

六月

初二日(7月9日),儿仪自杭州来,置一妾张氏。

初六日(7月13日),准四川总督咨因办四川赈捐,奉旨从优议叙,加一级,记录三次。

九月

初一日(10月5日)记。因廿四年(1898)奉旨查阅安徽营伍,是年春三月,甫经阅毕皖南各营,即遇皖北歉岁,未调动各营以镇压地方,且须办赈。至廿五年(1899)秋间,赈务粗已竣,应赴皖北查阅。兹于九月初二日(10月6日)辰刻启行,取道桐城,陆路经六安至寿州。司、道以下各官齐集北门外接官厅候送。派洋操兵四十名,炮营张玉昆所部,又马兵廿名,又练军副营廿名为行营。自省城三十里冷水铺馇站少憩。酉初,玉练潭渡河,住宿。行辕即在河边。是日天气晴明。查看沿路地方形势，讫无一二里平壤。数十亩之内，凹凸悬殊，虽聚处同方而水旱各异，盖地势使然，断无一律丰收之日。低地喜晴而高地喜雨，天时不能尽如地利也。且山多而无泉，实为枯瘠之区，难期富足。非亲历不能知也。是日行六十里，接袁爽秋太常信。邮寄。

晚由署南人事。是接爽秋自邮政寄来信，寄钱密公一函，由署交差。

团练竟未办成。闻有斫新竹为竿并枪，色犹青绿，即日斫下以虚应故事。

初三（10 月 7 日），卯初二刻，起用早膳。七点钟起行。出练境即属桐城县。境内水源较怀宁尚足灌溉，坡池亦多。低处藉江水流入者居半，高处雨少仍患旱。午初馆新安渡。因路被水淹，绕道约二十里。是日天色晴明。共计八十五里。宿桐城县，县令为龙君赓言。

团练间有可观者，究皆有名无实。

初四（10 月 8 日），辰初，起行十五里至吕亭驿，小憩片晌。此处换驿，地名白沙岭。二十五里至大关，又二十里至小关驻，入舒城境。桐城龙叩辞回署，舒城令萧仁炳来见。舒城境山田为多，少大段田亩，斯形枯瘠，大异桐城。萧令所办团练，颇有可观，总是湘军遗法。是日天色晴暖。

写袁信。

初五（10 月 9 日），辰正启行，十五里至梅心驿，换站马。廿五里至南奖中站，少息。再行二十里至舒驻，县署久未建，复赁住民屋。舒城地土，不如桐城润泽。是日程暖。

署庐州府陈文騄、合肥令赵煦、六安州牧符兆鹏来此迎接。

初六日（10 月 10 日），辰初起行，二十七里，凌家渡少憩，入六安界。名十九里铺。再行二十里住宿，离六安城九十里得名。是日天色大晴，午间颇热如夏日。

初七日（10 月 11 日），辰初起行三十里，以离城四十里名其铺，在此茶会。天气颇热，如四月时。再四十里至六安州城，时方申正。

该州团练人虽多而有名无实，惟以老充数，丁壮无几，未经练习，不过敷衍塞责。

初八(10月12日)，辰初起行，至二十里铺茶尖。又行二十里，至米厂铺午饭。又行二十里，至阎家店住宿。竟日天气晴热，仍在六安界。过此即寿州界。

重九日(10月13日)，辰初起行二十里，罗兴集饘。再行四十里，至保义集住宿。一路平坦，半走田塍，惟无歇息之处，必行尽四十里到站住宿。竟日阴天。酉刻微雨，天气稍凉。

初十日(10月14日)，辰初，由保义集起行，二十五里至堰口集饘站，又十五里窑沟集茶尖，再行十里郭镇。凤颍道德龄，候补道曾纪寿、童祥熊，凤阳冯守煦，颍州守联福，阜阳令黄家杰及各营将官皆出寿州城十里迎迓。申正进城，文武各官皆来见。天气晴暖。由保义集至寿州共七十里。

十一(10月15日)，辰初，诣操场阅镇标并凤、颍等九营大阵，并考实缺将弁马步箭。是日大风扬尘。午饭，少歇。至三点钟阅毕，回行台。是日官弁马步箭阅至都、守。

十二日(10月16日)，辰初，诣操场阅卓胜营练军大阵，兼演西式，并接阅千、把、外委马箭毕，其步箭委德道、童道校阅。天阴，略寒。

十三日(10月17日)，将所余未考验之兵丁、马枪、步箭委德道、童道前往考讫，以便发赏犒物件、银牌。申刻赴郭寓镇、道、府、县、丞、倅、副、参、游等公谳。戌刻回行台。发将弁衣料、兵勇银牌，分营领毕。是天阴颇凉。

十四(10月18日)，辰正，由行辕起程回省。镇、道以下文武各官均出城十里送行。晚宿保义集。是日天阴欲雨。

十五(10月19日)，卯正，由保义集起行，四十五里至三觉市尖，又行四十里至刘高集。是日共行四十里。一路田塍，湾环缭绕，若以鸟道行，不过五十里。竟日天阴。酉初微雨，顷即止。署合肥赵令煦至行台迎迓。

十六日(10 月 20 日),辰初起行,三十里至四十里铺尖,离庐城四十里得名。又行四十里至庐州城,入驻考棚。府、县等均出城迎迓。巢湖水师统带徐参将华鼎亦来。

十七(10 月 21 日),辰正,自庐州起行,出东门城外内共十五里上船。陈守文騄、巢县彭令德超、合肥赵令煦随舟远送二十余里浅水处。吉安舟胶于沙,须提出煤斤载轻方能浮送驶。以日晚,湖心未便耽延,即换一船移坐,以小轮名“巢湖”者拖带。亥初至庙中镇泊,而吉安船亦来。自此至巢县九十里。竟日阴天。

十八日(10 月 22 日),卯初行船。午刻微雨。酉初至巢县。厘卡委员沈定来见。阅巢湖水师舢板炮演。戌初至运漕镇,厘卡委员龚守镇湘及署无为州朱牧式程来见。入含界,该令蔡如景亦来。细雨如丝,田畴沾润。戌正,泊运漕镇。陈守文騄、彭令德超来禀辞回署。

十九日(10 月 23 日),申初,至裕溪口。刘岘公派来之登瀛州兵轮已在江中等候,即换坐此船。旋乘哨船登岸,查阅西梁山炮台,演放炮位毕,回兵轮,时已钟鸣五点矣。是日天晴。

有炮数尊,地下垫板已烂,西换石板。

二十日(10 月 24 日),辰早,膳后,由登瀛洲船上小督阵船,用吉安船拖带至东梁山炮台,阅看一周。此台因山势为高,下筑女墙,屈曲缭绕。其地稍平坦者,安巨炮六尊。其乳凸而枕江边者二处,亦置巨炮,诚中江之关隘也。阅毕,回瀛洲兵轮。女墙收束处原有巨炮一尊,亦有炮亭,久已无存。因其地稍高,受风太烈,且望江太低,炮管倒垂,难于取准,故不复建,寔由于此。申刻至芜湖,原拟不停轮。因石守镇由繁昌来,有事面禀,惟接见一人,其余俱未传见。是日风细天晴,临水登眺,诚喜秋之佳日也。晚泊杨家店,约离芜湖四十里。

二十一日(10 月 25 日),三点钟寅初行船,至三点半钟申正二刻至拦江矶。登炮台查阅毕,回大兵轮。是日共行六十八英里。时已日暮,行数里下碇。

拦江矶炮台，台中女墙数处，炮口石高于炮位之口约一尺，须拆低石一块便合。又九十六磅炮六角炮亭与磅炮位不正，若一挪移，便为亭柱所阻。兹拟将炮下牙盘稍挪，并将炮位移正。

二十二日(10 月 26 日)，卯正启轮，十五里至前江口阅看炮台，时细雨停止。阅毕，回瀛洲船。行四十里至省城东门外迎江寺官厅，文武各官已在此迎迓。少坐，即进城回署。细雨初晴，棉衣不暖。

十月

初三日(11 月 5 日)，接京局来电："初一日奉上谕：'邓华熙着调补山西巡抚，安徽巡抚王之春调补。钦此。'"

十七日(11 月 19 日)，辰刻，接到部文。京初七行。

廿三日(11 月 25 日)，具两折谢皇太后、皇上恩。

十一月

初一日(12 月 3 日)，准吏部咨安徽涡阳土匪一律肃清，钦奉谕旨办理当为迅速，刘坤一等均着交部从优议叙。钦此。等因。应请将两江总督刘坤一、安徽巡抚邓华熙、河南巡抚裕长均照从优议叙，例各给予加一级、记录二次。恭候命下，光绪二十五年八月初五日(1899 年 9 月 9 日)题。本月初七日(12 月 9 日)奉旨："刘坤一、邓华熙、裕长[均]俱着加一级、记录二次。钦此。"

刺史彭(明)[名]保筑课桑园于皖城之东郊，教蚕织，来求楹帖，作长联与之：

丝抽乙乙，居然衣被万家，若无腹里经纶，令我对蚕殊抱愧；

桑者闲闲，新辟田园十亩，又看手中机杼，教民树畜在能勤。

又贺刘岘庄制军赐寿联集经句：

受天之祜，四方来贺；

与国咸庥，永世无穷。

光绪二十六年庚子(1900)日记

正月

初八日(1900年2月7日),拜发上年腊月恩赏御书"福"字谢折。两宫各一份折,填初八日(2月7日)。又拜发为穆宗立嗣贺折。亦二份,内填初六日(2月5日)。

二月

十六日(3月16日),申刻,皖电局接到邸抄。十四日(3月14日)阅抄:"奉上谕,贵州巡抚着邓华熙调补,毓贤着调补山西巡抚,山东巡抚着袁世凯补授,钦此。"

三月

十二日(4月11日),拜发调贵州巡抚谢恩折。内初九日(4月8日)。

四月

初五日(5月3日),交卸安徽巡抚关防。

初六日(5月4日),乘南京威靖兵轮启行,王中丞之春率同文武官员诣江干招商局趸船寄请圣安毕,当即展轮。日本教习晴气市三大尉亦率学生诣江干叩送。文武员并学生共一百七十余人。

初七日(5月5日),巳刻至芜湖。文武关道精健统领以下会关道吴季卿、统领赵金凯。酉初行抵金陵。有顷,岘帅遣从官来言偶有微恙,未能出城迓晤,明早藩司当出迎。当即答以既不能晤面,藩司亦不劳枉驾,明日卯刻即起碇赴申。是日天微阴,似将有雨。

初八日(5月6日),卯初行船,辰初细雨。管驾威靖轮船之游击张得标始由金陵回船谒见。巳刻,雨渐密。晚至狼山前宁家港,已过通州十余里,即在此下碇。雨止。

初九日(5月7日),卯初行船,午正抵申,驻天后宫左边出使行辕。苏松道郑观察陶斋纪常、上海令戴子遂、宣城令陈兆庆、王守咏沂俱。王守、陈令系皖中大吏派护送之员。是日天气清朗。

招商局、上海县送席。

初十(5月8日),关道余晋珊观察来谒。午饭后入城答拜各客。余晋珊,余俱未会。五点钟回辕。天阴,竟日冷。

余晋珊、钱怡甫送席。

十一日(5月9日),午刻,云贵总督崧锡侯拜会。甫到,寓长发栈。未刻,日本总领事小田切万寿之助来谒,款以茶点,畅谈而别。是日天晴。

十二日(5月10日),午刻,乘马车答拜各客,晤崧锡侯于长发栈。一点半钟回行辕。

十三日(5月11日),未出门,天气晴明。

十四日(5月12日),答拜日本总领事小田切万寿之助,又拜会两广制军谭文卿于所寓黄公馆。

十五日(5月13日),未出门,晴明。

十六日(5月14日),两广制军谭文卿来答拜。谭公及崧锡侯皆上海晏轮船北上。天晴。

十七日(5月15日),闻安平轮船已到,定此船大餐房二间。

十八日(5月16日),十点钟上安平船,午刻展轮,无甚风浪。申刻,货仓小有失慎,即熄,未免稍受虚惊。是日东南风,天气晴明。

十九日(5月17日),天甫明,海雾弥天,咫尺不辨船只。轮船不断吹气筒,愈晏雾愈重,遂即停轮下碇。直至下午一点钟,雾始稍开,而风渐大,船左右摇播不定,至亥刻始息。是日晚晴。

二十日(5月18日),夜半二点钟,船抵大沽口,下碇。

廿一日(5月19日),天明,大沽协派小轮来接,而船已开行,将进口不远。轮抵马头,即乘舆进车站。裕寿山制军已率同司道在车站迎候,遂乘大车至天津紫竹林中和栈行。有顷,寿帅及司道均来拜会。申刻,(搭)[答]拜裕寿山制军。

廿二日(5月20日),天明,命仆带函进京,托钱子密兄安排入门一切，并问其何日觐见合宜。巳刻，答拜各客，黄尘蔽日，轿中燥闷异常。再晤崧锡帅于佛照楼。申刻，崧来答拜，未会。

廿三日（5 月 21 日），午初，仆人萧升自京回津，带有钱子密信，嘱廿五日（5 月 23 日）入门，一切已派人照料。萧升亦已雇定轿夫骡马在马家铺迎候。

廿四日（5 月 22 日），天气渐热。未刻，往各处拜行，晤裕寿帅。黄守溪建藩观察来谒，托其五月念外有自申来沽轮船，即电知，以便定日出都。

廿五日（5 月 23 日），午刻，由紫竹林中和栈启行，裕寿帅率同司道以下在津沽车站拜送，寄请圣安。礼毕，即乘头等花车于十二点钟启轮。包花车一辆，银廿元，坐四人，仍按如常算价。至申正京城西秩门外马家铺，钱密翁早已派人照料入门，随乘轿至粤东新馆。袁太常爽秋、钱太史新甫来谒。

廿六日（5 月 24 日），午初，往拜钱密兄及袁爽秋太常，俱晤。并袁爽翁代托光卿军机章京郭曾炘号春榆办缮签并片，嘱于廿七日（5 月 25 日）巳初赴颐和园宫门前牌楼西御前大臣公所内总理衙门公所住宿，预备明日廿八日（5 月 26 日）召见。

廿八日（5 月 26 日），八点钟辰正，起单传出。召见一人为一起，名曰起单。予在第一起，崧锡侯第二起，军机第三起。皇太后、皇上同一御案，坐于仁寿殿之西间。请安、叩头、谢恩，各如礼。礼毕，起，再跪，听垂询。太后问由那路来，对以航海。问行几日，对以三十五日。问哪天到京，对曰昨日。又问曰："义和团诸事，闻否？"对曰："不由此路，到京始知。"问："那边情形何如？"对曰："安徽居大江之中段，江阴、镇江为大江之门户，皖江乃其堂奥，如门户坚守，则堂奥亦安。外国大兵轮至镇江后，不能再行上驶，愈上则江中随处有浅滩。有难，鼓轮直上，若至此，则须防登陆包抄沿江炮台之后路。今添武卫军二十营，扼扎淮北一带，真长策。"又问："民情何如？"对曰："江之北，安、庐、滁、和；江之南，徽、宁、池、太、广，民情不似皖北之强，惟盐枭船只闯入各子口，勾结地痞、各会匪及差保等，强买强卖，到处骚扰。臣已派兵拿捕，渐肃清。惟恐其散而复来，不能不留兵镇压。惟恐兵少不敷分布，臣已奏请添募数营，是以盐斤拟加二文，以为的饷。”又问：“涡阳一带情形何如？”对曰：“赈务去岁已完，今以开通水利为善后之计。如年成好，地方必安靖。”至此稍默。又问曰：“尔年纪。”对曰：“官册七十一，实年七十四。”太后云：“答得好，不似七十岁，五六十样子。”皇太后左顾皇上曰：“尔问他话。”上即垂询：“是否由招商局轮船来天津，一路走得好？”对曰：“托皇太后、皇上洪福，风平浪静。”少息，皇太后言：“尔下去。明天递牌子。”回寓。

廿九日(5 月 27 日)，辰正八点二刻钟，召见。入跪，听垂询。太后问：“练军须勤操演。”对曰：“驻省练军五营，马队二起。内有四营习洋操。臣时常阅看，始在演武厅，即迁衙门右边。臣于晨早接见属员后，无事，随时传调阅操。”太后言：“阅操须预日造册，人数预备，恐难为凭。”对曰：“大操须预日造册，若时常小操，不使其知调某营，册则临时开送，且有箕斗可察，可无虑临时找补。”太后言：“皖南皖北如何阅看？”对曰：“皖南北相隔甚远，不能时常调阅，均由南北两镇操演。”太后言：“有无将才？”对曰：“臣去年曾奏保数员。记名总兵李南华系淮军宿将，曾隶僧亲王僧格林沁部下。捻匪肃清后，家居未出。人极淡薄，亦有血性。去年涡匪之乱，会合乡团，鼓励众心，人皆出力，颇洽乡评。年力尚健，实属可用。”太后言：“我知此人。李南华是淮军蒙城人，从前常见其名。”太后言：“属员有无好手？”对曰：“贤员难得。去年曾已约保道、府、同知、州、县数人，蒙恩饬令送部引见，当陆逐来京听候召见，施恩擢用。”至此稍默。太后顾皇上曰：“尔问了。”皇上即俯询云：“那边库款何如？”对曰：“安徽额征丁地银一百六十余万。除荒缓外，如年成中稔，可收一百三十余万。漕粮不多，二十余万石，可折银二十余万两。”太后未再问，缓言：“下去罢。明日递牌子。”午刻，往拜政府刚协揆、王协揆、赵大[司]寇、启大宗伯，俱会。

五月

初一日(5月28日),辰正八点二刻钟,召见。太后问:"闻茶厘收数不少。"对曰:"皖南茶厘、盐厘及皖北五河、正阳盐厘、芜湖出口米厘,五大宗皆督臣派员抽收,数目不知,未能详细。惟皖北茶厘,归安徽委员征收,每年约有七万串。"稍息,太后云:"尔上垫来。"予即顿首谢,起跪垫上。太后问:"每年兵饷若何?"对曰:"所有水陆、马步防营、练营、经制各营总共兵数一万九十余名,年需饷银四十四万余两。"太后又问:"四国还款几多?"对曰:"前一万万之款,关、藩两库及各局夏、秋两期分解上海道三十余万。再以江苏厘项、盐项抵还洋债。派补江南饷项,亦约须银三十万,随时奉拨。"少顷,太后顾皇上曰:"尔问。"皇上即问:"农工、商贾办得怎样?"对曰:"南洋已遵旨开设商务局。安徽于省城亦设商务总局,于芜湖设分局,试办商务。惟煤矿最为大宗,洋人每每垂涎。臣曾致函皖中绅宦,劝其集股开采煤矿,先占地步。惟须华人做主,即入洋人股亦无妨。无奈皖人惑于风水之说,亦不齐心。纵有一二欲开矿之人,苦无巨赀,亦难成事。至于制造,但须渐开风气,难期速效。"少息,太后言:"可下去。"遂起而退。回寓后,往谒刚协揆,会晤;启大宗伯,亦晤。午刻,谒庆亲王于园寓。酉初回寓。

初二日(5月29日),午刻,谒礼亲王,晤言良久,送代土仪若干。谈毕,送至园门,谦逊视升舆。申正回寓,途中大雨。

初三日(5月30日),早饭后九点钟,由园进城。十二点钟至会馆。竟日天晴。

初四日(5月31日),拜客。

初五日(6月1日),端节,未出门。

初六(6月2日),拜客。至钱子密兄寓所晤谈。夜有微雨。

初七日(6月3日),密兄来信云已函约荣相,明日予往谒,务须接见云云。闻荣相初十日(6月6日)销假。

初八日(6月4日),午刻,谒荣相于府第,晤谈良久。荣相犹销假。

初九日(6月5日),钱大司空邀午饭。申初回会馆。是日送刚相国、荣相国土仪,各收二色。

初十日(6月6日),未出门。

十一日(6月7日),巳刻,进城拜客。晤袁太常爽秋。访樊云门增祥,未晤。晤光禄卿郭曾炘春榆,托其办请训缮牌。送启颖之土物四色,全收。

十二日(6月8日),顺邑京官五人请在省馆北厅午膳。仆人萧升往静默寺定赁待漏住房。

十三日(6月9日),阖省京官请酒于省馆北厅。送袁爽秋太常土物四色,收椰杯一物。

十四日(6月10日),未出门。钱新甫来,说交郭光禄代办请安、请训等件牌折及内廷犒费银三百五十两。

十五日(6月11日),送钱密翁代交。是日进城,寓静默寺,预备请训。申正,杨苏拉将牌折呈阅。

十六(6月12日),早七点钟,至西苑外总署朝房候报。八点二刻召见。起单发下,传谕,赏坐船至玉兰堂。即于凝秀门外上船。船用布为盖,恰受四五人。内监二、水二、苏拉四五人。坡岸甚高,两内监扶之而下,水手二人持篙刺船。夹水新莲,风送香气,微凉清绝,无异西湖船上。里许抵岸,坡亦高峻,内监扶掖如前。岸上朝房数楹,予所坐朝房,系诸臣候召之所。予在第二起,头起为科布多参赞大臣联福,三起为崑中堂。九点,由内监引入。皇太后、皇上坐东间,面北。予先叩头谢赏坐船恩,分两次行礼。礼毕,起。皇太后即言跪垫上。复行叩谢礼。各礼毕,跪。太后垂问:“几时起程到贵州?”对曰:“三五天即行。”又问曰:“几久可到?”对曰:“约须三个月。计自出京十余日到上海,三四日到汉口,一月到湖南常德府,一月到镇远府,贵州属。”问曰:“有旱路否?”对曰:“尚有七站到贵州省城。”又言:“闻贵州山最多?”对曰:“自湖南辰州以上,水路两岸皆山。”又问:“到过未?”对:“臣前官云南必由之路,惟未久住,情形未甚知。”少息,太后言:“近日义和团的事,不知怎好。洋人又要添兵入城。”对曰:“其始由于义和团专与洋教作难,土匪、会匪乘势混在一块,乱烧乱杀,洋人不免骇怕,是以要添兵保护使馆。”太后言:“不知有无别样心?”对曰:“似无别样心。他不过自行保护起见,非无因而起。”太后言:“无别样心就好。”予又奏曰:“惟须地方官及各营兵官迅速善为弹压,勿使再有烧杀之事。果然禁止,及洋人心安,自易劝其无庸添兵进城,当可听从。”太后:“他无别意便可。”太后顾上曰:“问问。”上曰:“那省人?”对曰:“广东。”上曰:“地可方安静?”对曰:“如常安静。现由商人包厘,省却许多烦扰。”太后曰:“李鸿章办得好。”对曰:“李鸿章到底老练,有分寸。”少息,太后云:“尔到任,事事实心整顿,要破除情面。有可行之事,即须奏办;有应参之员,即须参。任劳任怨方可。”对曰:“认真任事,必须任怨,事所必然。臣谨遵圣谕,不敢有负慈恩。”少息,太后言:“下去跪安罢。”遂各跪安而退。到静默寺。一点钟后,回省馆,时已未初。

十七日(6月13日),未刻出门,谒礼亲王、荣相国,未晤。街上义和拳匪充斥异常,各以红、白、蓝布包头,或系红、黄、蓝、白带,搜教堂教户焚烧。是晚,闻有烧西山避暑洋楼之事,又闻十六日(6月12日)董军杀日本书记官,闻是晚烧毁使署,不确。

十八(6月14日),申初进城,再谒礼王、荣相,未晤。甫至宣武大街,见烟焰冲天,拳匪又毁教堂,骇目怵心,猖狂扰乱。土匪随之以助其势,气象惨恶异常。入城内,又有数处烟焰犹未息也。是日,送荣相别敬百寿图十幅,钱翁十幅,礼二十幅。往赵比部辞行,未□。往刚相辞行,出差未回。

十九日(6月15日),检点行装,未出门。闻是晚拳匪焚抢尤烈,通夜喝令店铺居人上瓦面焚香叩头,助其邪术。托钱申甫送礼邸别敬,闻阻滞不能达,后璧回了。

【五月】二十(6月16日),出京。

二十(6 月 16 日),辰早出京。午初尖双桥。申初到通州,住恒裕客店,晤胡云楣京兆。先于十九日(6 月 15 日)雇二把手三架载行李至通州,每京银三两。本拟到通雇船,人与物皆至津搭轮船往沪。谁知到通,无座船可雇,改即乘京来之轿。仪儿及仆从十人雇轿车三架,随轿赴津。每辆钱二十五千文。

廿一日(6 月 17 日),自通辰初起行,四十里尖马头。苏太湖协欧阳副将成松引见,过此相遇,禀见。再行四十里驻河西务,署同□参将王□□来见。

二十二日(6 月 18 日),辰初启行,三十里尖蔡村,无饭店。午初,将近杨村,因洋兵已至,团民拦击,正在开仗,不能穿过,遂渡河而绕行四十里。申刻至汉口,住穿心店。是日未刻,大风骤起,黄沙蔽天。晚间风定,雨来达旦。而押行李诸仆行李船落后未到。

二十三日(6 月 19 日),卯正,由汉口起行三十余里,抵丁字沽,途中经过乡村两处,团卡盘问甚严,皆红、黄巾带之属,请给以名片。自此至天津城计十五里,到处皆拳匪,人数号称十余万,均持刀枪,亦红黄巾带缠腰里。过商民,家家闭户。将到津门,逃难男妇相属于道,提挈担抬,肩摩毂击,气象愁惨,骇目怵心。有一骑马拳目拦轿而告我曰:“大人不须过虑,现时到有三十万天兵。”容色甚是慌张,其真伪可想见也。午初,至津城京西门外万源店。闻紫竹林兵、团正与洋人接仗,日夜炮声不绝,火光烛天,幸我兵尚称得手。原拟航海而南,奈十七日(6 月 13 日)已无轮船开行,而在京所带川资无几,即函致津海关道黄花农观察借银四百两,并差帖请裕寿帅派兵十名护送赴德州。旋雇得货船一只,大钱一百三十千。其时押行李之仆人船,尚不知其所至也。

二十四日(6 月 20 日),巳刻,由津城西万源店起行登舟,午后开行。以弁仆七人未到,派戈什刘凤彩往前查探,仍无音耗,而回行十五里,泊杨庄。

二十五日(6 月 21 日),复派萧兴、刘戈什带督院亲兵四名回杨村沿河寻觅行李船，去后，午初开行。水浅舟多，行驶迟滞。申正，泊草庄。共行十五里。

二十六日(6月22日)，卯正，开船，巳刻抵杨柳青。萧兴等因津路不通，仍即折回。旋改为托闲静主人钱公在京专人至通查问，其函交黄花农观察转托督辕折弁带京，付酒资六元。未初，船复开行。

二十七日(6月23日)，寅正开行，风顺。巳正，抵静海县，往晤署县令王庆保，派轿迎接。王令言沧州已被团匪围困。回船，复行□十里，泊独流。

二十八日(6月24日)，寅初开行，风顺。巳正，抵青县小泊。兵役等登岸购买食物，复行，晚泊花园。是日共行百二十里。

二十九(6月25日)，寅正开行，二十五里抵沧州。该地团匪因与文武官龃龉，城内扎有武卫军步队三营、马队一营，系统带提督梅东益部下。团匪聚众困城已旬日，河下新设浮桥如船关式，专备团匪来往。我船甫到此，适值兵、团接仗，船关遂不开。岸上枪炮之声，隆隆不绝。各团四处赴敌者，始尚踊跃。未久，即见纷纷败走，不及过桥，凫水逃遁者甚多，情形狼狈，有借官船边登岸者。红黄巾械到处抛弃，船关任开。午正，拟开船上驶，甫抵桥边，而营勇追团匪适到，又不能行。枪向对岸轰击，掠船而过，枪子有中桅身者。片刻，枪止匪散。饬人持名片通知营官，始即放行。酉正，行三十余里，泊庄河。开船，梅军营官都司袁世坦来求见，详陈团匪情形。

三十(6月26日)，卯初开行，过薛家湾七堰一带约三四十里间，皆属匪乡，乘逃难人多，肆行拦抢。船货所经，被戕之人不少，沿河漂流，不下数十。该村仍是托名义和，残暴实无人理。至晚，泊包头，属交河县治。

六月

初一日(6月27日)，卯初开行，三十里至东光，晚泊安宁。是日行九十余里。专差土人至德州函托该牧代雇车马夫役。

初二(6月28日)，卯初开行，酉正抵德州，泊对岸。粮道罗少耕来见。

初三(6月29日),辰初,入德城行台,雇官轿车三辆,共库平银一百两。轿夫由州县代雇,沿驿替换,连挑、缴各夫共十六名,每名给钱二百文,马则沿驿拨付。

初四(6月30日),辰初,由德州起程,五十里住曲家店,地属平原县,邑令姚诗志备有行台。三十里过平原城,换夫马。姚令迎接。行二十里,甫山东粮道尚其亨率回德州营。

初五(7月1日),辰初启行,五十里至禹城桥,换夫马。再行五十里,住晏城,属齐河县。

初六(7月2日),辰初开行,二十五里过齐河县城,县令宋鋆迎送,换夫马。旋出东关,渡黄河。再行二十五里,尖祝家庙。再行六十里,入山路,住张夏,属长清县。因福建考官适在此住,未有行台,遂住店。

初七日(7月3日),迁入张夏行台住。歇一日,以便试官先行,行台可腾出,免县官接应不暇也。

初八(7月4日),卯初启行,六十里尖殿台。大雨。午正,复行五十里。酉初抵泰安府南关外住宿。复大雨。赵次山方伯侨寓城外,来谒。

初九(7月5日),卯正起行,尖崔庄,属泰安县。未初复行五十里,酉初抵羊刘店,属新泰县。是日渡河。因南来之武卫军亦相继而渡,跟随之车遂至耽迟,尖站坐候颇久,故到站亦晚。

初十(7月6日),卯初启行,辰正,行三十五里,过翟家庄甫辰正,尚早,未打尖。复行二十五里,甫巳正二刻,尖新泰城驿。午初,二十里。未正,住敖阳,地属新泰。

十一日(7月7日),卯初启行,五十里。巳正二刻,抵蒙阴县。因正遇兵差络绎,署县之姚令甫接任,筹办不及,营勇聚啰唕。虽接上站差信,未暇预备夫马。是以在尖站久候,未正始能起行。七十里,住垛庄,属沂水县。

十二(7 月 8 日),卯初起行,四十五里,尖青驼寺。午正,复行四十五里。申正,至半程住站,属兰山县。

十三(7 月 9 日),卯初启行,四十五里,午尖沂州府南关,分府县官来见。松漕帅派迎护之马队八名由浦赶到。未初,再行四十五里,至李家庄住。

十四(7 月 10 日),卯初启行,五十里,尖郯城十里铺。午正,复行六十里。酉初,住红花埠。是日路颇泥泞,骑马难行。

十五(7 月 11 日),卯初启行,出村外即有界碑,是山东郯城、江苏宿迁分界处。六十里,尖峒峿。午正,复行六十里,住顺河集。是日,闽考官亦到站。地属宿迁。雨后,路尤泥泞。

十六(7 月 12 日),卯初启行,漕标步队范营官荣升列队郊迎,送十五里,尖烟火集。漕标副将唐营官高斗列队迎送。午正,复行五十里。申正,抵众兴集,属桃源县。

十七(7 月 13 日),卯初启行,四十里,尖鱼沟,属清河县。午初,复行四十里,抵清江。漕帅松峻峰率同镇将郊迎请圣安。礼毕,顺道往拜,会漕帅。清河县侯令登瀛已代雇备满江红一舟,三十六千,送至瓜洲口。复至镇江。迨至扬州,风不顺。舟子人力不齐,不能出口渡江。至镇,当雇小轮一艘十四元,渡江至镇。是日晤帅后,即卸,驻船泊清江官马头。

十八(7 月 14 日)、九(7 月 15 日),迎泊,电询德州牧随行巡捕等有无到德音信。越日,回电云六月十一日(7 月 7 日)已由德州南下。前于六月初四(6 月 30 日)在德州曾电上海,饬元儿汇银六百两至清江备用。至是日,升昌已将汇银六百交来,即留二百在该号存,俟巡捕等到浦应用。

二十日(7 月 16 日),午后开行,晚至淮安,与鹿芝帅船相遇,彼此过船晤谈数语。芝翁解维北行,予舟即泊淮安城外。

廿一日(7 月 17 日),过宝应四十里泊。

廿二(7 月 18 日),距高邮州十余里泊。

廿三(7 月 19 日),过扬州五六里泊。

廿四(7 月 20 日),申刻到镇江,暂栖六吉园客栈。晚搭江永轮船至九江。

廿五(7 月 21 日),过南京、芜湖。

廿六(7 月 22 日),夜过安庆。

廿七(7 月 23 日),申刻抵九江,侨寓宝花园,郑纪裳观察之别墅也。园本向西,天时又当三伏,炎热不可言喻。越日,得程巡捕电禀,知伊等已到蒙阴,请汇盘川到清江。七月初七(8 月 1 日),由清江启行来浔,十五(8 月 9 日)到。

【六月】廿八(7 月 24 日),拜会九江镇军宋佩珍、九江道明华亭徵观察,俱来答拜。湖北候补道孙廷霖调豫差遣,亦来见。

七月

初四日(7 月 29 日),元儿同眷属由申到浔,同住宝记花园。

十五日(8 月 9 日),程巡捕等带行李俱到后,亦饬回皖。前由皖定安营派送兵十六名留用,另饬杨哨官再募亲兵十六名,常点每月口粮三两五钱。随员参将徐印川一员,无薪水,月伙食银三十圆。

八月

十三日(9 月 6 日),由浔搭江永轮。

十四日(9 月 7 日),到汉口。岑世兄尧阶来晤,时官汉黄德道,先已饬文巡捕梁正传到汉雇定巴杆船二只,每只九十八员;麻阳船二只,一四十四[元],一四十元,午刻即将过载。酉刻登船。

十五日(9 月 8 日),以中秋节,未便登岸拜客,仍泊大马头。

十六(9 月 9 日)晨早,夏口厅备红船二只,以关津轮船拖带渡江至武昌。张香帅、于次棠率同学政文武在江干迎迓,请圣安。礼毕,香帅以下均到舟晤谈。旋登岸拜客,渡江并答拜汉黄道岑观察,未晤。未初回船。

十六(9 月 9 日),元儿在汉口客寓,搭长江轮船回粤。

十七(9 月 10 日),酉初开行,雇关津轮船拖带,言明至磊石口又名莲子口银三百五十元。

十八(9 月 11 日),阴雨,顺风。因风劲,泊。

十九(9 月 12 日),晨早开行,过采石矶。酉正,抵岳州府。署岳常澧道颜小夏冒雨来船禀谒。

二十(9 月 13 日),晨早开行,过洞庭湖,历芦林潭,晚抵磊石口。轮船因水浅,不复上驶。

二十一日(9 月 14 日),巳初开行。午后风顺,酉正泊南和洲,计行四十里。

二十二(9 月 15 日),黎明开行,逆风。晚过老河口五六里,泊。计行廿余里。

二十三日(9 月 16 日),黎明开行,逆风。晚抵沅江县,计行四十余里。水师参将、县令均迎迓谒见。

廿四日(9 月 17 日),辰刻开行里余,无风,仍泊。未刻,复行十余里停船。

廿五(9 月 18 日)晨早,饬人至沅江购买食物各件。巳正开行,酉正泊杨(国)[阁]老,计行六十里。

廿六(9 月 19 日),卯正开行,六十里,晚泊艾阳湖。闻系距龙阳县尚三十余里。

廿七(9 月 20 日),辰正开行,十五里,午刻过龙阳县。署令卜□□河干迎接。晚泊牛皮滩。计行六十里。

廿八(9 月 21 日),卯正开行,酉初抵常德府,有镇远□总戎所派来迎迓之炮船候接,泊鼎新门左大马头。府县、城守协均来船谒见。

廿九日(9 月 22 日),雇得麻阳厅子船四只。座船九十二两,一五十五两,二五十二两。茅篷二只。一五十两,一四十四两。各神福赏犒六次,每次一千二百文。

三十(9 月 23 日),先将行李过载,并分派随从弁役分驻各船照管。

闰八月

初一日(9 月 24 日),换麻阳座船。

初二日(9 月 25 日),仍泊马头。

初三(9 月 26 日),申刻,开行五里泊。

初四(9 月 27 日),卯刻开行,顺风。酉正抵桃源县,距府城水程九十里。县南桃花洞,石有五色。土人取石子做成酒杯、玩器,颇精雅。

初五(9 月 28 日),辰正开行,酉正泊穿山。河干有石洞,由前通后,故名。行六十里。

初六(9 月 29 日),卯初开行,晚泊界石。行六十里。桃源县境止,以上属沅陵治。

初七(9 月 30 日),卯刻开行,申刻过青龙滩,长而水紧。晚泊偏口。计行五十余里。

初八(10 月 1 日),卯刻开行,晚泊朱红溪。行六十里。

初九(10 月 2 日),卯刻行,申刻过横石滩,水甚激。晚泊深溪。计行六十里。

初十(10 月 3 日),卯刻开行,三十里,午刻抵辰州。长胜营统带赵副戎并城守营都署参将以下暨府县均禀见。又矿务局及厘金委员万令兆华俱禀见。水师、防营、绿营皆排队江干候送。即移舟下游泊,以免家人久候。

辰州府吴守积鎏,沅陵令冼实斡南海人。

十一日(10 月 4 日),卯刻行,申刻至泸溪县,过五里泊。县令程寿保来见。是日午刻,贵州候补府徐维彦禀见,带眷回皖,曾署黎平府,又充厘局提调差。

十二日(10 月 5 日),卯正开行,五十余里至浦市。有分防通判王之垣来谒见。船户以是日食福肉,泊此未行。时甫申初。此处商贾贸易颇盛。

十三日(10 月 6 日),卯正开行,二十里至江口。再行四十里,泊新洪潭。

十四(10月7日),卯刻行船,三十余里至辰州滩。水浅,纤拉未上,天已暮,遂泊滩下。入夜微雨。

十五(10月8日),卯正开行,上辰州滩,时已下午。行数里,已至螺丝湾下,恐日暮不能上滩,即泊。辰起有雨,酉初晴。是日止行二十余里。

闰中秋螺丝湾望月

月小山高秋气清,举头桂魄异常明。只愁左右浮云蔽,远照西南润泽生。滩水螺纹流九曲,哨船鼍鼓报三更。仍当逐日惟夸父,转待阳乌晓复升。

十六(10月9日),卯正开行,上螺丝滩,行六十里,泊铜湾。早雨晚晴。山西偏关令徐沛霖调吴季卿庙。酉刻,泊安江。计行六十里。竟日阴而不雨。

十八日(10月11日),卯正开行,六十里至红江,酉刻泊船。十七(10月10日)节届寒露,十九日(10月12日)换戴暖帽。

十九(10月12日),船户食福肉,歇一天。八点钟,帮带长胜水师总兵用副将曾有亮率炮船二艘来迎,并禀见。是日细雨濛濛,浓云密布。江水已长尺。至半夜,雨稍大。

二十(10月13日),卯正开行,欲晴不雨,沿路多滩。计行四十五里。酉初至喷水滩泊,天气复暖。

二十一日(10月14日),辰初行船,巳刻至黔阳县。该令苏宣烈滇丽江人来见。贵州瓮洞厘局属天柱县委员同知曹正魁、收支委员通判谈仁熙、笋洞查卡委候补令黄宗荣均来见。此地距瓮洞一百二十里。酉刻泊江潭,是日仅行三十余里。天色晴明。

二十二日(10月15日),卯正开行。未刻,至高离洞。滩高溜急,逆上甚难,以四五十人牵而上,与过坝无异,而加以水势逆冲也。晚泊周站中坊,计行四十余里。镇远镇戎岑澜之派炮艇二只来迎,有中军参将严忠培禀帖。

二十三日(10月16日),卯正行船。酉初,泊朱家湾。上行三十余里。晴暖。

二十四日(10月17日),卯初开行,晚泊罗池。是日行五十余里。风平日朗。

二十五日(10月18日),卯初开行,三十五里,申正至沅州府。朱守益濬莼卿、芷江令温锡纯九畴来见。即泊城外马头。

廿六(10月19日)早,船上眠桅过芷江桥后,起桅耽迟。至酉初,再行数里即泊。是日疏雨时来,水平风静。署沅州协文汉章、毅字营官颜武林均见。过桥后,船主尚不开,意在又歇一日。因即送芷江令责惩,暂押船行数里,至游玩塘泊。

廿七(10月20日)早,卯刻行船。午刻,船户已责惩放回。行三十里,泊鹅滩。因此滩甚长,座船先上。五点钟至七点钟,各船始能上齐。故泊船稍晚。

廿八日(10月21日),卯正开行。酉初,白毛滩上滩后,泊便水关,上有回龙滩□□。计程三十余里。曹家溪厘金局正办委员李丞钟杰、收支委员潘丞家怿、帮办委员楼照历、高鸿文同禀见。曹家溪,贵州插花地属玉屏,距便水关一百二十里。是日晴明。

廿九日(10月22日),卯刻开行,寒雾漫天,至对面不见。辰刻,红日东升,始散。行三十九里,泊白水滩,时已酉初。闰八月小建。

九月

初一日(10月23日),卯正开行,辰正至曹家溪。厘卡委员来谒,以昨已接见,今日再传见。申初,至晃州。该厅通判冯承恩、分统下游铜松思石练军、记名提督杨昌魁镇远人、松桃协尹光祥湖南人、松右游击邓德俊湖南、移驻梵净山兼带练军副将借补朗洞游击署松桃协中军都司吴占先嘉应人、玉屏汛守备刘绍勋及千把等均来船禀见。过晃州数里,晚泊龙溪口。是日约行四十里。天气晴暖。

初二日(10月24日),辰刻行船。巳刻,玉屏县孔令广尧禀见。署铜仁协陈长明、署抚中军参将游万崑、号纶山,四川人,系普安营游击,调署斯缺。镇远总戎派巡捕候把总罗荣廷带兵十四名来接，禀见。署镇远中军游击严忠培禀见。酉刻泊鲇鱼塘。计行三十余里。晴明。

初三(10月25日)，卯正开行，巳刻入(石)[玉]屏境。署思州府陈沄来见，本缺松桃同知。一路滩多水浅，计行不满三十里。晚泊猪头山。晴明。

初四(10月26日)，卯正开行，十余里至(石)[玉]屏县城外。铜仁守陈廷梁在此马头等候禀见。思州守陈沄、(石)[玉]屏令孔广尧亦来送供给，不收。是日约行四十里。天晴暖。

初五日(10月27日)，卯正行船。孔令来送供给。陈守禀见。三十里，未刻到清溪县城。申刻，陈守、孔令随伺至对江铁厂，阅看机器以运煤，道远，且煤质不佳，停炼，实为可惜。阅毕，回船。再行五里，泊上五屯。时已薄暮，晴暖。

初六日(10月28日)，卯初行船。午刻，镇远府谢守文翘来见秀山。镇远县喻令鸿钧戌刻来见。申刻，镇远总戎岑澜之有富亲来迎迓，会晤。酉初二刻，泊萧田。是日行三十余里。天气热如首夏。云南人、改教知县倪学宽禀见。

初七日(10月29日)，卯正行船。申刻，李令家兰禀见，禀知回署。镇远团绅在籍参将王炳坤、教职上官仁俱禀见。酉初，泊交溪，入镇远境。计行三十余里。晴明。

初八(10月30日)，卯正行船，约七八里至大王滩。上有金龙四大王，滩阔而石满水浅，须涉抬船方得过滩。上滩后，时已午正。清溪、(石)[玉]屏两令俱派夫以便抬船。喻令派夫而未来，故迟滞。再行十余里，离镇八里滩泊，时已酉初。是日自前宵连日大雨，水已长尺余。

初九日(10月31日)，卯正开行，午初抵镇。总戎以下、府县及佐教人员俱码[头]迎候，即登岸至接官亭少坐，即乘轿进行台。眷属后至。是日即答拜各客。天气晴暖。

初十日(11月1日)，辰起，接见文武各官。天气晴暖。

桥联:扫尽五溪烟,汉使乘槎撑斗出;关开重译路,缅人骑象过桥来。

十一日(11 月 2 日),辰刻,岑镇来答拜,即见。

十二(11 月 3 日),巳刻,府县禀见,省中到有迎接二次之派来武巡捕一人、戈什哈四人。定实夫马价,夫每名一两五钱,马每匹一两八钱,送至贵州省城。

十三日(11 月 4 日),闲。天尤晴暖。

十四日(11 月 5 日),拜镇、府并辞行,归时薄晚。天气晴暖。

十五日(11 月 6 日),先发马驼行李。天阴,欲雨不雨。

十六日(11 月 7 日),十一点半钟,自镇远启行。阖城文武官员出郊拜送。行三十里,馆刘家庄。又三十里,宿施秉县。

十七(11 月 8 日),卯初启行,□□里馆。□□□,晚宿黄平州。共行六十里。

十八(11 月 9 日),卯初启行,三十五里,馆黄平州安江驿。三十五里,宿清平县。

十九(11 月 10 日),卯初启行,五十里,馆平越杨老驿。四十里,宿平越县城。

二十日(11 月 11 日),卯初启行,馆□□,晚宿贵定县。是日共五十里。

廿一(11 月 12 日),卯初启行,馆□□,晚宿龙里驿。是日行六十里。

廿二日(11 月 13 日),寅正三刻起行,馆□□□。共行六十里。酉初至贵州省城。护抚篆邵积诚及学使□□、护提督蒋宗汉等出东门迎迓,跪请圣安。礼毕,少坐,即入城,驻大公馆。文……

有感

老臣北望泪沾胸,愁煞浮云蔽九重。无事自求蜂趸螫,此行被挟虎狼凶。黄巾自古名流寇,白简何人枉效忠。若辈自矜儒者党,欲陪魏宦两庑中。

卷九　日知录光绪二十六年庚子(1900)九月、二十七年辛丑(1901)、二十八年壬寅(1902)、二十九年癸卯(1903)、三十年甲辰(1904)、三十一年乙巳(1905)、三十二年丙午(1906)。

日记第九卷总目

光绪二十六年庚子(1900),接上年九月起,记到黔抚任等事。

二十七年辛丑(1901),在黔府任内,记变法大政等事。

二十八年壬寅(1902),记吴氏夫人寿终黔署,七月陈氏庶□来黔及腊月因病请假等事。

二十九年癸卯(1903),记请派员护理黔府,四月交印巡抚,起程,五月十六(6月11日)到九江,借住郑□□医。八月初六(9月26日)由□□□□。九月初七(10月26日)进京,□□□□早到京,廿八(11月16日)跪安贺万寿等事。

三十年甲辰(1904),记正月在京及二月初一(3月17日)出京由津至申,初四(3月20日)回谦吉里寓所等事。腊月由沪回粤垣等事。

三十一年乙巳(1905),记省垣及仪儿在杭等事。十二月,祖先堂告成。

三十二年丙午(1906),记省垣及杭州等事。

三十三年丁未(1907),记仪儿来省办米及回杭等事。

光绪二十六年庚子(1900)日记九月下旬接前卷。是月十七日(1900年5月15日)立冬,以后十月节。

九月

二十三日(1900年11月14日),辰刻,护理贵州巡抚邵实夫方伯积诚委署贵阳府知府王联璧、抚标中军参将游万崑将贵州巡抚关防及王命旗牌赍送至大公馆。未初二刻,乘舆亲捧关防至衙门,行拜仪门礼。礼毕,进内,穿朝服,诣大堂,望阙谢恩。礼毕,进内换蟒袍补服,至大堂拜印。礼毕,升公座,文武各官参谒如礼。堂吏呈文标判,开用关防。礼生唱堂事毕,进内,诣各神前拈香。回厅事少坐,遍看各厅堂,旋大公馆,俟择吉乔迁晋署。

廿六日(11月17日),聘请幕友李锡堂。

【廿六日】(11月17日),拜发报到任日期折,又请安折同发。

十月

初二日(11月23日),未时,率同眷属乔迁衙门,文武各官均晋署贺喜。

初九日(11月30日),阅城。

十一(12月2日)、二(12月3日)、三日(12月4日),虔诣各神庙行香,并明伦堂宣讲。

十一月

初四日(12月25日),拜发进呈方物折,委知县张斗南赍解贡物九品雄磺精如意二柄,大定府细四十匹,皮盒描金龙八套、每套五个,香菌八匣,竹荪八匣,安南燕菜八匣,荸粉八匣,珠茶八匣,宣腿十对。

光绪二十七年辛丑(1901)日记

正月

初五日(1901年2月23日),接陕抚岑咨到京钞,得悉上年九月廿六(1900年11月17日)拜发到黔接任谢恩,接十一月廿二(1901年1月20日)奉朱批:"知道了,钦此。"惟递折之标弁尚未回黔。

四月

二十八日(6月14日),拜发遵旨详议变法事宜折。

六月

十一日(7月26日),奉到军机大臣字寄:"五月二十日(7月5日)贵抚所递奏折一件,留中。所陈八事:一广兴学校以育人才,一在变通科举以一士心,一在亲贵游历以悉外情,一设立军籍以储劲旅,一广兴矿物以开利源,一广兴日报以一见闻,一在行钞法以裕度支,一在官宜专任以期长治。"

春间,行在礼部咨,询黔省来年能否举行乡试。咨覆以现在黔省尚属靖谧,可以举行。得旨允准八月初六(9月18日)入闱。监临考官为旌德太史吕佩芬,号小苏,庚辰进士;天津华学澜,号瑞安,丙戌翰林。是日发委藩司代印行折。正场题为"事父母几谏"全章,次"贱而好自专",三"为天下得人难",赋得"寒山远水江村暮"。

【八月】二十一日(10月3日),午刻,出闱。越日,拜发奏报出闱折。

九月

二十一日(11月1日),拜发大阅请展限至明春折。

无题

夜郎蠢尔太顽冥,结队同时得意鸣。彼谓犬羊徒自大,汝称麟凤果何灵。酒徒醉里长如梦,琴爨烧时不忍听。人首蛇身传古众,不知此辈作何称。

挽太傅一等侯相国李文忠公联语

百忍济艰难，热血满腔，尽瘁不辞群望属；

四朝隆辅弼，褒忠一字，深心早荷九重知。

光绪二十八年壬寅(1902)日记

正月

初一日(1902年2月8日)，奉到廿四年(1898)甘饷在安徽巡抚任内全数解清，吏部奏请从优议叙，加一级，记录二次。钦此。由陕甘总督转咨。

初二日(2月9日)，吴氏夫人寿终贵州抚署内寝。戌时。

二月

初十日(3月19日)，接得元儿发来电信，知四月十五日(5月22日)率同新置妾及仪儿之妾自省启程，由沪至常德、镇远来黔。

七月

廿二日(8月25日)，元儿偕同新妾陈氏(丙戌年〔1886〕十八岁)到贵州省城。申时进署。陈氏十一月三十日(1886年12月25日)亥时生。

八月

初五日(9月6日)，准吏部咨光绪二十六年(1900)皖抚任内解清甘肃协饷，奉旨："加一级，记录二次。钦此。"

九月

初二，元儿扶运吴夫人灵榇取道镇远至湖南常德，由湖北汉口轮船至上海回广东省城。

十一月

十二日(12月11日)，拜发请开缺回籍折。驿递应十二月初到京。先于九月廿五(10月26日)曾拜发请假一月折，约十一月十五(12月

14 日)进折。

驿递须腊底方能回黔。

十二月

初六日(1903 年 1 月 4 日),辰刻,阅电传。

上谕:"邓华熙奏假期届满,病仍未痊愈,请开缺一折。贵州巡抚邓华熙著准其开缺,钦此。"

前九月廿五(1902 年 10 月 26 日),奏请一月假,十二月廿五(1 月 23 日)奉到朱批:"着赏假一月,钦此。"

光绪二十九年癸卯岁(1903)

正月

十八日(1903 年 2 月 15 日),由军机处发驿递到特旨:恩赏御书"福"、"寿"字二方。

二十日(2 月 17 日),专折陈谢。

二十六日(2 月 23 日),拜发又上年十一月日解铅知府潘家怿带到四月恩赐平定粤、回捻匪方略各一部,亦于本月拜发谢折。

廿六日(2 月 23 日),拜发请派员护理抚篆折,荐现署藩司之臬司曹鸿勋。

二月

十五日(3 月 13 日),折弁回黔,奉恩赏"福"字一方、奶饼一匣、果干一匣。

【二月】二十二日(3 月 20 日),具折陈谢。

廿四日(3 月 22 日),元儿到黔。

三月

十九日(4 月 16 日),奉军机处寄来电:"奉旨:李经羲未到任以前,着曹鸿勋暂行护理,钦此。"

四月

初一日(4月27日),交卸贵巡抚篆务,即电奏明日间起程,取道汉口,由长江至上海。具折亦写初一日拜发,仍用贵州巡抚关防。

初四日(4月30日),奉到准开缺谢恩批折:"知道了,钦此。"

十一日(5月7日),申刻,经予札委署理藩司之滇臬新调黔臬之全廉访楙绩到黔,来谒。为送行而兼程,情也,亦礼也。经委臬篆之贵东袁观察开第亦适于前一日到黔省,来谒。

十二(5月8日),午初,自省垣起程。在南门外官厅候送行者,有新简帮办驻藏大臣、前署滇臬贵西道桂香雨霖,署藩司全护臬篆。贵阳府严门外则有文武学堂监督、委员并诸学生站送,文教习率领诸生送行三十里至谷脚,午馔。首县方令峻送至,叩谒。三十里至龙里县,知县文端、署贵阳胡汝霖、候补府王人文、通判祁祖彝、孝廉徐培忠、张济卿在此迎迓。进行台驻宿。是日阴晴各半,气候和平。时日未入。

十三日(5月9日),寅正二刻晨六点钟,登舆起行。四点半钟,三十里至新安,午馔,贵定属。王令□同□出迎四十里,至贵定县驻站。夜雨。

十四日(5月10日)早,微雨,起行、登轿时刻均如前。四十五里至黄丝馔站,平越辖。直牧陆德滋出迎三十里,至马厂坪。夜大雨达旦。日午,雨止。

十五日(5月11日),阴雨。三十里至杨老,仍属平越,在此午馔。四十里至清平县宿站。县令为熊士清。入夜,雨。

十六日(5月12日),天阴欲雨。至崇安江,过铁锁桥,至馔站,黄平州属。署该州张通判石鏄出迎三十里。至黄平州俗名新州宿站,供张甚为周到。

十七日(5月13日),晴,天气颇热。三十里至蓝桥馔站,属施秉县。李令凤来、镇远府曾守宗彦来迎三十里。至施秉行台驻宿。

十八日(5月14日),天晴,尤热,如盛夏。四十里到刘家庄馔站，仍属施秉。署镇远令谭希杜，并曾守至城外迎迓。未至城十里，卸署镇远总戎本任安义镇兵熊时敏于路旁帐中迎接，下舆少坐。由馆站计三十里进城，时已酉初，驻行台。学堂西习曹、董二人来见。安徽旧学生，予荐充。

十九日(5月15日)，卸行李于船。麻阳艕子三只，大号船价一百四十两，二、三号百零六两；茅二只，各六十两。

二十日(5月16日)，十二点钟，答拜府县及曹、董两习，并观阅学堂，规模颇宏备，惟楼阁阁太多，恐不耐久。系郑守思贤创始布置，尚未竣工，而经费已不继，亦好大喜功之弊也。循阅讫，即上船。曹、董两生馈以酒席。是天阴未雨。

廿一日(5月17日)，晴。不见日。午刻开船，三十里至茭溪，三十里至清溪，泊船。是日行九十里。

廿二日(5月18日)，天晴日朗，气候融和，所谓"首夏犹清和"也。自清溪六十里至玉屏县，谈令仁熙出河干迎接六十里。至晃州湖南，州官颜镡河干迎接二十里。至曹家溪，有黔省厘局此地插花入湖南境。委员萧丞有源、李令鼎基迎接。复行七十里，晚泊大鹅滩。是日共行二百一十里。

廿三日(5月19日)，卯正开船。行十余里，大雾漫江，对面无所见，遂停船待日出。行数里至沅州府芷江县，汤太守似瑄、华令廷凯河干迎候。见毕，即开船。晚泊渔水湾。是日行一百二十里。

廿四(5月20日)，黎明开船。微阴，不雨，冷暖得宜。九点钟，船停一处，早膳。十一点开船，两点半钟至黔阳。章令卓汉率同典史来见，毕，即行船。六点钟至洪江泊。仍阴不雨。是日共行一百五十里。

廿五(5月21日)，七点晨兴，天气阴寒。未初雷雨，申初二点，雨晴。自洪江开船，行十余里，又雨，遂泊。细雨通宵达旦。泊船时，有靖州牧沈庭飏赴任，亦泊此。晚，以手本来候。

廿六(5月22日)早，辰正开船。细雨时至，风平橹缓，非过滩则波不兴。申正四点，晴霁，见太阳。至新河口，晚泊龙头庵。是日行一百四十里。

廿七日(5月23日)，辰初行船。朝暾在山，旋被雾掩。水气犹寒，重棉不脱。十二点后，天青日朗，凉风昼微，风景甚佳，有行舟之趣。三点申初，过辰溪县，长胜水师差卒来迎，循常礼也。申正二刻四点半，泊浦市。有水师炮船持手本来禀安。是日行一百四十里，泊。

廿八日(5月24日)，辰初开船，风平浪静，旭日曈曈。巳初过箱子岩属泸溪，峭壁临江，壁半有岩，人不能到。入洞口约二三尺，有木柜一具，四足，大可二尺余。架木乘之，尚未朽烂，不知何时置此。申正二刻，至辰州府沅陵县。何令德懋来见，统领长胜水师游击李洪宾来见。毕，即开船。晚泊九枝堡。日行一百六十里。

廿九日(5月25日)，六点卯正开船。晴日当窗，东北风，寒气侵人，似深秋天气，重可著。八点，过横石滩，六十里至白营，有炮船声炮迎接。午刻过清浪滩，有炮船来接。又过海螺山，江旁有峰如螺，故名。又有解石，在江边，如半猪腰形，光滑红紫色，中分为两截，然整齐如一刀切底，亦奇石也。晚泊挂榜山。是日行一百九十五里。当昼颇热。

三十(5月26日)，辰初行船。十五里至穿石，江边有石，两洞穿通如牛鼻然。六十里至桃源县，胡令鉴莹号玉堂徽人来谒。买石笔架二枚，钱千文。至活佛三十里泊船。天气如昨日。

五月

初一日(5月27日)，辰初行船。午刻，至常德府。提标中军参将汤懋臣、长胜水师哨长廖远光、武陵县胡日升俱来见。胡令极为周到。常德府守朱其懿差手本请安。酉初，飘风暴雨总至，半时消息，晴霁。晚仍泊府码头。

初二(5月28日)，午刻移船，离府城十里泊。天气炎热如盛夏。

初三(5月29日)，船户整齐桅、帆、律、缆，仍未行。天气炎热如昨日。

初四(5月30日)，辰初开船。虽顺流，而遇东南大风，航行颇缓，因风不顺而拉纤也。未正，龙阳赵令专丁持手本来接，此处离县城尚五十余里，泊。赵令名从嘉，前广东都转赵少愚之孙。

初五(5月31日)，辰正开船。午刻，至县码头。赵令谒见后，即开船。晚泊牛心塘。日行九十里。

初六(6月1日)，辰初开船，东北风。九点，过黄泥湖。九点半，至杨国老。晚泊茶关。是日行四十五里。东北风极凉爽，似深秋天气。

初七(6月2日)，卯初开船，辰正过西湖口。仍风由北来，微细，水波不兴。转湾右即顺风，二十里至缯铺。晚泊湾弓潭。自茶关至此，共行一百四十五里。是日仍东凉风。

初八日(6月3日)，卯初开船，十里至余子厢，十里至林子口，时七点一刻。辰初，泊船买菜。西南风，凉爽。十一点半至芦林潭泊。雇得两湖公司小轮拖至汉口，言明一百六十八元四角，加一酒资，订明十一日启行。

初九日(6月4日)，辰兴。西南风，凉快。午后风止，极热。夜半丑初，西南风又大作，波浪有声，颇凉。天明即止。

初十日(6月5日)，早起，仍泊。天阴，转北风，凉爽。永清公司小轮经此往长沙，订定十一日午回此处带船。竟日阴云遍天，入夜微雨。天明，阴晴。

十一日(6月6日)，永清小轮仍未到。早间西南风，不甚热。下午西北风，清凉。入夜，云阴不见月。

十二日(6月7日)，西北风，晴，不甚热。七点钟酉初，永清小轮到芦林潭，再求加赏七员六角，约每船二员。立票已妥，正当寅时十三日(6月8日)。即带船启行，两两相并，分作两层。其时，西北颇劲。

十三日(6月8日)，仍西北风。早四点钟，由芦林潭启轮一百二十里到芦角，风浪极大。六十里至岳州，风浪渐静。洋船停轮，遣人至岳常澧道韩古农庆云署取护照，即开轮。四点酉初，六十里至城陵矶。民船用洋轮拖带，即作为洋船，应上纳洋关船料税。到此，洋船即派人代纳毕。四点半复行酉初二刻，风平。连夜不停轮。

十四日(6月9日)，卯初，船到金口。上有水师协声炮迎接。十一点钟，移船河泊所。署汉阳协记名提督邱俊凤、署汉阳府程道存俱来见。入夜，汉阳令周林禀见。汉阳镇周芳明来，以隔船太多，迎送太远，未会。初更，风雨亦不甚大。二更，风雨大作，达旦始息。而襄水大涨，汉居下，溜急甚险。目击覆大小船数只，伤人可知。

十五(6月10日)早，移船至招商局马头，舟行甚险。午刻，搬行李上江孚船，住大餐房三间。晚九点钟，启轮。

十六日(6月11日)，早八点钟，到九江。借驻郑纪常观察关税银号，行李寄存招商局。是日，九南道华儒瑞徵、九江守孙景斐毓骏、九江丞郑同诰怀廷、保甲委员张树森、兼办统税局委员黄锡铨钧选、署德化令江召棠云卿、九江镇标前营游击胡兆有、后营游击刘宇世、统领江西续备前军副将蒋广栋维桢，徽人、前营游击李殿元、右营阳春和俱禀见。

十八日(6月13日)，遍答拜九江文武各官。

十九(6月14日)，未会客。

二十日(6月15日)，九江镇刘锐恒来见副将署。午间，往九江道瑞贺喜，回任接印。过电局门，投刺。

廿一日(6月16日)，九江电局委员汪承裕苣孙禀见。

闰[五]月

廿二(7月16日)，仪儿自九江坐江孚轮至沪，廿四(7月18日)到，廿六(7月20日)由申赴津。

六月

初四(7月27日)，至京。

初五(7月28日)，来电吉劭。

十二(8月4日)，来电，怀乡务。

廿七(8月19日)，来电八旋。

七月

初五(8月27日),到沪。

初六(8月28日),由沪来电六到。

七月

初九(8月31日),沪电九行。

初十(9月1日),接沪信,系初六(8月28日)晨早发,详述京言。

十二(9月3日),由沪来浔。

十八(9月9日),仪赴沪看公馆。

二十(9月10日),来电,知已租定。

廿一(9月11日),来信,知公馆在红口谦吉里,月租银五十六员。

廿二(9月12日),派王贵先带行李二百余件赴申。

八月

初二(9月22日),王贵由申回浔。

初六日(9月26日),率同眷属搭江宽轮船由浔赴申。

初八(9月28日),午刻至申。适先一日礼拜期,招商局码头满泊轮船,江宽船无泊处,须用小艇抵岸。幸梁玉堂说可向唐凤池总办借小轮抵岸。仪儿先雇马车伺候,即率两孙同车进公馆。仪儿同家人亦随到。元儿仍在江宽船查点行李,过驳船三只。适晚潮正长,逆水行,迟至六点钟方到招商北栈码头,亥初乃收齐。晚酌。

十二日(10月2日),托百川通寄谈邸尺牍一封。

十三日(10月3日),午刻,乘马车拜客,晤聂中丞仲方、百川掌事彭君。申初回。梁玉堂于昨日邀游愚园。

十四(10月4日),晚八点钟,玉堂邀看外国马戏。向皆亥初入座。

十五(10月5日)以后,间日拜客,晤办理商约事宜吕工部尚书镜宇、盛杏孙宫少保。越日,少保馈予燕席。安徽候补道童熊祥、知府杨宗清、府知府童宝来见。连日办理贡品,预备进京。

九月

初七日(10 月 26 日),搭安平轮船,定坐大餐厅两房。戌初,率仪儿及奴仆上船,带小婢牡丹伺候。

初八(10 月 27 日),早四点钟开行,将到茶山。未出口,适遇大风而雨。轮停下碇,以避风浪。

初九(10 月 28 日),早五点钟,风稍定,起碇行船。风渐息。

初十(10 月 29 日),风平浪静。

十一日(10 月 30 日),亦然。

十二(10 月 31 日)早,已抵大沽口。水浅,不能过沙,泊此候潮,殊嫌阻滞。遂雇公司小轮船一艘,直入紫竹林,免由车站又多转折,船价九十五员。是晚十二点钟到佛照楼,为行辕。

十三(11 月 1 日)午,乘马车往拜制军以下文武各官。适袁慰帅奉急旨进京,未晤。

翼日十四(11 月 2 日),自运司以下至府县及有职事各官均来见。是日三点钟,派仆人姜裕坐火车携信进京,托戴少怀少农照料入门等事。

十五日(11 月 3 日),午初,总办医局事务□道来谒嘉应人。

十六日(11 月 4 日),姜仆回津。接少翁回信,约十八(11 月 6 日)早车进门,已托那琴轩尚书代为照料入门。

十八(11 月 6 日),早七点钟至老车站,九点开。单租花车一辆,价二十五元。随往各人,皆照一、二等车算。是日一点钟到京,在崇文门东站卸行李,驻南横街粤东新馆。戌刻,戴少农来晤,并送菜盒。晚饭毕,已亥正矣。

十九(11 月 7 日),晨早,过戴少农宅答拜,并谢其托那尚书代照料入门之事。回会馆早饭后,即饬仆赴园,约政府诸公往见。未拜别客。

二十(11 月 8 日)早,先往王夔相投刺。适其有事进城,未晤。申初,谒庆亲王,晤谈两刻,嘱廿八日(11 月 16 日)递牌请安。

廿一日(11 月 9 日),午刻,拜会那外务部尚书琴轩桐,并晤铭鼎臣前吉林将军同年安,系琴轩嫡伯。赠四老同年照相一幅,首为都统豫师七十八岁,次为孙相国家鼐七十七,次为前将军铭安七十六,次为王相国文韶七十四。又往访内务府继子受禄,出门未晤。阍人回说廿七(11 月 15 日)、八(11 月 16 日)可在家。

廿二(11 月 10 日),未出门。午间,戴少翁来晤,闻圣驾廿六(11 月 14 日)还跸西苑。

廿三(11 月 11 日),晤瞿子玖尚书,嘱即往访王弢甫京卿。彦威,军机章京。原拟廿五日(11 月 13 日)递缮牌请安。因是破日,今照庆邸所言,廿八(11 月 16 日)午间晤内务府大臣继禄号子受,托其由府进寿辰贡物。据云,拟于初三(11 月 21 日)呈贡物十色。

廿四日(11 月 12 日),送信与王弢甫说知廿八日(11 月 16 日)跪安。

廿七(11 月 15 日),下午,至静默寺待漏。

廿八(11 月 16 日),寅正三刻,至西苑朝房候传对。未蒙宣召,申刻回会馆。

十月

初一日(11 月 19 日),赴同乡公讌。

初二(11 月 20 日),往怡和园内务府公所驻宿,以便初三日(11 月 21 日)早进呈贡品,计如意一柄、玻璃雕花边大扁镜二面,广绣红木细雕围屏四扇、广绣红蓝缎桌面二堂、镀金银茶具五件、镀金银大果盘一座四开、广漆描花茶桌二套大小八张、南华香菇二罐、镀金银福寿花瓶一对、广东糖果十六匣,共十色。均赏收,赐双福双寿字银锭四两回盘。申刻回会馆。

初四(11 月 22 日),未出门。

初五(11 月 23 日),大雪,二寸余。

初九(11 月 27 日),未刻,往海淀驻万源茶居待漏。

初十日(11 月 28 日),五点钟卯初,诣怡和园排云殿候行祝皇太后万寿礼。七点半正辰，中和乐作，慈驾出，升殿受贺。皇上在殿上，王公在陛上，一、二品京官大员及外官督抚在丹墀行礼，其余文武二品以下各官在殿门外行礼。入苑门至排云殿有一里余，台阁参差，绕湖屈曲。午刻回会馆。

十二日(11月30日)，卯正，诣怡和园拜晤瞿子玖外部尚书、庆邸、陆尚书、荣侍郎，未晤。

十五日(12月3日)，乘舆拜客，晤徐相郙、郭京卿曾炘号春榆、龙静山漕台，总宪奎乐峰未晤。

光绪三十年甲辰岁(1904)

正月

十二日(1904年2月27日)，因元儿善麟以秦晋劝捐赈款出力，陕抚保奏免补同知，以知府仍留江苏补用。去冬腊月廿三日(1904年2月8日)奉旨依议，本日具折谢恩。寅正，进内朝房乾清宫。辰正八点，牌折发下，奉旨："知道了，钦此。"折系托王弢甫彦威四品京堂代办。送折费二十金，赏递折苏拉银八两。

廿六日(3月12日)，沈彦卿函言：吏部接云南督抚咨，以元儿军功，奏请赏花翎。

廿八日(3月14日)，包快车于上午七点钟赴津。其行李各物，【是早】京中佛照楼夥伴于是早三点钟即来车驱至车站装妥开行，至十点十五分即已到紫竹林。登步舆至佛照楼客寓，知三新轮船以潮小均未进口。津地大气犹寒，未能撤炉，尚须重裘。

廿九(3月15日)早，轮船尚未进口，闻口门止有水六尺。

二月

初一日(3月17日)，早五点半钟，展轮南驶。上午一点钟，至塘沽，上煤、搭客甚夥。天气阴寒，不似时届春分。

初二日(3月18日)，夜半，颇有风浪，天明渐息。午刻至燕台，停轮装货。四点酉初开轮。

初三(3 月 19 日)，子刻，西北风起，船摇而不荡。时至黑水洋，略有浪，好在顺风。天气晴暖。

是夜，在轮船睡梦半醒间，得一联句，云："五月驻京华客来，人事天时，名心已淡；卅年游宦海归去，田园花竹，逸兴遄飞。"醒后改数字。

初四(3 月 20 日)，早十点钟，轮船抵招商局码头，即乘马车回谦吉里寓所。

十六日(4 月 1 日)，元儿搭泰顺轮船回粤，八点辰刻启行。

廿二日(4 月 7 日)，得元儿电，知其二十(4 月 5 日)抵省垣。

禅院观棋

棋声当昼出墙闻，黑白残枰势欲分。燕幕有僧安若堵，鸠居笑汝拙藏身。丹砂久服心常赤，冰雪餐多发似银。丈六金容曾未现，佛前何以证前因。

山路观樵

杂树云迷拨不开，岂知拱把匪宏材。视同隆栋工师误，色厉穿窬窃盗才。干老自当为世用，度长难转出山来。盘根错节思良匠，斤运成风实快哉。

七月

初十日(8 月 20 日)，得元儿来信，悉吴氏夫人安葬于省城东门外龙眼洞山之原。

九月

初二日(10 月 10 日)早起，偶得一楹联："谷旦喜闻鸣好鸟，丰年有兆梦多鱼。"

是日，第一次书箱、什物一百数十余件饬王桂由广利轮船带粤，初三(10 月 11 日)开。

初六日(10 月 14 日)，寅刻，接粤省来电："邓中丞鉴：粤汉铁路续约第十七条：'不准将合同转与他国及他国之人。'今欲归比办，显背原议。且工匠等在粤滋事，枪弊命案，层见叠出。若未争回主权，祸伊胡底？兹阖省绅商在商务局会议，公举台端及张侍郎在沪会商盛宫保力争废约。除电外部、香帅、□帅、伍、戴、张侍郎外，乞竭力维持。全粤幸甚。阖省绅商左宗藩、伍铨萃等叩。麻。”

复电：“麻电悉。事关梓乡大局，义不容辞。俟张侍郎到沪会商，随时奉达。名。齐即九月初八日（10月16日）。”

致北京外务部伍，烦转张弼翁鉴：“昨粤商局电嘱名与公商议路事。台从何日来沪，希即复盐虹口谦吉里九月十四日（10月22日）。”

祖先厅联：“风宪起家声，四世光荣封肇始；云台承祖泽，屡传科第庆绵长。”

曩时作王荆公诗数句，今足成一首：“行政多偏言枉大，读书惟博过能文。贤奸不论须同党，势焰专尊趋结婚。切语立身廊庙者，莫教遗臭万年闻。”

旋粤日记

腊月初一日（1905年1月6日），酉刻，率同仪儿及陈姬、小婢三、佣妇一苏州人、弁役四至金利源，登广利轮船，住大餐房三间。

初二（1月7日），午后两点钟启轮，一路波平如镜，风浪全无。冬日难有此天气。

初六（1月11日），上午十一点抵港，夜四句钟开轮。

初七（1月12日）晨早，抵省。林、蔡两婿来迎，元儿同到。旧巡捕刘令、梁县丞亦来，早经预备紫洞艇伺候。早膳后，乘肩舆到舍，一堂畅聚，欣喜何如。是晚，留两婿晚膳，其乐融融。

十六日（1月21日），仪儿率同媳妇许氏由香港夜船由省至港，搭新济轮船回申。缘仪二妾及二孙仍住谦吉里寓所，等候仪儿回浙，不能久居沪上也。王贵随行到回省。

廿二日（1月27日），接仪儿电报，廿二日（1月27日）到申。

光绪三十一年己巳(1905)日记

□□□□□□□□□□□□□谦吉里寓所赴杭。初□□□行，言系上年腊月廿四(1905年1月29日)寄，并有申汇丰转□□百川、协同两收条稿。

二月

初二(1905年3月7日)，接仪儿由杭寄来正月廿二(2月25日)来函，寓杭□□□□□□□□祖□□警察公所□隔壁。正月廿一日(3月26日)乔迁。

十□，接仪儿二月初十(3月15日)寄来一函，又翁小山方伯回信，每月可见一次。

三月

初一(4月5日)，接仪儿二月十八(3月23日)由杭城来信，知委署处[州同知]，廿八(4月2日)起程，□□□□轮船取道温州水路，尚属便当。候轮至温州，驻客栈，约三月十五(4月19日)前。

□□□□□□□□□□□□内衙未修好，先觅有□□□□□□□□温州□□□局处有邮政□，□□□□□□□□，又接署运司崔磐石……

十一日(4月15日)前，接仪儿三月初四(4月8日)由沪寄来信云："二月廿八日(4月2日)自杭起程，三十(4月4日)抵申。三月初一(4月5日)，搬上集贤栈，在盆汤衖，拟在温州停二三日，十五(4月19日)前当处郡，择(七十)[十七](4月21日)未刻接印。有教读先生同去，月修五元。"

四月

初八(5月11日)，收到徐戈什三月廿五(4月29日)来禀，知仪儿接处州同知印，系三月廿七日(5月1日)申时亥。弁是日起程回黔。该戈什在处州城酱园衖督捕府署寄禀。

廿三(5月26日)，接仪儿初四(5月7日)来信，知三月廿七日(5

月 1 日)接印。

五、六两月，连接仪儿来信，俱大小平安。忽于八月下旬接仪儿寄元儿信，云叶孙于七月廿三(8 月 23 日)因痢症病殁，伤何如之，怨哉痛哉！

十二月二十二日(1906 年 1 月 16 日)，省城府第新建，祖先堂落成，自恭请自曾祖考妣以次三代神主升座，大门悬“景福堂”匾。

光绪三十二年丙午(1906)日记

四月初四日(1906 年 4 月 27 日)，元儿生第四女。

五月，接仪自处州来禀，知闰四月初二(5 月 25 日)生女，次妾出。

贺周玉山制军双寿联

纯嘏锡元勋，具瞻南粤苍生，象郡羊城同额手；

寿星明皖宿，咸仰东来紫气，兰阶节院庆齐眉。

晓起丁未(1907)六月朔，应在下篇

晨兴缓步过园亭，花气散香露气清。转瞬又惊时物变，秋蝉才一听新声。

光绪三十三年丁未(1907)日[记]

正月初一日(1907 年 2 月 13 日)，补录上年腊月周玉山制军来赐寿物送以贺联曰：“纯嘏锡元勋，欣瞻南粤苍生，象郡羊城同额手；寿星明皖宿，咸仰东来紫气，鲤庭鸿案庆齐眉。”

又送朱廉访曼伯寿：“眉寿系东方，道齐德礼；身名高北斗，日月升恒。”

【正月】十三日(2 月 25 日)，准周玉山制军照会，设法招集广九铁路股份，与英国公司合办。

二月初五(3 月 18 日)，第三次接周玉山制军照会，屡请设法招集九广铁路股份。照会文书三角另存。

苦旱七月

凉雨连旬久不来，秋阳烈烈旱为灾。倚阶憔悴怜红药，满壁仳离剥绿苔。蜂蝶已稀花鲜蕊，蚁蝼分运土成堆。甘霖何日滂沱下，一洗当途浊秽埃。

三月初□日，仪儿奉差由杭来沪办平粜米，顺道到省城省侍，亦家庭一乐也。

四月初四日(5 月 15 日)，往朋家道喜，遇雨感寒。越日腹泻，变而痢疾，廿余日，至五月始愈。

七月二十六日(9 月 3 日)，仪儿搭泰顺轮船至上海回杭州。

八月初五(9 月 12 日)，元儿往大良护沙局拜县令并拜局友，初七(9 月 14 日)回省。

九月十二(10 月 18 日)，得仪初六(10 月 12 日)来禀，知其八月初十(9 月 17 日)到杭，接借补金华通判行知，随即委署兰溪县。因现已报捐离任，过知府班，不必署县事，当缴委札，已催协同庆速领过班部照，以便归府班差委。又接颜方伯小夏来函并食物，俟交协同庆寄，未到。仍住保安桥南头陶园里公馆。

二十日(10 月 26 日)，李袭侯国杰号伟侯续弦，送八言贺联："虬黼齐荣，絅衣赋喜；椒房迨吉，萱阁承欢。"

十月初八日(11 月 13 日)，接仪儿自杭来禀："现信中丞委办湖墅厘局差，每年须收十三万元厘额，近二年还能足数。"

惜百灵鸟为野狸所噬

歌喉百转韵玲珑，娱听多年意所钟。鹦鹉能言还遇劫，狸奴肆毒杀难容。获野狸，沉之池。花晨月夕莺声渺，倚槛开帘燕语空。偶见筠笼林外挂，几令泪点落花丛。

崖门

万乘舳舻如一叶，浮沉不尽在今朝。大学一编犹进讲，老臣此际太无聊。

敢言

胜王败寇未曾分，先将奸慝播人闻。两个大名垂不朽，焉能哑口学金人。

赴香港经伶仃洋望崖门

御舟联舰泛风潮，万乘危如一叶飘。大学老臣犹进讲，途穷日暮太无聊。

丁未大寒日，小园桃花开数朵，天目松亦抽针，喜而赋之

竹外桃枝三两花，韶光先已到吾家。岁寒幸不凋颜色，松柏同春爱物华。

冬暖

隆冬燠若本朱方，况复循环启二阳。八十非人能自暖，天公赋我幸康强。

光绪三十四年戊申(1908)

正月

十五日(1908年2月16日)，读日报，上谕，敬悉浙江王相国文韶以辛亥年(1911)恩科乡举重逢绅书呈请浙抚，奏请加恩。奉上谕，加太子太保衔。向例，恩科非正科之年，得提上正科前一年预宴。正科系明年己酉(1909)，例得于今年戊申先行奏请加恩。兹同乡绅耆联衔呈请张制军人骏入告，于二月初二(3月4日)递呈，闻须月望(3月17日)出奏。其呈首及具结绅员为内阁中书王葆熙、龙景恺，列衔有翰林侍读丁仁长、编修吴道镕二十余人，以宪纲为次序也。三月初必奉到恩旨。

二月初，接仪儿浙江来信，又阅日报，知铭鼎臣同年奉旨加太子少保衔。我同一事，当亦此恩眷也。

初五(3月7日)，接仪儿来信，说王府开贺情景甚详，属元儿仿

办并寄帖式。

十六日(3月18日),接藩库大使沈宝卿函,示督署幕友函,云十七日(3月19日)折差起行,请加恩折即拜发,计十二日可到京,折稿抄送云云。

三月

初十日(4月10日),戌刻,接仪儿自杭州来电:"御史第邓宫保钧鉴:'乡举重逢,宫衔荣晋;期颐喜祝,恩宠叠邀。仪韶同叩贺,大喜。'"

□月□日,督院送来电报。

【三月】初四日(4月4日),内阁抄奉上谕:"张人骏奏大员乡举重逢吁恳恩施一折。前贵州巡抚邓华熙早年登第,由京曹外简道府,洊任封圻,后在贵州巡抚任内开缺回籍。现届该员乡举之年,花甲适周,询属科名盛事,加恩著赏,给太子少保衔,以惠耆臣。钦此。"

四月

十四日(5月13日),拜折谢恩,内折写十一日(5月10日)。

头品顶戴、前贵州巡抚臣邓跪为叩谢天恩恭折仰祈圣鉴事:三月初四日(4月4日),内阁奉上谕:"张人骏奏臣以惠耆臣,钦此。"纶言伏诵,感惕莫名。臣当即恭设香案,望阙叩谢天恩。伏念臣岭表竖儒,生逢盛世。早岁忝登科第,观政京曹;暮年乞卸疆符,时怀魏阙。乃以囊膺鹗荐,适逢周甲之期;遂蒙渥沛鸿施,得拜重申之命。宠承丹陛,秩晋青宫。列少保之崇衔,光增南极;荷宸衷之特赏,惠习东胶。湛露久沾,虽伏枥不忘鞅掌;庆云远企,愧滥竽无补分毫。锡福自天,悚惶无地。惟有望龙光而上祝,遥颂九如咸集之祥;效虎拜以扬休,弥懔三命益恭之训。所有微臣感激下忱,理合恭折叩谢天恩。再,此折系借用两广督臣关防拜发,合并陈明,伏乞皇太后、皇上圣鉴。谨奏。

五月十七日(6月15日),督署差弁回省,带回谢恩折,奉朱批:"知道了,钦此。"赏洋二员于该弁。

十七日(6 月 15 日),元儿带匾额回乡,并升红,并请族众饮喜酒。

廿一日(6 月 19 日),元儿由乡回省。

五月中旬,东、西、北三江水发,因雨过多为灾。墓园亦多崩缺。至廿三(6 月 21 日)夜,屋内水皆漫地,朝夕水涨,时有一寸深。西关一带皆如是。数十年来所罕见也。

六月

初十(7 月 8 日),接到仪儿初二日(6 月 30 日)自杭来禀。

初七(7 月 5 日),仪儿寄元儿函,十三(7 月 11 日)到省。

撰沙洲珠玑里邓氏祠堂重修联廿八字

寝宇奠沙洲,素仰箕裘学懋,兰桂枝连,敬修前代燕诒,重见南阳新庙貌;

珠玑彰宅里,灵钟骥德象贤,龙光爵锡,共勉各成骏业,远承东汉旧家风。

六月廿一(7 月 19 日)、二日(7 月 20 日),东、西、北三江水涨,因雨日夜倾盘,广、肇、南、南、番、南海、三水决□围基数十处,以三水为最甚,冲塌房舍田禾,漂没人口财物,不可胜计。省亦当其冲,低处有淹五六尺者,多宝大。

廿三日(7 月 21 日),街上已有水至。

廿四(7 月 22 日),深至一尺有余,厅堂亦二三寸不等。

廿五(7 月 23 日)渐退,只剩天井水过数分。

廿七(7 月 25 日),街上亦退去。

七月

初一(7 月 28 日)早,子时,忽起飓风,渐大。至辰刻狂极,大木斯拔,房舍亦坍塌。惟水上船艇轮船,小者打沉不少,且有无踪影者。人口亦被灾不少。幸而午刻已息,然而伤人破财已千百万矣。

初九日(8 月 5 日),赈灾慈善会开幕,被举为会长。午刻莅会,行开幕礼,令元儿充办事员,并为代表。

补录冬夜一首

他人冬令厌宵长，汤婆伴我乐温香。八十非人犹自暖，天公赋我幸康强。

题潘君画卷

闽水东浙万里宽，珠江遥接汇文澜。韩潮苏海同传诵，流播宏词遍宇寰。

藻思濯锦晋潘江，辞赋一家世少双。又有后昆能继美，遗编蛾述在松窗。

晋潘岳、潘尼叔侄皆有文器。

九月

廿八日(10月22日)，由致远轮船寄浙杭顾绣铺衬洋毡、远镜、广银、水烟筒、大良梳篦等物，转寄京送□□□。

拟某疆吏寿联

元老镇南疆，寿世寿国寿民，三寿作朋诗晋颂；

大星明北极，一爵一德一齿，无一不备福咸臻。

十月

十九日(11月12日)、二十(11月13日)数日，遍传上疾大渐，忧惧寔深。

二十一日(11月14日)下午，报单云："二十日(11月13日)奉懿旨，醇亲王著授为摄政王。"又奉旨："醇王之子溥[仪]着入宫内教养，并在上书房[读]书。"忽于廿三日(11月16日)下午□□见报单云："廿一日(11月14日)酉刻，皇上驾崩。廿二(11月15日)巳刻，大殓。遗诏以溥仪承大统，继穆宗毅皇帝兼祧大行皇帝，[醇]王摄政监国。"又报："皇太后廿二日(11月15日)未刻驾崩，申刻乘吉祥轿回宫□。廿三日(11月16日)大殓。"殊深骇噩。调姜军入京□□。

廿四(11月17日)晚，张制军来，□□□□，礼部回电，□□□□于廿六日(11月19日)举行。

两宫大丧成服礼，一在皇华馆，一在关帝庙。乡绅□□议，另改于府学明伦堂及文昌庙成[礼]。□□□□刻，诣该两处服举哀。到者约百余人。

廿六日(11月19日)，见□□□商会报单云庆邸咳血，廿五(11月18日)未刻薨逝。

廿七日(11月20日)，张安圃制军接京电。

直督杨来电："京津人心甚安，报纸谣传皆未足信。骧。"外务部来电："连日电报咨告谕旨，想得遵奉。现在宫府均安，京师地面亦□安。咨知关廑念。"特电庆亲王、那桐、袁世凯。省中广报各电，内有未足为据者，往往如此。

补记

十七(11月10日)，与景东甫饯行，并托其带致某邸□□，由杭省交仪儿至沪。面托东圃。

廿九(11月22日)早，自治研究，接戴少翁来电："自治研究社两遭国衅，哀痛殊深，幸安□□□，请登报。慈。"

十一月，□本□□□□等四色收到。

卷十　日省录宣统元年己酉(1909)起、庚戌(1910)、辛亥(1911)、壬子(1912)。

宣统元年己酉(1909)日记

正月

初四日(1909年1月25日),收到逵儿贺禀客岁十二月廿二(1909年1月13日)寄。

初六日(1月27日),未刻,至自治研究社开会,后往字画比较会看字画玩器,看中明磁瓶一个,价银四元。

题画

老树倚荒坡,日出扶桑早。孺子迟未来,老人已先到。

又

树老不知年,细草如茵碧。时有高人来,啸歌忘日夕。

十八日(2月8日),接景东甫兴兄一函,京都马大人胡同内务府大臣景宅。

廿八日(2月18日),寄逵儿一函。酉刻,得逵儿由杭来信。

苏孝廉儒学器甫若湖双寿联两儿之业师,三月寿辰

春日景添长,松柏延龄,乡党师儒荣尚齿;

老泉名又著,兰荪济美,门墙桃李祝齐眉。

育婴堂联

乌覆悯寒家，保赤何妨学养子；

鸿施开大厦，育婴端在食于人。

四月

十七日(6月4日)，接逵儿来禀十一(5月29日)，寄得其文案友人书瓦、镨、钟、鼎隶篆四屏一副。文案友姓华名隼。

五月

廿七(7月14日)，因顺德自治研究社开幕，举予为社长。予固辞，已蒙人见谅，惟越日为初次选举议员投票之期，予本领袖，如不待投票而归，恐招物议。

廿八日(7月15日)，适值飓风大作，至廿九日(7月16日)始率同元儿回省。

六月

十三(7月29日)，寄逵儿一函，并华友所求画三幅、联三副。

廿一日(8月6日)，接逵儿来禀初十日(7月26日)奉委署理宁波府知府事，约七月初履新云，现尚未卸厘差。

七月

初一日(8月16日)，为逵儿署宁波府知府升报红。

李笛楼盐大使姻家寿辰贺联

珠海兆盐龙，福为松龄瞻寿相；

锦堂欢酌兕，颂联□戚祝齐眉。

改用对联：

绩赞鹾纲，松征寿相；

欢承舞采，案举齐眉。

十七(9月1日)，午刻，接宁波电："逵十一(8月26日)接篆，谨禀。"

洵邸奉朝命，协同提督萨冰赴各省相度可设军港地方。七月廿五日(9月9日)，至广东省城，设茶会欢迎。是日下午六点钟至自治研究社，余率领同社百余人迎入茶会。毕，王赐以喜容一页，遂辞出。是晚即解维赴黄埔。翌日，元儿亦由早轮赴港送行。

重建省城九老堂楹联

藉旧畹以滋兰，咸有素心，及时重结香山会；

借罗汉谈因果，恰符寿相，晤日同参古刹禅。

跋语：同治甲戌，楚庭耆旧结九老会于北堂簷葡香中、菩提树下。又缮竺典，馔饫伊蒲，洵足乐也。越三十六年，余与诸友续结九老会，并将此堂鼎而新之，后先辉映，适符十八人之数。昔日瀛洲学士，心剑联翩；此时尘海闲身，巾瓶洁净。皈依佛相，潇洒暮年。因缀荛言，用志绪果。宣统元年(1909)仲秋谷旦顺德邓华熙敬题并书。

堂在西关西来初地华林寺内右偏，八月十三日(9月26日)落成，在此公谯。

近因气下泄，有作俗言放屁，向日所无。余自少至老，气下泄者甚少。年来常有此，不识何因，诗以自嘲：

沉香传说消脾气，此药从来我不庸。自笑此心茅塞久，年逾八十始开通。

题画

吟罢凭栏闲眺望，鹤鸣竹韵足怡情。

九月

十六(10月29日)，接逵儿宁波府寄禀函，第一次，喜甚，且学明已在监饷例捐三品衔。

画成自题

落叶梧桐菊未摧，松间竹笋尚生胎。小阳时节今年早，催得梅花九月开。

十一月

初三(12月15日)，接逵儿十月廿七(12月9日)来禀，言已照伊三品升衔捐封，貤封庶室陈氏，需银一百三十余两。冬、春间，诰轴即可颁到。

初六(12月18日)，黄铸山七秩开寿辰贺联云：武职，协领汉军。

麟阁杖朝年，绕膝含饴，专对荣归欢对鲤；

燕堂嵩岳颂，齐眉举案，栋梁喆嗣迈梁鸿。

腊月十三日(1910年1月23日)，南海戴少怀相国昆仲家庙落成，享其祖先光禄公牌位升祏大喜，书联奉贺：

寝庙奠云山，仰宗传飞白赐书事见《唐书》，桥梓阿衡宜继武；

当朝崇柱石，喜喆嗣出蓝脱颖，门庭常棣庆连枝。

宣统二年庚戌(1910)

三月

挽戴文诚协揆联

天不慭遗，黄阁经纶悲未展；

佛言梦幻，黑头色相瞬成空。

四月

十二日(1910年5月20日)，顺邑侯陈友吾父母寿日，书联致贺：

凤岭弦歌，龙章锡类；

燕堂引翼，鸿案齐眉。

十二日(5月20日)，次孙文定，子善麟之子大章，学名宝珍，定罗宝臣新会男光廷之孙女为室。女父名乃玑，号焯圃，已出继于宝臣之兄光裕。其嫂陈宋氏亦故。宝臣元配何氏故，继室李氏现存。宝臣现有在堂庶母黄、黄氏。焯圃孝廉，现在南洋经营商业。

四月廿三(5月31日)，接逵儿十七(5月25日)来禀，在杭州寄，拟十七(5月25日)回甬，即日开接道篆。缘该道桑君请开缺，先委逵儿署理宁绍道重篆新旧关并南北炮台，事繁任重。

廿四(6月1日)，接逵儿电报，廿四(6月1日)接署宁绍台道篆务。廿三日(5月31日)自宁波发。

撰本宅花园联："凤鸟喜栖奇树茂，梅花长带尉山香。"

题画诗

古树对沧溟，日出扶桑早。孺子期未来，老人已先到。

七月初二(8月6日)，接逵儿六月廿五(7月31日)寄来信。

秦军门子质炳直之太夫人寿辰贺联九月

戟门秋爽舞莱衣，演成虎拜扬休，素仰熊丸培国杰；

萱闱日长添绣线，同颂螽斯庆祝，荣增翟茀耀朝章。

九月初二(10月4日)，接逵儿八月廿五(9月28日)由宁寄来禀函，并将军增瑞堂奉物。湖绉二匹、熟罗一匹、纱一匹、茶四筒、笋四匣、杭菊四匣。另寄我香槟酒四瓶，莲子、火腿、虎爪笋。

九月十六(10月18日)，接逵儿宁波付来一函。

答江太史孔殷，号霞翁赠诗扇亦以诗扇答之

在昔昌黎尝自道，气盛言宜非气躁。卓然焦遂亦伟人，雄辩高谈惊四座。查君天性但率真，落落雅怀恒浩浩。君居南海又河南，跫然足音不常到。忽将玉柄附邮筒，惠纨如月照怀抱。涵今感古扇缀□，笔锋横把千人扫。曩时赠箑是他山，我代丹青不知老。平林秋爽谬为图，六法未谙徒草草。方惭画虎不能成，木桃反受琼瑶报。属我逢秋画一扇，春秋递嬗永为好。菊酒延年酿熟期，覆瓿之帧描备早。

原作："中丞风度无与俦，画树长生林下幽。老辈直逼吴荷屋，大年合署梁山舟。偶为数笔木或竹，报以一诗羊易牛。烦君岁为写秋扇，一岁一扇一百秋。"

四世祖祠堂联

宋肇祖南雄宦裔，迁莺安宅螺阳，从耕读以立初基，其族始大，服官服贾，代有闻人，迨廿一传，厚禄忝膺宫秩疆符，藉彰世德；

高密侯东汉元勋，汗马冠军爵位，教子孙务营专业，各尽所长，克俭克勤，门无游手，冀千亿载，前模永守工商农士，同振家声。

又祠堂大门联

赤汉元侯，南阳世胄；青宫亮弼，东粤名门。

补录致戴枢密少怀书

春间曾寄芜缄，首夏遂蒙瑶答。提及粤路，因其事太混沌，清浊难分。两转张相电文，不过就目下外客，权辞覆电，不敢措意于其间，当亦明公所见谅也。前月承府上送来喜报，我公入赞璇衡，曷胜欣忭！不但十朝称得人之庆，寔于百粤为创见之荣。传闻宣旨之后，我公辞让再三，无得志之容，有忧天下之色，寔为四海生灵贺，亦足为外国之观瞻。大贤举动，令人钦仰，非弟一人之私言也。弟鸠拙幸藏，龙钟颓迈，时艰蒿目，徒切杞忧。外患则贪得无厌，听四海之风传，咸虑封长之荐食。新事则不分缓急，万端并举，责人无米以为炊。袖手怀惭，此心难恝。惟望中流砥柱，渐息鲸波；大夏栋梁，藉安燕幕。此则鄙所朝夕企祷者也。

善甫祖祠联

雁岭对崇祠，世承天泽醍醐，人杰地灵，荣叨宫辅疆符，丛秀排滦同济美；

燕堂垂后裕，远法云台领袖，服畴食德，共念水源木本，龙山羊石庆连枝。

蒋亦璞都转寿联

柏寿龄长，剖符赐爵切蒋氏；

梅庾春永，调鼎和羹切广东运司。

后改用下联：

梅岭春长，调羹妙手；柏龄同寿，举案齐眉。

题画

东风绿柳万丝垂，桃李梅花已遍开。忽闻角屋提壶鸟，催我前村买酒来。

十二月

初十日(1911年1月10日)，在文澜书院研究社内设茶会，欢迎视新广督张坚白制军，言曰："今日之会，容鄙人僭发一言。张大公祖宪节南来，系旧游之地，吏治民情，早已熟识。广东之赌风为害甚大，亦所深知。今仰仗得咸蒙许，将赌博一律禁止，实为深感。众人闻之，无不额手欢呼。是以邀约绅商多人，欢迎道谢大公祖为粤人除害盛意。众商亦应和衷共济，以成此美举。众人若有妙论，不妨面陈。”

【十二月】初十(1月10日)，接逵儿初七(1月7日)由宁波府署寄来一函，梅花八盆，小菜四罐。

宣统三年辛亥(1911)

正月

初三日(1911年2月1日)，接逵儿喜函。庚腊廿四(1911年1月24日)由宁波府署寄。

二月

十八日(3月18日)，许仲衡由甬回省，带来逵儿初十(3月10日)由署托交洋年糕、香树片、玉兰片、笋尖、菊花、藕粉、风鸡、火肘等，又相片两幅，均收到。

三月

十一日(4月9日)，回甬信一函。

十四日(4月12日)，置买对门陈香屏之住屋一所，正西过二进，许价银三千一百两，是日交□为壬子□日。

【三月】廿一日(4月19日)，接逵儿自宁署寄回信三月初六(4月4日)，陈氏请封诰轴，又电灯一枝。得知又护宁绍道，辞请，改为代行。缘该道桑实调省联姻，故辞请，改为代行，以存□体面也。

四月

廿五日(5月23日)，接逵儿自甬来禀。十八(5月16日)寄。

廿八(5月26日)，寄逵儿一函。

闰六月

初一日(7月26日)，寄逵儿一函宁波。

七月

十八(9月10日),寄逵儿一函。

八月

廿六(10月17日),接逵儿二十(10月11日)由上海新闸酱园衖公馆来信,知七月廿三(9月15日)卸宁绍篆,租上海新闸酱园衖公馆。

九月

初五(10月26日),闻武昌失守,□□大炽,影响及于粤垣。因粤疆土匪极多,事难预料,遂于初七日(10月28日)携同儿孙眷属坐香港夜船名广东者于是晚十二点到港,借罗宝臣亲家亲友之房,有楼前后两进,地名湾仔跑马地。后知此洋楼由罗石翁卖与谭姓,原租四十五员。今居寄,涨价至七十五,可云极贵。

初九日(10月30日),午刻,逵儿同韶孙自上海到港,其眷属仍住上海公馆。初九(10月30日)晚,元儿由港夜船上省城,与林婿同行。

惠新罗亲家号敦甫,在港者号叙甫。

初十(10月31日)早,在门前散适,遇甘雨田来访,邀入畅谈,并携来托其印契之司给收单,先交存贮,俟取印契发出再来取去,领厚爱。

十一日(11月1日),接元儿来信,省平安。

十二(11月2日),有老妈自省来,亦云平安。

十二(11月3日),卢梓川来访晤谈。

十七(11月7日),逵儿与元儿由港夜船上省。

十八(11月8日),即由日船回港,即日到,知省平安。

十月

十二日(12月2日),逵儿携同韶孙回沪,搭太古行临安轮。十二点钟上船,云五点开行。

十五(12月5日),元儿约同乐均婿由港夜渡回省取物件,甘雨田亦同去。

怀古

生今怀古思悠悠，昔人过处未全尤。羽坑降卒遍青策，秦始埋儒二世休。散财四海翘归马，铸铁咸阳胜买牛。老来无汗供驱使，肥遁难忘豢养优。

前题

沛公大度莫能俦，约法三章简且周。羽埋降卒孤身刎，秦始坑儒二世休。赍财四海期归马，铸铁咸阳盍买牛。安得神州无旷土，恒河沙众尽耕畴。

黄敬常阁读七十寿辰

曾侍纶扉杖国翁，悬车十载壮如虹。黄老养生知进退，不须丹鼎自还童。优游学圃堪娱老，芸室兰阶多瑞草。岂但黄花晚节香，树木树人为至宝。岳诞嵩生甫及申，名驹万里策殊勋。夷吾当国高奚治，跨灶吴璟誉伟人。忆昔燕京乐游谯，玉昆金友恒相见。于今倦鸟各知还，常欣促膝谭心愿。冬来寿宿耀南隅，盈门珠履贺悬弧。莱衣爵与霍鱼洗，昼锦当斟百鹿壶。

【十月】廿二(12月12日)，未刻，接逵儿自沪来信。十七(12月7日)早寄，在十七晚寄来。知十二日(12月2日)子正开行，十六(12月6日)未正抵沪，市面安靖如常。

廿八(12月18日)，接逵儿廿一日(12月11日)由申来信，百川、协同各提五千元，尚肯。惟百川只一千券带在申，余系留粤提时立借单。协同要注明借券存查，以清眉目。

十一月

冬月初二(12月21日)，早起，偶得易象一联：

遁兴不求人见是，放心无闷我观空。

【十一月】初八(12月27日)，接初一(12月20日)在申逵儿来信，云百川通存项息银截至本年十月应得银一千九百两。上月提银四千，俟过年息汇费稍平乃汇粤。寄上海函，封面写“上海新闸路酱园二衖内门牌二十三号”。

初十(12 月 29 日)，寄逵一条字。对元画内。

偶成

阅年将九十，玲珑若水晶。感时多恶梦，异趣鲜交情。契我惟花木，论人舍败成。存心休颇侧，天道最平平。

十五(1912 年 1 月 3 日)，申刻，接逵儿初十日(1911 年 12 月 29 日)由沪来函。

辛亥冬至后五日(1911 年 12 月 28 日)，夜梦一客来，不知何许人，语余曰:“门前隔一小河，对岸往来，辄唤摆渡，殊为不便。欲塞断上流，无所消泄。乡人不允，只得醵资筑一桥。今落成，欲求作一联刻于桥拱两旁石上。”余甫索思，即得一联曰:“流水落花拦不断，隔江行李便交通。”尚未写出，客亦未去而醒。晓起，录之，不知是何朕兆。

十七(1 月 5 日)，接《申报》三张。十三(1 月 1 日)寄，五日(1 月 3 日)到。

十八(1 月 6 日)，接逵儿申寄一函，十三(1 月 1 日)寄，五(1 月 3 日)、六日(1 月 4 日)到。即着章孙抄寄省。

题画鸡冠

丹心见许归来采，朱顶实同鹤立群。

十二月

初十(1 月 28 日)，逵儿由申来港。

十四(2 月 1 日)，回申。

十八(1 月 5 日)早，渡元儿上省。

偶画梅花山茶戏题二绝句

木窥桃李出雕墙，一枝先已占春光。晴窗描出横斜影，搁笔微吟字亦香。梅花

数朵娇红弄晓妆，倚石嫣然惜欠香。山家未识芙蕖面，错认颜容似六郎。

偶画蒲萄木芙蓉戏题二截句

月斜松鼠紫藤攀，摇尾垂涎影倒翻。众鸟日来争剥啄，呼僮摘得

满�篮。蒲萄

胭脂染就绛绸衣，清艳颜容对酒时。渔人未识芙蓉木，竟疑山上有荷池。

【十二月】廿七（2 月 14 日），接逵儿廿二（2 月 9 日）来函，知其十八（2 月 5 日）已刻抵申。百川通连本带息还银一万五千一百。原单三万零，除收还外，另立新单二万，三厘息。原单注销。提回三万，交麦加利暂用三个月，息三厘。协同庆项仍未收得。后接来信，百川通新立单二万，亦已收回。

十七（2 月 10 日），许仲衡来言逵儿电，知伊妹许氏于十二月廿四（2 月 11 日）病殁。

壬子年旧历日记　宣统四年(1912)

中国民国元年壬子、宣统三年十二月二十七日（1912 年 2 月 14 日），皇帝降旨退位，中国大总统孙文等让举袁世凯为中国大总统，黎元洪副之。

正月

元日（1912 年 2 月 18 日），天色晴明，惠风和畅，丰年之兆，于此卜之。商贾仍旧历建寅为岁首，新历仍未颁布。

【正月】廿二日（3 月 10 日），寄逵儿一函。

十四日（3 月 2 日），接逵儿元旦寄禀。廿二日（3 月 10 日）复谕。

二月

初一（3 月 19 日），接逵儿由申寄正月廿七（3 月 15 日）函。

十八（4 月 5 日），接逵儿信。

廿四日（4 月 11 日），接逵儿二十日（4 月 7 日）所寄之函，曾见唐少川。

三月

初六（4 月 22 日），接逵儿初二日（4 月 18 日）由沪寄函，云月之下旬带物回港，到时预早禀知等语。

十二(4月28日)，寄逵一函。

十六(5月2日)，接逵儿由沪寄一禀，三月十一(4月27日)寄。

廿七(5月13日)晚，接到逵儿由沪寄函，廿一(5月7日)寄，由官差送来。

廿八日(5月14日)，由香港黄泥涌跑马场迁至马利信山峡道朝南八号寓所，租金每月四十五员。

四月

十七(6月2日)，元儿上省。

廿二(6月7日)，接逵儿由申寄禀。十七(6月2日)寄。

五月

初五日(6月19日)，逵儿由沪到港，并带存项五十八员。即百川项，交万祥用，息七厘。

初六(6月20日)，付广万祥带用银四万七千余员，月息七厘；又付查打洋行银一万八千余员，周息四厘。二共约六万五千员。

初七(6月21日)，元儿由港早渡回省，因往佛印契。

十二(6月26日)，逵儿取来银五十六员四十四毫。

七月

十九(8月31日)，逵儿在省纳陈氏妾，七月十九(8月31日)即到港，顺将该妾带回上海。缘渠全眷现仍在上海。

廿一(9月2日)，接逵儿一函，沪十六(8月28日)寄，十五(8月27日)到申。寓沪北勷勤里。即闸北酱园衖。

八月

初三(9月13日)，元儿上省。

初十(9月20日)早由回港。

初十(9月20日)，申刻，接逵儿初二(9月12日)寄函。

罗葆臣亲家初六(9月16日)作古，挽幛："萝茑悲秋。"挽联："良有箕裘，长诒姒续；施于松柏，敬致哀荣。"

二十(9月30日),接逵儿十二(9月22日)寄禀一函,知悉黄妾长喜腹疾,经西医剖割而愈。

廿日(9月30日),接十二(9月22日)来禀,详悉一切。法国医生于剖割实有把握,遂能化险为平,中医无此妙手也。然凡人命宫平稳,遇险亦救,星数有定也。广纸执行,实无善策,贫富皆困似了期。此日,岑三相好共劝勿出,余亦以为然,不知其有无确见耳。省垣现亦无事,惟城厢内外抢劫,时有所闻。余事元儿信备述,此谕廿五(10月5日)寄。

【八月】下浣,右腮内肿起一泡,如半边鸡子黄大,颇痛,似是燔火上炎。查字典,"痄"字载朱氏集验方。宋仁宗患痄腮,道士赞宁用赤小豆七粒为末傅之,立愈。

【壬子八月】下浣,右腮里肿起一泡,如小脂头,数日不消,不知是否痄腮。因查字典"痄"字,载"痄,疨病也。"又引朱氏集验方云:"宋仁宗患痄腮。道士赞宁用赤小豆七粒研末傅之,立愈。"予今试之,未知验否。

戏题

赤小豆名同小赤,傅腮名实正相孚。自治不求人治我,喜占勿药只须敷。

十二(9月22日),接逵儿一函。初二(9月12日)寄。

十四(9月24日),寄逵儿一函。

九月

廿三(11月1日),巡捕梁正传到港,带来逵儿交其代呈缎帽及所购碑帖画册,均收到。禀内写十八(10月27日)寄,并附悌悌孙相片。

【九月】廿六(11月4日),收到由上海寄来逵儿禀一函,内写九月廿四寄(11月2日)。如此之速,想日子有误。

十月

廿九日(12月7日),逵儿由沪来港,带小婢蟠桃来。浙江萧山人,十二岁。

提回西号协同庆银一万四千元，本息合计，交汇丰银洋行汇港。下余欠二万四千余两。共八千余两。

阳历十一月廿八日，创办图书博物馆同人关彦超、梅伯显来函，云合众举我为发起人之列，俟人数齐，再行敦请叙会领教云云。

忆解组南归时于途中曾得一偶句

石何术以补天，千百锤炼而胡补；云无心以出岫，两三雨点便归来。

十一月

十七(12月25日)，逵、元由省回港。

十九日(12月27日)，逵、元儿已将由申协同庆收回之银已万两，安排广万祥三千两、荣葆□□□□二千两，苏次藏揭三千两。

共余二千两，用以交摆花街洋楼定银。

廿一(12月29日)，买上环摆花街四层洋楼一座，价银三万三千元。先交定银二千元。新建的。订明癸丑(1913)七八月交易。坐落摆花街口，步位极好。

底楼，深同，高一十四尺六，横阔一十四尺一，骑楼深三尺。

二楼，[深]二十九尺，上同；[高]一十二尺，[横阔]同，[骑楼]同。

三楼，[深]同，[高]一十一尺九，[横阔]同，[骑楼]同。

四楼，[深]一十八尺，[高]一十一尺六，[横阔]同，[骑楼]同。

后巷深六尺，底二三楼俱开旁四窗，二大二小。

后楼及天井、厨房一十二尺六。

廿五日(1913年1月2日)，逵儿搭广大轮船回申。

十二月

初九(1月15日)，接逵儿初四(1月10日)由沪来禀系初四(1月10日)寄，协同庆新换司事人王荫甫允将二千余一单年内交平，未知确否。

补记五月交广万祥存银数单。

亨通记五千员　利永记五千员　恒丰记四千员

元兴记五千员　永宝堂三千员　隆福堂四千员

庆宝堂五千员　福善堂三千员

以上五月交，月息七厘二寸。

又坤厚记一千八百员五月初七(1912年6月21日)交，月息同上。

楂打银行五月初六(1912年6月20日)交，即西历六月廿七号，买办容翼亭。

敬事堂一万六千员一年期，月息四厘算。

致生昌

隆福堂二千员壬子十二月十五号(1913年1月21日)交，即阳历十一月初四，八个月期，七厘息。

兆丰行

隆福堂三千员十一月十八(1912年12月26日)立单，六个月期，五厘五寸。

广万祥三千员十一月十九(1912年12月27日)立单　月息七寸二。

十二月廿九(2月4日)，接逵儿廿二(1月28日)来禀，言收得协同庆一千，暂存道胜，开正尚允付千四等语。

宣统五年(1913)旧历癸丑年日记，即民国二年二月

旧历正月

初三日，即新历二月八号，接逵儿上海来禀旧腊廿二(1913年1月28日)寄。

【正月】初四(1913年2月9日)，回上海信。

【正月】十七(2月22日)，收沪来逵儿一函，着宝孙抄省与元儿看。

二月

初一(3月8日)，接逵儿正月初六(2月11日)来禀，现沈姓同

居，他走正门，自走旁门。如寄信，写“上海青岛路勤勤里门牌二十三号旁门岭南邓寓”。

十一日(3 月 18 日)，寄逵儿一函。

三月

初一(4 月 7 日)，五儿上省。戌刻，逵儿二月廿二(3 月 29 日)来信得，连随将信抄寄五儿。

【三月】初五(4 月 11 日)，接五儿来信云已回信寄上海。昨来信，知蒙岑云翁倚派稽查购地差，惟未接事，尚未发委札云云。

四月

初三(5 月 8 日)，接逵儿禀，三月廿五(5 月 1 日)寄，收协同庆一十四□。近未见面，料其先不往鄂。

元儿初七(5 月 12 日)上省。

五月

初一(6 月 5 日)，接逵儿邮寄一函上月十八(5 月 23 日)付，并云有画幅、书籍、字帖交协同庆司事张子霞带港并夥友殷泽臣，住毕街十一号门牌庆记港广号，宜先行查询。

挽黄阁读敬常联

蠔镜标鸾骖，早有丛兰栽学圃；

鸿名垂凤阁，春寒甘竹悼乡贤。

廿九(7 月 3 日)，接逵儿沪寄禀廿二(6 月 26 日)付。

梁保三七十寿联诒孙□翁

万里奉晨昏，今日趋庭，欢承鲤对；

七旬从心欲，长春杖国，福备鸿簪。

六月

十四(7 月 17 日)，接逵儿初八(7 月 11 日)寄来函，现收协同庆项有三千元存。

廿七(7 月 30 日)，接逵儿廿二(7 月 25 日)付来禀。

七月

【宣统五年癸丑七】月初一(8月2日),接逵儿禀。又陶斋信已接,火腿、茶叶未收。因交招商局船不开,转交太古发广万祥迟到,皆二月廿六日(4月2日)寄。

初六日(8月7日),又接初一(8月2日)来禀,仍说陶斋所付食物交太古轮带广万祥。

初九(8月10日),收到逵儿禀函、茶叶四瓶洋装、火腿一只。太古轮船交广万祥送来,六月廿九(8月1日)号。

初十(8月11日),接逵儿禀,初六寄。

十六(8月17日),寄逵儿一函。

廿四(8月25日),接逵儿来禀,十八(8月19日)寄。

八月

初一(9月1日),接逵儿禀,七月廿五(8月26日)寄。

初三(9月3日),接逵儿一函,七月廿七(8月28日)寄。

廿四日(9月24日),接逵儿十九日(9月19日)来禀,已定太古之盛京轮船官舱票,不带仆人,与何建标两人,共十八元。二十(9月20日)上午十点开行,约廿三(9月23日)可抵紫竹林。由津乘火车至正定府之石家庄,再由该处搭正太铁路至榆次县,不过一日。由榆次至平遥二百余,须坐骡车,约行二日半。九月初一(9月30日)、二(10月1日),准可安抵该号。俟到时禀陈。该总号在平遥城内南六街,已略带土产、食物送老总曹星垣,办交际所不能省也。在晋小住约二三星期,总看该号筹款之如何,旋申迟迟难定。港屋太贵,未便预租。且三晋之行,或非一次所能了也。

九月

初五(10月4日),接元儿初三(10月2日)来禀,云初七(10月6日)夜船回港。

又接逵儿由天津八月廿五(9月25日)来禀。

初十(10月9日)巳刻,接逵儿八月廿九日(9月29日)由榆次德义栈来禀云：八月廿六(9 月 26 日)卯初，偕何建标由津搭车经丰台、卢沟、保定、正定，戌刻抵石家庄。廿七(9 月 27 日)辰刻，改搭正太火车，经东天门、娘子关，申刻抵寿阳县。因铁路被冲，改用骡车。廿八(9 月 28 日)辰刻启行，泥路、山坡甚多，颇形险阻，车行甚缓。二更抵什贴站，计行八十五里。廿九(9 月 29 日)辰刻行车，均下坡土路，四十五里，午刻抵榆次县，住德义站。正太路如不被水，火车本可直抵此处。平遥在太原府东南，距榆次约百八十里。现已改雇棚车，因路较平坦，行走甚易。店家云作两站即抵平遥，计初二(10 月 1 日)可到。拟住客栈，以期简便。先至张兰镇，寻曹星垣，嘱其设法。俟见曹后，再到协同庆处。如何情形，容书续禀云云。旧历八月廿九(9 月 29 日)至九月二十(10 月 19 日)到晋。

廿三(10 月 22 日)，接逵儿十二日(10 月 11 日)由山西平遥协同庆总号十二日寄禀云：偕何建标于九月初二(10 月 1 日)抵平遥，在复茂车店卸装。因人杂不便。初三(10 月 2 日)晨早搬入协同庆总号居住，见其内外生意皆满，不得。住已旬日，欲着手催求其拨还若干，而号内无资。见其米姓东家，总□权后为辞。此行花费盘费百余金，绝无空手而归之理。特括到毛龟背，恐得亦不为多耳。再住旬日，看情景何如。俟有南旋，定再行禀。现说于日间请官商量集议奥援，不知果否，姑然之。前自港寄来□账单已转到本年。山西天气尚暖，此出街上不用穿棉云云。

十月

初三日(10 月 31 日)，接逵儿九月廿二(10 月 21 日)由平遥寄禀云：拟廿四日(10 月 23 日)与何建标出平遥启程南旋。

初九日(11 月 6 日)，接逵儿初二日(10 月 30 日)旋沪初四日(11 月 1 日)来禀。

【十月】十四(11 月 11 日)，接逵儿初十(11 月 7 日)由沪寓来禀。

廿六(11 月 23 日)，来银一万大圆。

廿八(11 月 25 日)，接逵儿上海禀云：廿七(11 月 24 日)、八(11

月 25 日)由志远东旋,尚未见该船来申。信是廿二(11 月 19 日)寄。

十一月

初一(11 月 28 日),逵儿由志远轮船送其妇柩到港。

初二(11 月 29 日)上省寄庄房,十二月初三(12 月 29 日)窀穸。

初九(12 月 6 日),逵儿自省垣返港。

二十日(12 月 17 日),逵儿约同林婿乐钧搭洋行南洋轮船往星架坡,催见罗卓甫姻家收付广万祥之项。二十(12 月 17 日)午启行。

十二月

十七(1 月 12 日),接逵儿冬月廿七(12 月 24 日)由星埠寄来禀,并乐钧婿另笺,同云冬月廿日(12 月 17 日)自省启,廿五(12 月 22 日)午后平安抵星埠。申初登岸,即雇用广东车夫之马车至长寿街口祺生栈卸装。即用电话通知农隐处,即黄家寓所,蒙黄藻之夫人饬其幼孙三妹带马车接入寓所居住。适共世兄往嚷三两日,款待甚周,寔可深。当即遣人送信及物件往卓甫处,□其婆妈云卓甫适入小埠,五六日乃回,是未晤面等语。且待后再悉情形。

【十二月】廿二日(1914 年 1 月 17 日),逵儿与乐钧婿由新架坡回港。翌日与元儿酒晤梁保三兄,畅谈甚快。

梁燕孙部长之□翁保三七十寿联

万里奉晨昏,昼锦开筵,欢承鲤对;

七十从心欲,春明舞彩,福诵鸿畴。

民国三年,即宣统六年甲寅年(1914)旧历元旦即新历一月廿六日

正月

初二日(1914 年 1 月 27 日),逵儿乘广九火车旋省。

初九(2 月 3 日),由回港晤梁保翁,有家信带京。

十七日(2 月 11 日),逵儿搭广大轮船回沪,拟月内由沪晋京。

十九(2月13日)晚，元儿由佛山轮渡与广仆带箱物上省。

廿九日(2月23日)，五儿由九龙火车回港，午刻到。

二月

初六(3月2日)，由港寓率同陈氏、元儿搭轮渡旋省。晚九点鼓轮，初七(3月3日)六点到省。九点由多宝桥马头乘轿宅。林、蔡二婿皆船迎接。

初七日(3月3日)，送婚期与罗家。午刻，接逵儿正月廿四(2月18日)由申寄禀云何建标尚未回申，容缓进京等语，并寄问郑耀宗托交伊家下之信，嘱伊等如或遇我到澳，可即派人欢迎到伊寓所居住等语。

十三(3月9日)，元儿带邓广夜车往港，将马里汛旧寓迁往黄泥涌跑马场新寓，将箱物安□□，留人看守。十五(3月11日)即回省。

廿二(3月18日)，为孙宝勋□聘礼。

三月

初二(3月28日)，为宝勋完娶。

初六(4月1日)，接逵儿京函，云尚无好音至协同庆之项。上海来函，同寓沈氏托其亲戚余益三赴平遥查究协同庆之事，嘱告知□儿须在此听佳音，自难偕往，只可同出川资，作函交余君带去看各债如何结束。如果有款可收，儿仍拟到一行，四日路程，甚容易也。

【三月】十三(4月8日)，接逵儿来禀，初四(3月30日)京万科银三十员作川资，与余孝廉前往晋协同庆收欠账。

四月

初七(5月1日)，接逵儿三月廿七日(4月22日)寄来禀，仍住西河□金台旅馆。何建标在萧山，亦未到申。

十九(5月13日)，接逵儿禀初八(5月2日)寄，但云寿田无音耗，似置之不睬。已二三次讨示，竟不答。拟五月旋沪。

廿二日(5月16日)，接逵儿十四(5月8日)寄禀，寿田处尚无音耗，云前应承往晋之余某不去，交回川资，又托李代去。

廿五(5月19日),接逵儿一函,由京十八(5月12日)寄。

廿六(5月20日),接逵儿一函,由京十六(5月10日)寄。如无音耗,即拟五月初回沪。

五月

初八(6月1日),接逵儿一函初二(5月26日)京寄,仍未见果。

十四(6月7日),接逵儿一函端阳(5月29日)寄,梁公仍未晤之。初三(5月27日)下午,差人送来税务处发令一道,系委赴上海一带查三运运单在内地购运土货经过各常关是否照章查验,沿途有无酒卖,各关查出有无挟同弊混行。令儿前往查明呈复。□□令慎。四月十九日(5月13日)子时。

十五(6月8日),接李省长来文委善麟为交通局会办。

十八日(6月11日),到局,省长名开侊,号隐庐,湖北人。

十九日(6月12日),接逵儿来禀,初九(6月2日)寄。梁氏仍无音问。

廿八(6月21日),接逵儿十三(6月6日)寄来禀云:“梁约二十(6月13日)下午往见。伊语所上条陈,甚为佩服,能悬空发此议论,可见于厘税情形熟习。伊未见条陈以前,不知有此本领,随面交财正部所议整顿收置地捐办法,饬儿议覆。其中不无隔靴搔痒之见,儿当分别可行不可行,答覆之。现伊语国家正需才,留儿,不宜走开。语一星期内当有位置。现儿正在预备答覆之件,拟二三日内缴卷。星期三仍在税务处约见也。随后情形,俟续禀。”

闰五月

初二(6月23日),接逵儿上月廿六日(6月19日)来禀,梁燕孙已应允委任,三二日即悉嘉□。

初七(6月29日),接逵儿禀,上月廿七(6月20日)京寄。

二十(7月12日),接逵儿初十(7月2日)来禀,内云半月未见梁公,寂无音问,想系因各署要改官制,似须改定用人始宣□等语,姑且耐心等候。

廿一(7月13日)，寄逵儿一函。

廿二(7月14日)，午刻，接逵儿十三(7月5日)由京寄禀函云：十一(7月3日)晚接税务处提调函："闰七月一日，奉本处督、会办示，派定执事充本处一等委员，在第三股办事，特以奉闻，即请到署任差为盼等。"因遂于本日辰即到税务处查核处办事。本有四股，现改为三股，人数并未减少。大约公事本不多，而委员共五六十人，均属安插闲员，与江苏之书局相仿。正经办事者有正、帮提调二人总其成。每股有总办一人，二、三等帮办各一人。其薪水分三等，自二百五十元至百八十元。其下则委员，分四等，一等月薪七十五两，约百元之谱。每下一等，减十二两。

廿三(7月15日)，寄逵儿一函。

六月

初二(7月24日)，接到逵儿在京上月廿三(7月15日)寄禀，云于二十日(7月12日)晨早由旅馆移入东安门外西堂子胡同税务处署内，月中只需火食八元，雇佣仆人工洋二元，杂用数元便可。如得充帮办，则带家眷，亦口头敷衍云云。

【六月】十三日(8月4日)，接逵儿初四(7月26日)来禀。

二十(8月11日)，寄逵一函。

同日，接梁燕孙覆函内书六月四号(7月26日)寄。

廿六(8月17日)，接逵儿十八(8月9日)寄禀，云欲赴沪一行。七月中乃定。

七月

十一(8月31日)，接逵儿函，云约十五(9月4日)赴申。

廿三(9月12日)，接逵儿十三(9月2日)京函，云十五(9月4日)出京，由天津火车赴上海，十八(9月7日)可到申。三五天即旋粤，并有委任令其□□债，由梁燕翁□□，并有案件带交季展。

【七月】廿八日(9月17日)，接逵儿廿三(9月12日)来禀，云搭广大轮来粤，约廿五(9月14日)、六日(9月15日)开行。

八月

□□日，逵儿由京回粤。

十月

十六(12月2日)，逵儿由广大轮船往沪。亚广上船，安排至港交梁保信，至京交梁燕孙信并纨扇。至下午四点上船，始忘到港后仍须泊船，至礼拜一始开行赴申。因此船大修，须待验明合法与否，须能放行。此西例也。逵儿因住船多日不便，且先回舍，约下礼拜一再上船。

廿一(12月7日)，接逵儿来禀，广大轮廿一(12月7日)下午开赴申，阿广廿三(12月9日)抵省。

十一月

初五(12月21日)，接逵儿由申来信十月廿七(12月13日)寄，廿六(12月12日)午始抵上海，足行五昼夜，辛苦云云。

三多轩纸铺高第街中约曾幼霖□□。

书画桌椅尺寸合度裁衣尺：

桌高二尺三分，坐椅高一尺一寸，连垫在内。椅去桌一尺。

乙卯年(1915)日记宣统七年旧历、民国四年新历

正月

【旧历正月】初三(1915年2月16日)，接一函。

十二日(2月25日)，由京税务处又寄一函，云灯节前后出差赴皖，查大通能否开设常关，有起呈日期，再禀。

廿三日(3月8日)，得接由京十四(2月27日)所寄一函，谓十六(2月29日)出京，先到上海，携一仆人。安息两三日，然后往安徽查大通设关事件。

三十(3月15日)，接逵儿由申寄禀，知其二十(3月5日)晨抵上海，带俊生以供途中使唤。往大通、芜湖、安庆，须半月外方能回沪。

二月

廿五(4月9日),由芜湖关监督署十七日(4月1日)寄一函,现住芜关,须俟京回信方能办正式详文到京,然后回沪,逵儿禀。

三月

初八日(4月21日),卯时,元儿生第二子。

【三月】十八(5月1日),接儿由上海十一(4月24日)寄来禀,约廿四(5月8日)迁居或文监师路长春里、爱而近路永源里。定实再行禀知。

廿三(5月7日),接逵儿由上海来信,云迁居美租界爱而近路春晖里,门牌五百三十一号,与耀东均益里斜对。约四月初进京。

四月

初五(5月18日),接逵儿三月廿八日(5月11日)来禀,云以于廿四(5月8日)迁居爱而近路春晖里门牌五百三十一号。约于四月初十(5月23日)进京,定期再行禀知。

【四月】十四(5月27日),接逵儿初九(5月22日)来禀,言十二(5月25日)由新铭轮船进京。

五月

初一(6月13日),接逵儿四月廿二(6月4日)来禀,言十七(5月30日)午刻附安平轮船起程,二十(6月2日)午前抵津,即趁申初快车到京。翌晨搬入税署。

【五月】十七(6月29日),由京税务处寄来禀,知钞件收到。

【五月】廿五(7月7日),由京税务处来禀。

【五月】廿八日(7月10日),潦水入屋。至六月初一日(7月12日),屋里水深四尺余,各门已不能出入,由瓦面落西边天台。至夜一点钟,拆开楼梯之窗,落小艇,低头过各门口,穿出大门,换大艇,先到第八甫生和泰。水紧船逼,奇险万状。分四船,各人度齐。

六月

初二日(7月13日),辰早,龙将军到生和泰派兵雇轿,先送我及陈氏、蝦仔三人到广九货厘局，赏济军兵四元，轿四顶，共银一十二元。入夜，五儿此到局。是日来局，甚干爽。

初三日(7月14日)，不料午后水已入局寸余。

初四日(7月15日)午刻，水仍入局如前。辰早，梁小山与祖卿邀余迁入造币厂。适五儿回局阻止，定实初五(7月16日)一早入城，住濠贤街李八宅。

初八(7月19日)，访梁节庵，会晤。

十六(7月27日)，因八宅有事，迁往李十一宅笛楼家。至二十(7月31日)出城，顺轿先往龙镇守使署会晤怡亭，遂回多宝大街住宅。

【六月】三十(8月10日)，接逵由京廿二(8月2日)寄来禀。

三晚作梦，有一客来粤，未拜，我回拜谢，止步不拜会。

七月

初二(8月12日)，由京寄来禀，十一(8月21日)接。

【七月】廿五日(9月4日)，午时，添曾孙，孙锡候生，其母罗氏。曾孙名树乔。

八月

(廿)[初]二日(9月10日)，接京来信。

【八月】初五日(9月13日)，逵儿寄到谢恩折稿，是陈师傅宝琛伯潜先生代办。

奏为叩谢天恩仰祈圣鉴事。本年五月初四日(6月16日)，钦奉谕旨，以臣等报效崇陵种树经费银两，加恩，各赏给御书匾额一方，以示奖励。随奉颁到赏臣官印御书“忠诚耆硕”匾额。臣当即恭设香案，北向叩头谢恩。祗领讫，伏念臣夙忝疆圻，久归乡里，幸山陵之蒇事，盼宰树之咸阴。捧土以益岱嵩，知无寸效；凌寒而培松柏，具有本心。乃荷恩纶，锡之宸翰。念臣桑榆之向晚，优以耆年；鉴臣葵藿之倾阳，嘉其诚悃。榱题顿焕，就瞻俨云日之临；闾里争荣，念典仰春秋之富。私衷衔结，衰涕纵横。所有微臣感激下忱，理合具折叩谢天恩，伏乞皇上圣鉴。谨奏。宣统乙卯年(1915)七月□日。

挽陆太傅凤石相国

朝夕辅宸躬，宏济艰难，受遗保傅宫中，孰识危心苦志；

启沃成台德，生逢忧患，得见先王天上，依然就日瞻云。

九月

十三日(10月21日)，接逵儿初五(10月13日)由京寄来信。

十四日(10月22日)，徐旭拜见。皖省望江人，履历孝廉，书院门生，即用知县，递任云南蒙自、阿迷等缺，曾充皖学监督，又充烟酒税厅长，明保以道尹用，今分发来粤号茗樵。

挽张巡按坚白之封翁

椿庭噩耗，惊传萧节冷麻衣，东鲁灵光悲遽陨；

苫块孝思，纯笃匡时权墨绖，南禺霖雨得长沾。

十月

初九日(11月15日)，接京十月初二(11月8日)来禀，现新迁爱而近路均益里总衖，门牌九十号，与耀东住之一衖，九十四。

偶成

舜禅年逢洚水留，虞宾在位祝千秋。秀夫死守孤臣分，赵肉推诚块一留。凤鸟应随新运至，长蛇荐食隐怀忧。伦常万古何能废，中外尤□嫌地球。

【十月】廿三日(11月29日)，接逵儿由京十四(11月20日)寄来禀，并附铁路章呈，并还畜件已到京。

十一月

十四日(12月20日)，逵儿交郑棣生带来食物并画绢。

十二月

初十日(1916年1月14日)，接逵儿初一(1月5日)由京来禀，内云其所存银单一万九千两交五儿。

丙辰年(1916)日记宣统八年、民国五年，即洪宪元年

正月

【旧历正月】初八日(1916年2月10日)来禀，知十二月廿五(1916年1月29日)出京快车，廿七(1916年1月31日)到达上海。丙辰元旦(1916年1月1日)，俪萱下午举一男，大小平安而壮旺，新孙名命又同。

廿二日(2月24日)，接逵儿由上海十七(2月19日)寄来之信，云今夜十时趁沪宁车赴浦口，十九(2月21日)午后抵津，二十(2月22日)午前可回税署，约三月底回东。

纪梦

丙辰年正月廿八(1916年3月1日)早寒，恋重衾未兴，偶得一梦。自己结束武装，正要出看畋猎。忽阍人持六人名片来求见，似谓是局员，又另一红纸名片一。我细看，是翁增贵，另付红签曰号富寿，不知何许人。我以武装不便见客，急忙换衣，便惊醒。不知是何朕兆，姑记之。

信稿

坚白尊兄先生大鉴：连日省城纷设牌馆，此事与地方治安、人心风俗极有关系。内而京僚，外而各省侨民及内地士庶，无不痛心疾首，期期以为不可。应请执事毅然独断，严行禁绝。全粤安危，在此一举，不胜迫切，伏祈采纳。即颂。

台祈　　　　　　　　　　　阳历三月十八日

二月

初五(3月8日)，接由京正月廿六(2月28日)寄禀。

【二月】初九(3月12日)，接到京函：

公今年九旬大庆，内务府大臣奉闻，蒙恩赏给匾额一方，仰见褒忠敬老之盛心，逾格施恩之优典。以前总督亦不尽得，巡抚更罕闻

也。今日奉到公函,飞书驰布,老成硕望,桑梓有光。专书敬颂小赤宫保新喜。　鼎分再拜。

世兄、孙世兄同此。

宣统八年正月廿八日(3月1日)梁格庄上。

内务府大臣公函:今年邓小赤中丞九十正寿,蒙恩赏给匾额一方,俟我公到京代领可也。知念奉闻,书复敬颂

箸安　　名同启　　正月廿八日(3月1日)

宫保九旬大庆,蒙恩赏给匾额一方。圣主笃念老臣,特颁旷典。宗族光辉,桑梓欣忭,专泐敬叩大庆

庆桂再拜　二月初九日(3月12日)

赐寿谢恩折偶句:"望君门于万里,幸恩而马齿惭增;谢天阙于九重,逾分□龙光宠锡。"

【二月】十六(3月19日),接逵儿由京来禀,说买有《石印陶说》一书,考究磁器源流甚详。

廿一日(3月24日),接儿由京来禀,云本月初十日(3月13日)接到新名命又同。现在京推举粤人作寿序。姓胡名又安。

廿三日(3月26日),由京来禀,所言之事,办发与广东符合十六(3月19日)寄。

三月

初二(4月4日),接由京二月廿四(3月27日)来禀。

十二(4月14日),由多宝大街住宅同陈氏、五儿搭江通轮船避地澳门。是夜十二点,大雾,停船。十二(4月14日)早此到埠,住郑耀东寓斋。先一日,由宝勋孙同眷属男女诸人先到。房厅甚为雅洁宽展。

十四(4月16日)晚,五儿由澳轮船上省。

十八日(4月20日),逵儿由沪至澳门。

八月

廿五(9月22日),逵儿由香港搭广大船回上海。廿九(9月26

日）早到寓。

接到上海寄来信，并云有寄西林信稿，交五弟呈阅，尚未呈到。

苍术炒八钱、陈皮八钱、云苓干鈒、四钱、贵术八钱、泽泻八钱、吴萸盐水泡、七分、厚朴八钱、朱苓八钱、木香七分，加老生姜三片、水三杯煎取，八分温服。

右拟胃苓散，取其暖脾、平胃、利水，为治泄泻正方。以腹痛，加吴萸、木香，当否？

十月

初三（10 月 29 日），逵儿由沪带眷搭广大船，初七（11 月 2 日）抵港，初八（11 月 3 日）上省，十一（11 月 6 日）来澳，十四（11 月 9 日）由澳返省。

陆督军荣廷送金章一面。